顾 问

虞永平

主 编

汪 丽

副 主编

陆晓民　陈丹琴　邱梅蓉

主要编写人员

（按姓氏笔画排列）

方　芳　方　佳　方　静　汤婷婷　许晶晶

杨　柳　杨　洋　张晓文　陈　艳　陈　樱

金　经　孟　凡　胡思彤

幼儿园课程研究丛书

南京师范大学学前课程研究中心组织

TIANYE
KECHENG
SHENGENG
YU CHAOYUE

# 田野课程

## 深耕与超越

汪丽 / 主编

南京师范大学出版社

**图书在版编目(CIP)数据**

田野课程:深耕与超越 / 汪丽主编. —南京 : 南京师范大学出版社,2022.9(2025.3重印)

(幼儿园课程研究丛书)

ISBN 978 - 7 - 5651 - 5381 - 5

Ⅰ. ①田… Ⅱ. ①汪… Ⅲ. ①幼儿园—课程—教学研究 Ⅳ. ①G612

中国版本图书馆 CIP 数据核字(2022)第 127100 号

| | |
|---|---|
| 书　　名 | 田野课程——深耕与超越 |
| 丛 书 名 | 幼儿园课程研究丛书 |
| 丛书组织 | 南京师范大学学前课程研究中心 |
| 主　　编 | 汪　丽 |
| 丛书策划 | 徐益民 |
| 责任编辑 | 徐文娟 |
| 出版发行 | 南京师范大学出版社 |
| 地　　址 | 江苏省南京市玄武区后宰门西村 9 号(邮编:210016) |
| 电　　话 | (025)83598919(总编办)　83598412(营销部)　83598312(邮购部) |
| 网　　址 | http://press.njnu.edu.cn |
| 电子信箱 | nspzbb@njnu.edu.cn |
| 照　　排 | 南京开卷文化传媒有限公司 |
| 印　　刷 | 兴化印刷有限责任公司 |
| 开　　本 | 787 毫米×960 毫米　1/16 |
| 印　　张 | 19 |
| 字　　数 | 304 千 |
| 版　　次 | 2022 年 9 月第 1 版　2025 年 3 月第 2 次印刷 |
| 书　　号 | ISBN 978 - 7 - 5651 - 5381 - 5 |
| 定　　价 | 55.00 元 |

出 版 人　张　鹏

# 序

## 沉浸田野，开拓未来

田野课程又经过多年的研究和实践，跨上了又一个阶梯。《田野课程：深耕与超越》是太平巷幼儿园课程建设的一个新的里程碑，也是老师专业成长的新成就、新起点。算起来，我关注、陪伴太平巷幼儿园的课程建设已经有24个年头。仔细回顾一下太平巷幼儿园的课程建设实践，回顾田野课程的发展和提升，我觉得有三个重要的经验值得关注。

一是坚持课程建设不动摇。这一点看起来非常容易，但要真正做到不容易。关键是要坚持课程建设，不只是课程实施。与20世纪90年代相比，现在的课程资源已经相当的丰富，各类活动方案层出不穷，如果仅仅满足于课程实施，对老师来说，是应付自如的工作。从教学组织到教学设计，从教学设计到课程设计，从课程设计到课程建设，这是时代对幼儿园提出的新要求。这意味着幼儿园要有坚定的科学理念，要充分考虑儿童的需要和兴趣，关注社会文化资源和自然资源，关注教师的专业素养和潜力，系统架构和完善幼儿园课程，并在实践中进行深入的探索和检验，使课程真正适合儿童发展的需要，真正有利于儿童全面和谐的发展。课程建设是系统工程，还要为课程的顺利实施准备适宜的环境和材料，建立有针对性制度和规范，形成教师学习和成长的推进机制，营造与课程相适应的课程文化。因此，课程建设是一个完整的系统，需要协调多方面的力量和资源，关键是要长期坚持不懈，努力改进，不断前进。从这个意义上说，课程建设是没有终点的，是永无止境的，这也是课程建设的魅力所在。课程建设需要幼儿园努力坚守，甘于平凡，潜心做好每一件日常工作。太平巷幼儿园一直在努力诠释着课程建设的内涵和进程。

二是尽最大的努力为儿童创造学习的可能。课程建设不是书面的功夫，是日复一日的探索和思考，是一项系统工作的全面推进。课程建设的最终指向不是文本，而是儿童的发展。因此，课程建设的真正意义就是为儿童的活动开展和新经验的获得创造更多的可能性。为了创造这种可能性,需要开展一系列系统性的工作:形成良好的师幼关系,在实践中真正落实儿童的学习者主体地位,让儿童的天性得到充分释放,潜能得到充分激发,创造性得到充分调动,让儿童对周围环境真正敏感、好奇和投入。教师要不断更新观念,对工作不断深入反思,开展持续和有效的课程审议。课程资源的建设要真正从儿童的兴趣和需要出发,准备充分的、有层次的、可选择的课程资源,让儿童的好奇心、求知欲得到充分激发,让儿童的主体性得到充分显现。儿童活动和学习的可能性经常与教师的课程敏锐性联系在一起,这种敏锐性背后是教师的专业素养和课程意识。我印象最深的是太平巷幼儿园"小兔不见了"和"换户外大型玩具"两件事,能让儿童充分投入,积极参与,引发一系列的探究、交往和表达活动,给儿童创造了大量的学习机会。

三是让学习伴随实践过程。幼儿园课程建设是专业性的工作,也是对老师们最大的挑战,需要理论的支持。因此,课程建设需要不断学习经典的和先进的理论,学习先进的课程实践经验。没有理论支撑的实践往往是盲目的或者缺乏生命力的。太平巷幼儿园的课程建设就是从学习开始的,对经典图书的学习和思考促进了课程建设。长期以来,太平巷幼儿园形成了很好的学习习惯,能不断引进一些新的图书,组织教师学习和讨论。学习不是任务,而是伴随实践的自觉行为,也是人生的内容和乐趣。学习不只是面向书本,还要面向实践;不只是向城市幼儿园学习,也应该向农村幼儿园学习。记得我去浙江、山东及本省的一些农村幼儿园参观学习,有时会问问太平巷幼儿园是否也去学习,结果是幼儿园每次都派老师前往学习。我认为,只要愿意学习和思考,就一定会找到新问题,开创新实践,实现新发展。

在新版田野课程出版之际,我期待太平巷幼儿园不断学习,不断总结,不断反思,不断进取,在课程建设上实现新突破,在促进儿童全面和谐发展的同时,造就一支更加优秀的教师队伍,努力走在幼儿园课程建设的前沿,为不断提升教育质量,谱写田野课程新篇章。

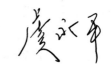

**2022 年 8 月 16 日**

# 前　言

## 深耕田野：为了更适宜、更有效

　　有 20 多年了吧，那片曾经嫩绿的、孕育着无限生机的田野，如今已然如田野人所愿，枝繁叶茂，繁花似锦！当年那群痴迷于田野、醉心于耕耘的田野人，青春不再，但情怀依旧。最为可喜的是，一群又一群充满活力的年轻人来到这片沃土，延续着那份溶于血液、印入基因的田野精神！

　　田野课程是真正属于儿童的课程，是教师和儿童共同建构的产物，为儿童而存在，为儿童而改变和完善。2001 年，《田野课程：观念与实施》出版；2008 年，《田野课程：架构与实施》出版；2013 年，《走进幼儿心灵的田野——田野区域活动》丛书出版。这些成果，足以证明田野课程一直处于演进中，没有终点和最完美，只有追求更适宜和更有效。我们致力于用可持续发展教育，与幼儿共同生活，在广阔的生态世界中建立关系思维，拓展经验世界，建构属于我们自己完整而有意义的世界，从而不断生长、发展。

　　如所有的研究一样，我们也遭遇过瓶颈期，遭遇过困难、挑战、变革，全体教工凭着不破不立的坚定信念，凭着对田野课程的深厚情感，凭着对儿童具有无限潜能的认同，凭着扎实的教科研基础，凭着太平巷幼儿园优秀的文化传承，坚守奋进！

　　本书所呈现的正是教师等成人和孩子们每一天的珍贵相处，这里有成人对儿童的帮助和真诚对待，有儿童的自由探究、尝试和想象。我们通过理论基础、课程理念、课程目标、课程内容和结构、课程资源、课程实施、协同育人、课程评价、课程管理、课程文化等方面，阐述田野课程的研究与实践。

　　**理论基础**　教师在做什么、怎么做，这是我们看得见的教育行动；为什么这样做，这些教育行为背后的依据是什么，有什么样的意义，这需要有科学的理论引领，有专业的依据与支撑。田野课程站在教育发展的时代肩膀上，不断汲取优秀理论的智慧，不断实践，努力超越，逐步形成独有的、富含实践智慧的行动理论。

**课程理念**　课程理念就好比指南针,指明了课程发展的方向。太平巷幼儿园 70 年深厚的教育底蕴和实践积淀,为田野课程理念的形成提供了丰厚的滋养。我们探索的脚步从未停歇,在对原有的、富有田野气息与特质的课程理念精炼与发展的基础上,形成了以"现场""行动""生长"为核心的课程理念。

时代在发展,我们对幼儿、教师、学习、发展和课程的认识也在逐步深化与超越,关于幼儿,关于教师,关于课程,我们在"做"的过程中逐步更新观念,完善认识,改善实践,让理念引领课程建设。

**课程目标**　20 多年来,我们一直注重课程目标体系的建立与完善,将课程目标始终贯穿于课程各要素之中,在对《3—6 岁儿童学习与发展指南》(以下简称《指南》)目标进行深入的、多形式的学习及领会精神的基础上,将培养幼儿终身发展和社会发展需要的必备品格与关键能力的核心素养作为方向,结合本园幼儿的现有发展状况,整体规划与建设田野课程目标,实现课程目标的园本化。

田野课程目标体系的不断细化和完善,以其尊重儿童个体发展特点和年龄发展特点的科学合理性,为目标班本化、个人化的有效达成提供了切实可行的依据。教师有明确的目标意识,把儿童的兴趣和需要放在首位,将目标与一日生活、各种资源和活动联系起来,强调年龄衔接,注重个体差异,尊重儿童自身发展,形成一个纵向衔接、横向一致的合理目标体系,支持、鼓励、陪伴每一个儿童以自己的速度和方式向前走。

**课程内容和结构**　田野课程内容源于幼儿的生活,但并不是生活本身,它是一个完整的经验体系,且不同年龄段、不同领域经验相互渗透、相互衔接。

为了实现课程目标,我们主要通过主题活动、领域活动、区域活动、生活和游戏活动四种形式进行内容的组织与安排,在关系中丰富和充实课程,实现核心经验的达成。室内和室外,园内和园外,主题和区域、游戏、生活,无论哪个场域、何种形式,都真实反映了幼儿的生活和实际问题及需要。而资源与课程内容的密切关联,不同类型的组织方式的联合,对班本自主活动的赋权,让课程内容的结构更加完善,更具丰富性和适宜性。

**课程资源**　田野课程就是丰富的资源所生发出的无穷的机会,有了机会就会有活动过程,有了过程就会有新经验的产生,从而实现幼儿的真发展。开发资源的目的是产生经验,我们针对幼儿发展所需要的经验开发有意义的资源,创设有准备的、蕴含丰富新经验的环境。

对于田野课程而言,资源的课程意义不仅仅体现在环境里,体现在教室里,更体现在教师的心中。我们极强的资源意识和资源利用的能力,使得田野课程中的资源源源不断,并得到"组装"、优化,从而产生新的机会、新的经验。

**课程实施**　这部分是将蓝图转化为现实的教育行动总结,这里的每一种课程实施的方式,都基于一个准则,那就是幼儿为先,幼儿的经验、收获、发展为先!我们将课程实施的核心焦点落在儿童身上,根据儿童的现状,观察儿童的发展,采用适宜的方式,努力让儿童健康、和谐地成长。我们关注儿童发展的基本规律,尊重个体差异的存在,让儿童实现个性化的发展,在原有的经验上建立新的经验体系,让发展具有个人意义。

多元化的课程实施主体、多样化的课程实施形式的背后,是教师教育智慧的体现,是对田野课程的深度理解。作为儿童的共同生活者,教师打破时空的界限,注重课程实施的丰富性与关联性,不断建构自己和儿童的意义世界。

**协同育人**　我园一贯秉持"越过围墙"的理念,将教育向社区、向更广泛的空间延伸,让更多的人走近儿童,走进儿童,形成共识,形成合力,让更多经验展现并发生在儿童的周围,让所有的经验相互支撑,让儿童在这个超大的空间里自由地走进走出。这是彼此成就的良好样态,这将让发展展现出更强的优势。

**课程评价**　课程评价是田野课程的重要组成部分,指向反思和改进。我们通过多渠道的方式对儿童做出科学的、有针对性的评价,这是支持儿童持续发展的重要保障。

录音、视频资料,儿童作品等都是极好的评价材料,怎样用好这些材料是对教师的极大考验。儿童的作品包括哪些,每种作品讲述着儿童怎样的发展,教师能否进行高质量的分析,能否找到作品的意义,这些问题,对有效的评价起着至关重要的作用。讲述儿童的故事,追寻故事发展的关键线索,这也是课程评价的一种重要方式,这会让儿童的学习与发展、教师的反思与成长清晰且看得见!

**课程管理** 赋权!田野课程赋予教师课程领导权,经过细致缜密的审议,建立相关机制,保障田野课程决策具有科学性和实践性,让课程管理清晰、流畅。事实证明,将课程决策的权利赋予教师,实现教师和管理者相统一,管理要素之间相互协调,是行之有效的课程管理模式。管理者赋权教师,教师赋权幼儿,这样的课程管理给予田野课程无穷的支持力和贡献力!

**课程文化** "半亩方塘一鉴开,天光云影共徘徊。问渠那得清如许?为有源头活水来。"现在的田野生机盎然,郁郁葱葱,抬头远望,你定会发现那一股不断注入田野的充满着滋养的清澈源泉,是的,那便是我们的课程文化,是田野课程的根基和灵魂。它为我们注入新知,指明方向,形成合力,坚定教育理想。

一批又一批的"太幼人"在这里被浓浓的课程文化包围着,滋养着,浸润着,沉醉于其中,大家将"儿童发展"作为追求的目标,让"与儿童共同生活"成为主旋律。儿童、教师及周围的一切事物相互作用,形成相应的价值立场、环境特征、认知特质和行为方式,支撑引领田野课程的建设。

本书展现的是我们基于原有经验的持续研究与实践,是突破瓶颈、不破不立的决心。时代是发展的,每一阶段的环境、资源、技术、认知都在发生着变化,但不变的是我们对儿童发展的使命与承诺。无垠的田野,充满自然的气息,却又超越了自然,我们深爱这片田野,我们将在这里努力追寻,憧憬新的挑战!

# 目　录

# 第一章　田野课程内涵及理论基础

何谓田野课程？田野课程追求的价值是什么？我们有怎样的课程信念？幼儿的学习是怎样的？教师的作用是什么？这些问题是在一次次的理论学习与琢磨中生成的，也是在一次次实践中通过不断反思和积累逐步完善的。从最早的分领域课程到综合的主题探索，再到自主的项目化学习，这些转变的背后正是理论学习带来的儿童观、发展观、教师观、课程观的深刻转变。回望过去，田野课程正是站在教育发展的时代肩膀上，不断汲取优秀理论的智慧，不断实践与超越，并逐步形成了独特的、富含实践智慧的行动理论。

## 一、田野课程的内涵

"田野"不仅体现了我们对自然、本真的课程文化追求，更体现了我们对教育人类学中的现场感、实践感与行动感的追求。在田野之中，幼儿与教师以行动的方式感受、亲历并迎着阳光向上生长着。我们的田野课程历经二十多年而弥新，沉郁厚重。它镌刻着儿童与教师共同生活的故事，蕴藏着彼此行动的过往痕迹，流淌着久经岁月的"田野之歌"。

### （一）田野课程是一种真正属于儿童的课程

田野课程为儿童而存在，为儿童而改变和完善。田野课程是一种永远处于演进中的课程，没有终点和最完美，只有更适宜和更有效。儿童的现实表现一直是课程决策的关键依据，也是课程建设的核心因素。田野课程是一种生态的课程，它在关系中并借助各种关系生发和持续，统合儿童、教师、家长及社区其他人员，调动自然、社会及文化等多方面的因素，展开多样化的活动，让儿童获得多方面的经验，从而让儿童真正成为完整的个体。田野课程也是一种文化的课程，它浸润各种文化，吸纳文化的滋养，并在实践中建构自己的文化。儿童、教师及周围的一切事物相互作用，形成默契、规则及其他稳定的课程实践特征，进而形成相应的价值立场、环境特征、认知特质和行为方式,支撑并引领课程建设。

### (二)田野课程是教师和儿童共同建构的产物

田野课程是儿童不断满足自己兴趣和需要的行动过程。儿童是持续、热情的环境探索者,积极、主动的经验生发者。教师是教育者、支持者,是与儿童共同生活者,是研究者,他们在不断建构自己和儿童的意义世界。教师有责任和义务引导、支持和鼓励儿童的生活和学习。教师有明确的目标意识,并且把这些目标与一日生活的各个环节、各种资源和各个活动联系起来,支持和促进儿童的发展。教师的职能不是简单赋予儿童知识,而是鼓励儿童参与多样化的活动,让儿童获得认知、情感、能力等方面的完整的经验。鼓励意味着要创设适宜的物质环境、交往机会和心理氛围,意味着要了解儿童的身心发展规律和学习特点,要用与儿童需要和兴趣相协调的方式,意味着要给予儿童积极和适当的回应。教师只有努力做一个与儿童共同生活者,才能真正起到鼓励儿童的作用。共同生活意味着心理上的贴近,意味着相互的了解和理解,相互的呼应和促动,意味着共同成为生活的主人。师幼共同开辟一片心灵的田野,有自然的雨露,有和煦的阳光,有心灵的互动,有持续的滋养。亲近自然、感知社会、体验文化、创新生活是打理这片田野的要务,师幼沉醉其中,投入而专注,敏锐而具有创造力。教师成了一个真正的田野研究者,他们生活在儿童之中,他们了解、理解和热爱儿童,他们在共同生活中关注儿童的行为细节,能及时发现儿童生活和学习的问题,并且和儿童一起去探究和努力,寻找解决问题的方法和策略。他们不断为儿童挖掘新资源、营造新氛围、鼓励新活动、引发新经验。因而,他们能把握儿童的身心发展规律、教育教学的规律、课程建设的规律,并不断反思和总结自我成长的规律。

### (三)田野课程是一种不断实现发展自觉的课程

田野课程在持续实现观念和立场的转向:从自然到生态,践行可持续发展的理念,在更广阔的生态世界里营造理想的教育世界;从事物到关系,引发儿童的关系思维,激发儿童的批判能力和质疑能力,在关系中丰富和充实课程,在关系中不断理解关系世界;从在场到有效,课程需要儿童亲身体验、实际操作和积极交往,更需要儿童投入有效的学习,让有效的行动真正拓展儿童的经验世界;从认知到全域,认知是儿童重要的经验,超越认知,关注动作技能、情感态度、交往等多维度的经验,让儿童在积极投入的活动中建构自己的完整世界。

这要求田野课程不断坚守自己的建设原则:人本化导向,把儿童的需要和兴趣放在首位,注重个体差异,让每一个儿童都得到真正的发展;生态式学习,关注环境中多样化的关系,注重事物之间的有机联系,从关系中学习,在关系中生发经验;差异化方案,从儿童的年龄和个体发展特点出发,从儿童的家庭和生活经历出发,与儿童一起创设适合儿童的课程方案,让每一个儿童向前走;自觉性文化,一种积极向上、勇于挑战、奋力创新的精神印入组织基因,大家为了儿童更好地发展,在困难、变革和挑战面前,答案永远是——"我愿意!"

田野课程,既有自然的气息,也关注广阔的世界,因此又超越了自然;有农人做派,慢慢等待成长,接纳差异和变化,又注重呼应,超越单向的施力;有广袤和宏大,又超越浅尝辄止,关注细节,努力深究和追寻。

**二、田野课程的理论基础**

通常人们认为幼儿园课程是实践的智慧,而理论往往因其晦涩难懂,实用性、操作性不强而不被重视,甚至被认为是可有可无的。但实际上,只有在科学的理论引领下,教师做什么、怎么做以及为什么这样做才有了内在的专业依据。教师不只在做事,还要不断追问自己行为背后的依据与意义,才能让自己的理念、行为发生更深层次的转变,让自己的行动有科学的依据和专业的支撑。

在不同理论的指引下,必然会产生不同的课程观、儿童观、教师观等。田野课程从萌芽之初至今天,始终保持着向上的生命力,这与不断汲取中西方先进教育理论的营养是分不开的。一直以来,理论学习是田野课程建设的源动力之一。科学的理论为我们完善、更新理念,反思和改进实践提供了动力,也为田野课程的生根发芽、枝繁叶茂提供了丰富的养分。

**(一)建构主义理论**

1.建构主义理论概述

建构主义理论是影响当代幼儿园课程改革及发展的重要理论之一。建构主义理论因具体不同倾向和主张形成了不同的流派,它们都认为:世界虽然是客观存在的,但对于世界的理解却由每个不同个体决定。个体根据已有的经验基础,这些经验基础包括知识、能力、水平、心理结构等多方面,在与社会环境反反复复的双向互动之间建构自己对客观世界和周围环境的理解。因为个体差异性的事实存在,所以个体建构的有关对世界的理解必然是富有主体特点和差异性的。建构主义作为一种认知理论由来已久,其中在现当代影响较大的代表人物无疑是皮亚杰和维果茨基。

（1）皮亚杰——认知建构主义理论

皮亚杰认为,认识源于主客体之间的相互作用,这种作用发生在主体和客体之间,因而既包含着主体又包含着客体。在皮亚杰看来,认识形成需要有起桥梁作用的中介物,即他所说的知觉或概念,起中介作用是个体的活动本身。他认为,婴幼儿一开始是以自己的身体为活动媒介,以直接的行动思维去认识、感知世界,建构自我对外部世界的认识。随着年龄的增长,个体语言、符号表征系统的出现,他们的思维获得巨大发展,逐步建构起对外部世界的知识结构。

皮亚杰将个体与外部环境互动建构的机制归结为同化和顺应两种心理机制。个体认知在同化和顺应过程中形成的一种平衡与不平衡的连续状态中获得发展,呈现螺旋式上升的发展过程。同化是主体将来自于外部环境的刺激纳入原有认知结构,而不改变原有认知结构的过程。顺应则是主体在外部环境的刺激作用下,根据需要调节自身认知结构,进而发展出新的认知结构或者改变、调整原有认知结构。他认为,个体认知发展可以分为感知运动阶段、前运算阶段、具体运算阶段和形式运算阶段。这四个阶段具有相对确定的先后顺序,较高层次的逻辑结构是需要通过较低层次的结构组合而成的。

（2）维果茨基——社会文化建构主义理论

作为社会文化建构主义理论的代表人物,维果茨基认为,文化不仅是人的社会生活与活动的产物,更是人的心理发展的源泉与决定性因素。[①] 因而,他强调将社会文化因素放在个体心理发展的首要位置,心理发展被理解为对

---

① 维果茨基.维果茨基教育论著选[M].余震球,选译.北京:人民教育出版社,2005.

文化形式的掌握。

维果茨基正是从这个角度提出了有关人的心理发展的两个论断：

第一，人所特有的被中介的心理机能不是从人的内部自发产生的，它们只能产生于人们的协同活动及人与人之间的交往之中。维果茨基认为，个体是被吸收参加某个集体中的社会活动的，而该社会活动是有着具体、外部的展开形式的。个体在参与这一活动时，掌握这一活动的完成方式的同时，形成了自我的外部心理过程。

从这一点可以看出，维果茨基十分强调集体活动、社会协作对个体心理发展的价值。学习实际上是发生在学习者与他人交流、互动、合作之间的社会活动中的，是社会交往的过程，是文化参与与文化创造的过程。与皮亚杰不同的是，维果茨基更强调不同社会文化、环境对个体学习与心理发展的重要影响，而不是重视主客体之间的互动过程。在他看来，个体认识的发展不仅是在通过与材料及客观环境互动中形成，更重要的是在社会文化环境中建构形成的。"学习唤醒了儿童只有在与周围人互动时，与伙伴们合作时才会发生的内在发展进程。"①

第二，人所特有的心理过程结构最初必须在人的外部活动中形成，随后才可能转移至内部，成为人的内部心理过程结构。这句话表明了两层意思。一是人的心理发展不是在静观、冥想中实现的，而是在外部社会活动中形成的，这是维果茨基所说的高级心理机能"第一次登台"，是作为集体活动、社会活动，即作为心理间的机能。二是人的外部心理过程要向内部心理过程转化，实现"内化"。这种由外部的、展开的、集体的形式向着内部的、精简的、个体的形式转化的过程，便是维果茨基所说的高级心理机能"第二次登台"，是作为个体活动，作为儿童的内部思维方式。无论是外部心理过程，还是内部心理过程，都是别人所不能代替或执行的。

综上所述，维果茨基虽然也认同个体的心理发展是在与环境的互动过程中实现的，但他十分强调个体参与社会生活文化实践的重要性。因为人类社会文化是多元的，所以文化的差异性会带来个体心理发展的差异。即使同一

---

① 莉森纳·福拉里.早期教育的基本理念与最佳实践[M].霍力岩，等译.北京：教育科学出版社，2019.

国家、同一时代，生活在不同地区的人们，受其所处的地域文化、风俗传统等影响，也会形成不同的个体认知发展结构。

2. 建构主义学习理论

建构主义学习理论认同，学习是主体积极参与他们生活的外部世界，通过与外部环境互动建构形成的。学习者将需要学习的新知识纳入已有的旧知识体系或认知结构中，通过新旧知识之间的相互作用，一方面，主体将新知识纳入已有的认知结构中，获得了新的意义与认识，丰富原有的知识经验；另一方面，因为新知识的加入，个体原有的知识结构得到了一定的优化、调整或改组。因此，知识既不是纯粹先天与生俱来的，也不是纯粹后天习得的，而是主体不断建构而形成的对外部世界的看法与认识。

此外，维果茨基认为，个体发展深受过去和现在的社会交往的影响。在教学过程中，"教师的想法经常影响着儿童学习什么以及如何学习"。"教师要通过与儿童的沟通交流，准确把握儿童掌握学习的状况"[①]，在此基础上更好地把握教学与儿童发展之间的关系。他说："至少要确定儿童发展的两种水平，第一种水平是儿童的现实发展水平，另一种水平是经教学可能达到的水平，这两种水平之间的差距便是最近发展区。"现实发展水平是儿童独立完成的行为水平，是较低水平的行为；经教学达到的可能性水平是儿童受教师、成人帮助完成的行为水平，是较高水平的行为。二者之间的区域便是最近发展区。最近发展区不仅可以帮助教师了解儿童现在的发展状态，还可以帮助教师确定儿童明天发展可能达到的状态。通过教学，儿童昨天依赖成人帮助而达到的行为水平，到明天就可能变成儿童独立完成的水平。因而，在维果茨基看来，学习本身与发展是联系着的两个过程，教学和发展是不同步的，教学应走在发展前面，能促进学生发展的教学才是好的教学。[②]

20 世纪 70 年代以来，建构主义学习理论在以布鲁纳为首的美国教育心理学家推动下取得了蓬勃发展。布鲁纳认为，知识的获得是个体内部认知过程，学习就是主动形成认知结构的过程。学习不是被动学习的形成"刺激—反应"的联结，而是儿童主动地形成认知结构。儿童不是被动地接受知识，而

---

① 朱家雄.幼儿园课程[M].上海：华东师范大学出版社，2003.

② 维果茨基.维果茨基教育论著选[M].余震球，选译.北京：人民教育出版社，2005.

是主动建构知识,并通过把新获得的知识和已有的认知结构联系,积极地建构其知识体系。他认为,学习包含着三个几乎同时发生的过程,即"获得、转化、评价"。学习活动首先是新知识的获得。新知识可能是以前原有知识的深化,也可能与原有知识相违背。获得了新知识以后,个体还要对它们进行转化,运用各种方法将它们变成另外的形式,以适合新任务。评价是对个体知识转化效果的一种检查。评价可以看出个体对知识的转化是否适合新任务,或者运用是否正确。教师应在学生知识"获得、转化、评价"过程中提供支持与帮助,帮助学生将知识结构转化为自我的认知结构,将固定的知识变成他们头脑中的"活知识"。

布鲁纳基于建构主义学习理论,提出"发现学习法"。他认为"发现是儿童学习的主要手段",儿童在发现的学习情境中自主探索,寻找答案,解决问题,能激励他们在自主自发的学习过程中获得成就感,获得内部的学习动机,养成独立求知与探索的习惯,形成主动学习的思维方式,也有利于智力的提升。教师的作用不是为儿童提供现成的知识,而是为儿童创设独立探究、能够发现的情境。

3. 建构主义对田野课程的启示

不同流派的建构主义思想有很大不同,但坚持了一些共同主张。建构主义虽不是专门研究教育领域、课程领域的问题,但其理论对全世界幼儿教育与幼儿园课程发展产生了不容忽视的巨大影响。在全世界范围内,美国高瞻课程、班克街方案、意大利方案教学等著名的幼儿园课程实践,突出体现了建构主义思想。建构主义学习理论引发了教师看待儿童、学习、知识课程中关键因素的思考,对教师形成科学的儿童观、学习观和课程观具有重要意义。

(1)幼儿是学习的主体

在建构主义学习理论看来,幼儿是积极能动的学习的主体,拥有主动探索及操作外部世界材料的内部动机和能力。幼儿不是空着脑袋走进现实世界的,而是基于已有的认知结构认识和理解周围环境,并将新的认识整合到现有的认知结构中,建立新的意义与理解。这要求我们在面对幼儿时,不要将其视为被动、空白、没有能力的有机体。相反,我们应深刻认识到,幼儿在面对问题时,他们会积极调动已有的经验和认知去解决问题,形成独特的自我认识。即使面对从未遇到过的问题与困难,幼儿也不是头脑茫然、手足无措,不是靠随意猜测来应对,相反,他们会调动与该问题可能相关的经验来处理。幼儿在丰富的环境和材料中探索,在实践中依靠自身建构形成认识,是主动的建构者和创造者。这正说明幼儿不是在被动、接受过程中学习,而是在主动互动过程中获得经验的。基于这一点,"教学采取的一般方法应该能够促进幼儿自我调节或建构的过程"①。

幼儿园课程建设过程中,教师应充分认识到这一点,尊重幼儿的主动性、积极性和创造性,为其创造充分自主的机会,给予时间、空间、材料、环境氛围上的支持,让幼儿在与材料、同伴、教师互动过程中建构具有自我体验的认识,在自我思维不断调节和反思过程中形成新的认识。

(2)知识是在动态过程中建构的

建构主义强调,知识是在一个动态的建构过程中形成的,不是对世界客观、固定不变的认识。建构主义的知识学习不仅是原始经验的增加或内在思想的积累,还是在认知冲突中不断建构、再建构和放弃、改变自己想法的一个积极而动态的过程。虞永平认为,对学前期幼儿而言,情感、态度、意志等方面的学习有时候比学习静态知识更为重要。这与建构主义的知识建构并不矛盾。幼儿的学习是在一日生活中,在多样化的活动中以游戏化、生活化的方式进行的。他们所学习的知识不是静态、抽象的知识,更多是在解决生活、游戏等诸多情境中的问题时获得的知识。发展解决问题的能力,实现自我认识、情感、态度等多方面的发展,培养健全的人格和全面发展的智慧,这些就是幼儿学习的"活知识"。

(3)学习是积极主动的过程

建构主义学者认为,学习不是被动的接受过程,而是积极、主动的意义建构过程。教学不是从成人到幼儿的知识传递,而是成人帮助幼儿实现对知识的处理和转换。幼儿不是被动的信息、刺激的接受者,而是主动建构者。对学前幼儿来说,学习不是识记事实本身,而是主体对意义理解的过程。因而,幼儿的学习不是单向被动接受教师讲解的过程,更不是记住或复述教师讲的知识点,而是幼儿运用已有的知识、经验主动建构对新事物的认识与理解,也

---

① 朱家雄.幼儿园课程[M].上海:华东师范大学出版社,2003.

即意义建构的过程。田野课程同时重视幼儿已有的知识经验,注意经验的衔接、发展的连续性。教学不能无视幼儿已有的知识经验,不能简单地强硬地从外部对幼儿实施知识的"填灌",而应该把幼儿原有的经验作为新经验的生长点。教师引导幼儿从原有经验出发,运用综合、重组、转换等多种方式,赋予知识、事物新的意义,解决新的问题。

（4）课程是支持有意义经验获得的活动体系

建构主义学习理论认为,幼儿园课程目标的重点不是告诉幼儿已有既定的静态知识,而是鼓励幼儿自主探索,从而帮助他们建构起自我对周围世界的认识。因而,幼儿园课程不是书本所呈现的以文字符号为主的知识体系,而是围绕幼儿的发展需要组织形成的一整套活动体系,让幼儿在生活、游戏、社会交往等诸多不同的活动中,通过自己的身体行动、观察、交往等获得经验。

受这一理论启发与影响,幼儿园课程在编制及实施过程中应该以学习者——幼儿为中心,尊重幼儿作为认识建构的主体,创设有效适宜的学习情境,激发幼儿的主动性、积极性和创造性,让幼儿在有效的、富有挑战的、互动性的学习情境中积极体验、自主操作、交往、反思等,在实现充分互动的同时,也实现真正的富有成效的发展。

同时,教师还应转变思路,从知识的传授者变成幼儿活动的支持者,为幼儿自主活动提供搭建支架的作用,适时地、有策略地为幼儿提供材料、方法、策略、心理环境等方面的支持。尤其要注意的是,年龄越小的幼儿的学习与认识发展越依赖于他们对实物材料的操作与互动。因而,教师必须了解和判断幼儿现有的认知水平,为他们提供丰富、有层次的操作材料,提供自主探索、动手操作和解决问题的机会,让幼儿自己动手去操作,让他们在与材料、环境互动过程中不断形成自我对周围世界的认识。

建构主义学习理论认为,在情境中的学习和知识才是有意义的,脱离情境的抽象学习并不能真正为学习者所理解。传统的课堂教学让知识成为抽象的符号,将其与幼儿的生活、认知、情感等割裂开来,使其脱离幼儿具体所处情境而存在,对幼儿来说不具有个人意义与价值。这样的学习是不能被幼儿真正理解的。不能与幼儿生活、经验产生联系的学习犹如空中楼阁,即使幼儿完全记住了知识,也不是真正意义上的学习,因为没有与幼儿发生意义的联结,未能形成具有个人意义的了解。田野课程倡导让幼儿在情境化与生活化的课程中学习,创设有效适宜的情境,让幼儿在真实的具体的可感知、操作的活动中理解与学习。

在社会文化建构主义理论的影响下,我们充分认识到幼儿作为社会成员,他们是生活在一定的社会背景和文化背景之中的。社会文化、人际交往等势必对幼儿认知及心理发展产生重要影响。因而,我们要将幼儿园课程建设纳入社会、文化背景中来,充分考虑社会文化等对幼儿发展的可能影响。幼儿的学习是在社会环境之中,并包含一定社会意义的。幼儿园在课程建设过程中汲取更多社会文化的积极因素,融入如优秀传统戏曲文化、家乡地域文化等优秀文化,在彰显课程文化生命力的同时,也能让幼儿在与社会文化的互动中汲取更多养分,培养幼儿对优秀文化的兴趣,让他们逐渐成为对推动社会文化发展有积极贡献的人。

**(二)后现代课程观**

1. 后现代主义概述

20 世纪 80 年代,圣巴巴拉召开了"走向后现代世界"的会议。多尔对正在形成的后现代框架予以勾勒。在他看来,后现代世界与现代世界最大的不同在于其开放性。在现代范式中,稳定性、外部控制、先验的原初实在都是自明的。但是在后现代世界中,没有什么是奠基性的,所有都是相互关联的。在后现代世界,转变、多重解释和可供选择的模式化成为理解和构建意义的基础。他将自组织视为区别现代范式与后现代范式的因素之一,并认为自组织应该被重视与运用。

正如多尔所说,我们正不可改变、无以逆转地步入一个新的时代,一个后现代的时代。他提出要将科学(science)的理性与逻辑、故事(story)的想象力与文化,以及精神(spirit)的感觉和创造性结合起来,即他提议的"3S"。

在后现代思潮的影响下,诸多不同理论形态的后现代课程理论逐渐形成,并对现代课程理论进行了系统批判与反思,反对学校课程的统一、封闭的现象,特别突出开放性,强调多元化的倾向、权威的消解以及对话性。

2. 后现代课程观的基本主张

(1)对课程的解读

课程,英文为"curriculum",原来是指跑道。多尔尝试转变视角,从不同角度解读课程的意义,他认为课程不是一个"目的——途径"的实现框架,而是一个过程。① 他试图从过程——发展、对话、探究、转变的过程——角度,而不是从内容或者材料("跑道")的角度出发界定课程。多尔十分认同派纳对课程的不定词形式界定。派纳从"人"和人跑动的过程来看待课程,重视个体在其中的转变与被转变过程中的体验。内容包括过程,内容也体现过程,成为过程的一部分。换句话说,这样的界定,让客观、固定的知识、材料与人发生互动、对话,并且相互影响,根据学习(跑)的体验、感受等调整内容、材料。这一界定是对泰勒目标课程模式的超越。他倡导发展的后现代课程观要超越"旁观者认识论",超越过程—结果、主观与客观之间的分离。实际上,他是在倡导参与式、对话式的认识论。

(2)"4R"方案评价标准

多尔认为,设计后现代社会的课程应持有一种形成性的而非确定性的观念,要突破"目标—途径"取向的泰勒原理,呈现符合后现代社会的特征。那么,以一种什么标准来评价后现代课程的质量呢? 他提出了"4R"方案,即丰富性(richness)、回归性(recursion)、关联性(relation)、严密性(rigor)。他将基于"4R"的课程称为探索"产生于上帝笑声回音的迷人的想象王国",并由不断扩展的"局部普遍性"网络所构成的课程。

丰富性是指意义的层次和多种可能性、多重解释性。在多尔看来,课程应具有适量的不确定性、异常性、无效性、模糊性、不平衡性、耗散性,只有这样对话在学生与课程、学生与教师之间才有发生的空间与可能,才能获得更多的丰富的意义,才能保证课程系统的开放性与活力。多尔认为,考察后现代课程的重要标准便是课程的丰富性,而不是达到目标的精确性。②

回归性意味着人类将思想、经验回归到自身的能力,强调的是反思性与过程性。多尔认为的回归既具有稳定性又具有变化性,因为经过反思与思考,每一次行动的结果是下一次行动的起点。在这里,他特别强调,回归不是重复,重复的框架是封闭的,回归的框架是开放的。在回归性课程中,每一次行动,比如作业、考试、任务等都是另一个活动的开端,都给予儿童反思的空

---

① 小威廉姆 E.多尔.后现代课程观[M].王红宇,译.北京:教育科学出版社,2000.
② 小威廉姆 E.多尔.后现代课程观[M].王红宇,译.北京:教育科学出版社,2000.

间与机会。① 在多尔看来,在回归中,对话是绝对的必要条件,所以课程必须考虑他人对儿童学习的介入,如同伴、教师对幼儿的行为做出讨论与反应。

关联性包括教育联系与文化联系。教育联系指课程中的联系,关注课程结构的内在联系。它赋予课程丰富的模体或网络。多尔强调课程中的联系,而不是材料和内容的多、少。反思、回归,反而增加了课程的深度与丰富性。文化联系指课程之外的文化背景,将课程放入更大的社会文化背景之中,在双层文化框架里进行解释,既要与地方文化相关,也要与其他地方文化联系。关注课程的文化背景,实际上是在培养一种全球性、开放性的视野。

在多尔看来,严密性是不确定性和解释性的组合。在不平衡、模糊和错综复杂的关系中,要有目的地寻找不同的选择方案、关系和联系,不断地探索、寻求新的组合、解释与模式,不要过早地给出终结性的答案。重视、寻求多重解释,实现师生有意义的对话,这也是课程丰富性之所在。

(3)对话观

多尔将课程喻为"迷人的想象王国",认为它是以对话为基础,通过关切而富有批判性的对话实现的。传统现代范式课程是教师集中讲授、传递知识,学生接受确定性知识的过程,有赖于教师精确的讲述。这是一种稳定的、非交换、非转变的封闭过程。但在多尔看来,课程应该是以促进学生转变为导向的,需要从确定性的框架中转到"对话"的轨道中,从单向的知识传递走向双向的互动对话。他认为,没有师生之间的对话,就无法促进学生学习的转变。通过对话,学生可以获得知识、事件的阐释性的再构。通过师生之间有意义的对话,课程可以帮助学生看到、学到既定界限之外的东西,是一种开放性的、启发性的课程。

多尔认为,隐喻描述与逻辑分析是两种相对的思维方式(这两种思维方式由布鲁纳提出,多尔是说明描述性的思维方式、是阐释性的,进而引出后面的对话)。后者是教师获得讲解的精确性,而前者是教师希望保持持续的对话性,进而获得一种意义的建构。与后者相比,前者能有效地激发对话。当然他也不排斥逻辑的方式,而是强调隐喻与逻辑之间的相互作用。正如多尔所说,一个好的故事,一个伟大的故事,诱发、鼓励、鞭策读者去阐释,与文本

---

① 小威廉姆 E.多尔.后现代课程观[M].王红宇,译.北京:教育科学出版社,2000.

进行对话,好的故事因具有足够的不确定性激励读者参与到对话中。[①] 他强调课程中教师应以"描述方式"讲解课程,通过各种方式与学生保持对话,鼓励学生与他们共同探究,帮助学生在与教师、文本、环境、材料的对话中探讨各种可能性,激发学生的想象力与创造力。

### 3. 田野课程中的后现代课程观

后现代课程观体现的是一种开放的,非二元对立的两极式的思维方式,这给我们探讨、看待课程本质、目标、内容、实施、评价等带来了启示。田野课程秉持着开放、包容、与时俱进的理念,持续改进自己的课程实施,深化课程中幼儿与教师、幼儿与环境、幼儿与社会的对话,持续不断地提升课程的适宜性。我们的课程实施中,如开展一些项目活动、主题活动等,是根据幼儿兴趣和需要生成活动内容,让幼儿自主探索,彼此间的对话与合作等都体现了后现代课程观的理论特征。同时,课程内容也深刻体现了当今社会的时代特征,体现了较好的时代性与历史性。

（1）田野课程是一个开放系统

田野课程不是文本材料或内容稳定不变的知识体系,而是由教师、儿童、材料、环境等相互作用形成的一个互动系统。田野课程的材料、环境、师幼互动的方式等都不是固定不变的,教师允许并鼓励儿童提出疑问,正视与田野课程内容不一致的问题和情境。面对问题时,教师首先放平心态,保持气氛宽松愉悦,不要求尽快给出答案或者取得成功,而是与儿童一起讨论、研究这些新问题、新想法。这样做虽然有一定挑战,却让田野课程走向了更开放、更有活力的一面。开放的田野课程相当于有自我平衡能力的自组织,田野课程中诸多新的要素与挑战推动了自组织实现平衡与再平衡。

（2）田野课程体现过程性

幼儿园课程是建构性与生成性的,具有不稳定性、多样性、复杂性等特点。课程不是向儿童提供成人规定好的材料,不是让他们沿着这个跑道前进,而是为每个人向前跑动提供可能的空间。在田野课程中,教师更关注儿童在"跑动"中的"体验、反思、讨论"等,即儿童的学习体验,在对话的过程中

---

① 小威廉姆 E.多尔.后现代课程观[M].王红宇,译.北京:教育科学出版社,2000.

让他们从学习的旁观者到阐释者、建构者。这一过程性不仅体现在对田野课程的整体认识上,还体现在田野课程的每项要素上,如课程目标、课程内容、课程实施、课程评价等。

(3)田野课程重视对话性

我们应重新认识和思考儿童的能力与地位,让他们在课程中与教师平等对话,避免教师成为知识的绝对拥有者和权威者,因为没有人拥有真理,每个人都有权利要求被理解。[①] 多尔认为,教师在课程中不应是领导者,而应是"平等者中首席"[②]。教师相对儿童来说,不是外在的权威者,而是内在的学习情境的领导者,是儿童学习的促进者、合作者。教师创设民主平等、愉悦宽松的氛围,鼓励、促进儿童大胆表达自己的想法与感受,不急于评判和下结论,引导和支持他们从多方面、多角度去思考、讨论问题,从而发现多种可能性。在对话过程中,教师不断思考、调整课程内容、材料等,促使儿童的自组织达到新的平衡与发展。

(4)人人都是田野课程的建设者

我们认为,幼儿园课程中,教师、家长、儿童等都是课程的建设者与创造者。后现代课程倡导每一个实践者都是创造者、开发者。教师不仅仅是既有课程的实施者,更是创造课程这一跑道中的参与者。田野课程中的教师摆脱了固定课程实施者的角色,放弃对既定内容、材料、目标的线性理解,通过对话、互动等有效联结,让参与田野课程的每一个主体都充分发挥作用,保证了田野课程的灵活性、创造性与生命力。

**(三)项目活动理论**

1. 什么是项目教学

项目教学,又被译为"方案教学"。项目(project)一词最早是由美国哥伦比亚大学劳作科主任李查特于1900年提出的。[③] 他认为,学生的劳作训练应该按照自己的计划进行,而不应该照着教师的规定刻板执行。在这里,他已经提及了项目教学的重要核心,即学生按自己拟定的学习计划学习。杜威提

① 小威廉姆 E.多尔.后现代课程观[M].王红宇,译.北京:教育科学出版社,2000.
② 小威廉姆 E.多尔.后现代课程观[M].王红宇,译.北京:教育科学出版社,2000.
③ 简楚瑛.方案教学的理论与实务[M].上海:华东师范大学出版社,2005.

出的"主动作业"概念,与项目教学的核心精神相似。他认为,学校教育的核心不是教给儿童学科知识,而是为儿童提供适宜的活动,给予儿童创造的自由,让他们按照自己的意愿探索、操作材料,鼓励他们在解决问题的过程中专注研究与探索。杜威将"主动作业"的理念应用到芝加哥大学实验学校。1918 年,美国著名的进步主义教育家克伯屈在哥伦比亚大学师范学院学报上发表《项目教学》(*The Project Method*),倡导在学校中推行项目教学。他认为,项目教学是"在特定的社会环境中所发生的、需要参与者全身心投入的、有计划的行动"[①]。他将项目分为制作类、问题类、学习类和消费类四种,只要学生带着计划和目的开展活动,结果让自己满意,就能称之为"项目"。[②]

至此,教育界正式形成了"项目教学"这一专门方法。项目教学不仅引发美国教育领域的重大关注,而且逐步影响欧洲各国的学校教育。苏联第一国民教育实验站在十月革命以后,探索将项目教学与劳动、社会生活、自然世界等著作主题结合,让儿童通过做促进学。英国在 20 世纪 20 年代开始倡导方案教学,英国小学在 1967 年主要的教学方式之一就是方案教学。教育家尼尔在其创办的夏山学校运用项目教学,给予儿童充分的自由探索的时间和自主制订、实施计划的空间。

各国对项目教学进行了持续的试验与探索,但真正让项目教学进入幼儿园并系统化、成熟化的是意大利瑞吉欧的"方案教学"(这里沿用了一直以来人们对瑞吉欧课程的习惯叫法——"方案教学")。瑞吉欧的方案教学凸显了儿童学习过程的设计性与内容的生成性特点,以及研究型教学理念与建构型知识理念。[③] 瑞吉欧的创始人马拉古齐认为,无论在什么地方,幼儿在知识学习与理解的建构中都扮演主动、积极的角色。瑞吉欧每年都会拟出一系列长期或短期的相关方案计划,但这些方案最终都是由幼儿、课堂上发生的事及教师决定的。瑞吉欧虽然十分强调规划,但他们认为教学的依据是幼儿,而不是事先的计划。在方案实施的过程中,教师所要做的是观察倾听,发现幼儿的兴趣和需要,尽量减少介入的程度,同时必须对幼儿的行为予以回应,给

①　谢梦雪.幼儿园方案教学模式的形成与系统化发展[J].教师教育学报,2018(1).
②　谢梦雪.幼儿园方案教学模式的形成与系统化发展[J].教师教育学报,2018(1).
③　谢梦雪.幼儿园方案教学模式的形成与系统化发展[J].教师教育学报,2018(1).

予他们必要的帮助。瑞吉欧依据建构主义学习理论,强调要关注幼儿与同伴、家庭、教师等之间的关系,认为幼儿是在与这些人及其他符号互动基础上形成、发展自我的。

瑞吉欧的理念与实践激起了全世界幼儿教育领域的关注与兴趣,吸引了许多国家的幼儿教育工作者前去参观、学习。19世纪末20世纪初,有学者将瑞吉欧方案教学的教育理念引入我国幼儿教育领域,并将之与我国实践相结合,率先开展实践。刘晓东认为,项目教学是一种偏重于自发型一侧的自发—反应型的教学,教师尊重儿童的兴趣与好奇心,尊重儿童自发的探索活动;教育的内容不再由教师一方单独抉择,而是教师根据儿童的兴趣与儿童一起编制儿童的活动"方案",真正地保障了教育内容大纲与儿童发展大纲的一致性。朱家雄认为,项目教学活动是一种低结构化活动,具有较大的弹性范围,更需要注重幼儿的主动性、参与性及师幼间的有效互动。虞永平从课程取向的角度去谈项目教学,他认为,从幼儿的学习需要出发的不是一种完全预设的教学活动。幼儿园没有依照固定文本或教材,而以不断生成的方式去构建幼儿园课程,便是项目取向课程。

2. 项目活动

我国台湾学者简楚瑛认为,项目教学不应该被当作课程实施中唯一的教学方式,但将项目教学纳入课程能激发儿童的思维,让他们有机会观察研究自己的经历和环境。项目活动的课程取向是一种与其他课程取向并存的,不一定构成一所幼儿园的所有课程。丽莲·凯兹认为,在项目教学中,知识不是唯一重要的价值,最重要的是项目教学为儿童其他方面的学习提供了环境和机会。

我们把以项目教学方式开展的活动称为项目活动。丽莲·凯兹在《小小探索家——幼儿教育中的项目课程教学》中将项目活动定义为儿童对某一值得学习的主题进行深入探究的活动。"没有明确固定的方式可循。最重要的是让孩子们持续在一段时间内能仔细观察和探究有意义的问题。"①

项目活动,往往会根据一个研究主题进行深入探究。这个研究主题可以

---

① 丽莲·凯兹,西尔维娅·查德.开启孩子的心灵世界:项目教学法[M].胡美华,译.南京:南京师范大学出版社,2007.

由儿童提出或者由儿童与教师共同提出。项目活动的人数也是不确定的,可以是全班,或者分成几个小组,还可以是几个对活动感兴趣的儿童,甚至还可以由一个儿童独立完成。人数不是重点,项目活动最根本的特色是探索。项目活动的持续时间可能是几天、几周,甚至是几个月。这是依据儿童的活动兴趣与探索进程而定的,往往与儿童的年龄、项目的内容有关。秉承项目教学一贯以来强调的规划性,项目活动也非常注重儿童在开始之前的计划,比如人员分组、分工、时间等。

丽莲·凯兹明确指出,项目活动的一个总的目标就是开发儿童的心智,实质上就是促进儿童在认知、技能、情感、道德、审美等多方面的发展。项目活动认可儿童有足够的智力去实施探索,并能促使儿童在活动中实现一定的智力发展。

项目活动作为课程的重要组成部分,它不仅能让儿童学会新的技能,同时还能为儿童有目的地运用技能提供环境,帮助他们更好地熟练掌握技能,而不是机械、无意义地练习。项目活动的环境,是鼓励儿童积极运用已有的技能,如观察、探险、游戏、调查、阅读、讨论等来进行研究与探索。

项目活动开展不是依照科目类别进行的,它是一种综合性的课程,更适合儿童的生活、学习及思维方式。儿童在集体中为完成目标进行努力时,能体会通过个人活动无法体会到的胜任感、成就感,同时,责任感、团体精神也得到了进一步提升。不仅如此,项目活动的一个重要目标就是帮助儿童获得有效参与社会生活的能力。在项目活动中,儿童经常有机会去调查周围的生活现象,做出选择、决定以及排除困难、障碍等,这便是儿童早期的社会生活体验。儿童依照自己对项目主题的兴趣开展活动,而不是被迫承担某项学习任务,所以他们注意力往往非常集中,努力积极面对挑战,并且能坚持不懈地完成学习任务。在这一过程中,儿童学习的内在动力被有效激发。综上所述,项目活动是鼓励儿童积极依照自己的兴趣或者生活、游戏中产生的问题,展开持续一段时间探究的过程,促进他们各方面全面的均衡发展。

3. 田野课程对项目活动理论的探索

项目活动理论在教育观、儿童观、知识观、发展观、活动观等方面都给予我们诸多启示。实际上,早在 21 世纪初,田野课程就开始了项目活动的探索。经过二十多年的研究与实践,田野课程不仅早已将项目活动作为最重要的实施途径之一,而且形成了具有田野特色的项目活动理论。我们对项目活动类型、具体开展实施及有效的师幼互动等均形成了自己独有的认识。

在实践中,教师遵循和践行项目活动理论强调的民主、开放、综合、探究等核心理念,重点培养幼儿在问题情境中综合解决问题的能力,让幼儿在自主的环境中进行持续专注的探索,提升独立思考、自主判断、与人协商合作等能力,在更充分理解自我生活经历与周围世界的过程中实现自我能力与素养的建构与发展。

(1)田野课程重视幼儿的自主参与

项目活动最突出的特点是幼儿自主选择、主动参与活动,这让我们对教师的支持作用进行了再思考。幼儿是活动的主体,教师起到支持与促进的作用。教师关注、发现幼儿的兴趣与发展需要,发现其中可能蕴含的教育价值,为幼儿创设积极的环境、宽松的氛围、足够的时间和空间,鼓励他们主动观察、发现、探究,自主提出问题、参与讨论等。教师观察和记录幼儿的想法、发现、疑问以及探究的过程,并给予必要的支持。因而,在田野课程中,教师创设机会,提供条件,激发和支持幼儿主动参与,激发幼儿探究和学习的内驱力,回应幼儿遇到的困难及需要,提供建议、必要的操作材料等。

(2)田野课程重视有意义的情境学习

田野课程强调为幼儿创设多样化的、有意义的情境,激发幼儿研究的兴趣和探索的欲望,鼓励他们在问题研究与解决中学习。例如,在清理小池塘、建造明城墙、举办帐篷日活动等任务情境中,幼儿围绕具体的活动目标和任务,感受活动对自己的重要性,以及自己能在活动中做出怎样的贡献。活动任务与幼儿之间建立了联系,幼儿与幼儿园之间建立了联系,对幼儿来说这就是有意义的学习,而不是仅仅依赖于教师的指令和要求,进行重复的练习与抽象知识的无意义学习。好的项目教学是一种激发、加强和提高幼儿的基本技能及社会能力的合适方法,能积极推动幼儿有意义的学习。

(3)田野课程重视综合化与生活化

幼儿的年龄越小,越需要综合化、生活化的课程。因此,田野课程通过多途径的实施方式实现多领域的综合化。幼儿的生活与经验是完整的、连续的,因而,课程建设中,我们强调以整合的、多样化的课程实施途径,打破分领域学习与活动的思维限制,倡导幼儿通过项目活动、区域活动、游戏活动、生活活动等进行综合化探究与学习,获得知识、技能、意志力情感等方面的综合发展,让幼儿在鲜活的、参与的、真实的现场中迸发生命的活力与创造力,真正实现田野课程的育人价值。

### (四)可持续发展教育理论

1. 可持续发展与可持续发展教育

可持续发展是指"既满足当代人的需求,又不损害后代人满足其自身需求的能力的发展",最早起源于环境教育,[①]倡导人们保护自然环境和生态平衡。它强调的是人类在社会、政治、环境和经济方面的联结和相互依存,认可人与人之间、人与其他物种之间关系的重要性,也建立在对人类使用和分享资源方式的批判以及对代际公平问题的认识上。[②] 可持续发展理念认为,传统发展模式是片面的,其将发展等同于经济增长,以牺牲环境、资源为代价,带来了环境污染、生态破坏等问题,损害了后代人的生产与发展权益。人们逐步意识到,促进人类社会可持续发展的关键因素在于人,仅从环境治理方面无法解决环境问题,需要彻底转变人们对发展的认识。因此,联合国教科文组织提出《全球可持续发展教育行动计划》(以下简称《计划》),提出教育在转变人们的价值观、思维方式和行动方式等方面的作用与影响。《计划》指出,"仅有政治协定、财政激励或技术解决方案并不足以克服可持续发展面临的挑战,还需要我们全面改变思维方式和行动方式,重新思考人与人之间的关系,重新思考我们如何与支撑我们生活的生态系统相互影响。这正是教育可以发挥关键作用的地方"[③]。教育担负着培养人可持续发展观念、意识与知识技能的职能与责任。《教育 2030 行动框架》(*Education 2030 Framework for Action*)明确指出,教育是可持续发展的主要驱动力,是实现联合国其他16 项可持续发展目标的核心。

---

① 朱莉·M.戴维斯.幼儿与环境:致力于可持续发展的早期教育[M].孙璐,张霞,王巧玲,等译.南京:南京师范大学出版社,2018.
② 同①。
③ 程晨.可持续发展幼儿教育的背景、进展与启示[J].学前教育研究,2021(8).

可持续发展教育从最初的环境教育演化到现在,其内涵发生了重要改变。可持续发展教育不仅仅是在教育中加入了环境的内容,更是一种从思维到内容、行动都发生变革的教育。帝尔伯里和沃特曼认为可持续发展教育应具备以下特征:想象、批判、反思、系统思维、合作、赋权等。[①] 可持续发展倡导将"可持续文化"融入教育中,以克服教育短视化、碎片化、表面化的缺陷,以兼具深度与广度的整合性系统课程,改变人们的思维、观念与行动方式。联合国教科文组织认为可持续发展教育可以有双重理解:一是把可持续发展纳入教育当中,二是把教育纳入可持续发展当中。其包括四个方面的内容:更新学习内容、创新教学法与学习环境、培养学习能力和促进绿色社会建设。[②] 我们应通过可持续发展教育,深化对人与自然、人与他人及周围世界关系的认识,促进人本身的可持续发展,培养人可持续发展的思维、意识与能力,进而推动人本身的长久、可持续地发展,进而实现教育本身及人类社会的发展。

2. 幼儿园可持续发展教育

究其根本,可持续发展教育是价值观的教育[③],而作为人一生初始阶段的幼儿时期,其对个体价值观、态度、生活方式和行为习惯等的形成具有重要的奠基作用。在幼儿时期进行可持续发展教育,有利于培养幼儿可持续发展的意识、思维和能力,指导他们在当下及未来可持续地学习、生活,这也是推动当前社会及未来人类社会可持续发展的重要动力。

(1) 可持续发展幼儿教育

幼儿园围绕可持续性的问题、主题和经验开展的具有变革性、赋权性与参与性的教育活动,都可被视为"可持续发展幼儿教育"。在可持续性的教育视野下,教师在正确、客观认识幼儿能力和权利的基础上,变革教育实践,积极赋权于幼儿,创设丰富的教育环境支持幼儿可持续的行动与学习。变革性、赋权性与参与性是融合在可持续发展幼儿教育之中的。变革性是赋权性与参与性的前提,赋权性是参与性的保证,参与性则真正体现了变革性与赋

---

① 朱莉·M.戴维斯.幼儿与环境:致力于可持续发展的早期教育[M].孙璐,张霞,王巧玲,等译.南京:南京师范大学出版社,2018.

② 克里斯蒂娜·汉森,华夏,苏娇.从反思到前瞻:中德可持续发展教育之路[J].上海教师,2020(1).

③ 刘焱,刘峰峰.幼儿教育的新视点:可持续发展教育[J].学前教育研究,2007(12).

权性。

一直以来，人们常常认为幼儿是"被照顾者"，他们在思维、认知和能力上均不成熟，是需要成人加以保护和照顾的。但更多的研究表明，幼儿在各种力量的积极支持下有能力发挥他们的作用。他们面对生活中的问题时，不仅能提出自己的想法，还能运用智慧做出积极行动。因而，教师要改变对幼儿的认识，要把幼儿看作"有能力的个人"，认可他们的能力，相信他们能对当下的生活及未来社会做出改变，也要为他们提供更多的机会，创设更大的空间。可持续发展幼儿教育实际上是赋予幼儿做事情的权利，让幼儿有更多参与、决定与选择的机会，从而进一步促进幼儿思维、观念、行动与学习方式发生改变。

赋权性与参与性不仅要体现在幼儿个体生活方面，还要考虑到更宽广的领域。可持续发展包括社会、环境、文化、经济等多方面内容，幼儿参与社会生活必然涉及这些领域。朱莉·M.戴维斯也认为《联合国儿童权利公约》中认为幼儿以"被照顾的角色"参与社会的权利规定已经不能满足当下人们对儿童权利的思考，尤其是对公共权利的思考。因此，她在已有的幼儿权利框架之上，增加了"积极参与的权利""集体的权利""代际间的权利""生态的权利"四个维度，以突出幼儿参与决策行动权、认可集体权利并寻求"最大的善"、关注代际间的权利、明确地球上所有生物的权利。[①] 为了推动社会的可持续发展，让幼儿更好地参与到未来生活之中，成为可持续发展社会的参与者与推动者，我们应当对幼儿的权利进行调整，并赋予他们参与的权利。

需要说明的是，可持续发展幼儿教育并不是单纯的环境教育或者只关注自然教育。瑞典学者将可持续发展幼儿教育的内容大致分成环境、社会和经济三个领域。如：环境领域包括自然资源、自然现象、环境保护等内容，社会领域包括性别平等、文化多样等主题，经济领域涉及货币、生产消费、资源回收利用等范畴。[②] 由此可以看出，可持续发展幼儿教育是跨越了学科、知识的界限，而是将幼儿学习的议题深入人与自然、他人、社会的关系中，激发幼儿

---

　① 　朱莉·M.戴维斯.幼儿与环境：致力于可持续发展的早期教育[M].孙璐，张霞，王巧玲，等译.南京：南京师范大学出版社，2018.

　② 　程晨.可持续发展幼儿教育的背景、进展与启示[J].学前教育研究，2021(8).

对自然、他人、社会的积极情感,帮助幼儿树立与他人合作的共同生活的意识与能力,培养他们民主、参与、平等的意识,促使其成为一个有责任感的公民。在 2010 年,世界学前教育组织(OMEP)召开了主题为"儿童——在一个面临挑战的世界中的公民"的学术研讨年会,会议强调了儿童有权利、有责任、有能力参与社会可持续发展的讨论与实践,共同应对未来世界的挑战与风险,积极参与到可持续发展的社会构建之中。

(2)世界可持续发展幼儿教育实践

自 2007 年可持续发展教育进入幼儿教育领域以来,很多国家已经进行了诸多尝试。澳大利亚布里斯班的肯摩尔·维斯特幼儿园结合《地球宪章》(Earth Charter)中的可持续发展价值观,提出了适合其园所课程特色的价值理念:民主参与、积极的公民、批判性思维与创造性思维、与自然的连接、与本土原住民的关联。[①]

新西兰奥特亚罗地区的多所幼儿园以关系为核心构建了"关心自己、他人和环境"的课程理念,通过变革幼儿身份,培养幼儿对家庭、园所、社区和地球的归属感与认同感,增强了幼儿对自己与他人、自然世界关系的理解。[②] 在瑞典斯德哥尔摩郊区一个早期教育机构中,五岁的幼儿与教师共同参与了一项全面整合社会、经济、环境、政治各方面的可持续性研究项目——蛋的研究。[③]

日本将环境教育视为可持续发展教育的重要组成部分,重视幼儿园的自然教育,增加幼儿自然活动的比例,重视在日常生活中将幼儿与自然相连。日本的幼儿园常将食物作为教学资源,将幼儿与自然相连,同时帮助幼儿认识到自身与其他生物的生态关系。在此过程中,幼儿还可以学习社会是如何运转的。如:富冈西区保育所通过带领幼儿对"猪"这一主题的学习,让幼儿了解到平时吃的猪肉等食物是如何与其他生物、环境、社会和经济关联的。韩国清州市森林幼儿园开展的梅峰公园项目,突出了幼儿在社区生活中的参与和影响力,是可持续发展教育的优秀范例。

---

① 朱莉·M.戴维斯.幼儿与环境:致力于可持续发展的早期教育[M].孙璐,张霞,王巧玲,等译.南京:南京师范大学出版社,2018.
② 同①。
③ 同①。

3. 田野课程蕴含的可持续发展理念

可持续发展教育在中国已走过了五十多年的发展历程,积累了一定的经验与基础。2015—2017 年开展的中德"环境教育"项目研究侧重于开发适用于中国的可持续发展教育主题课程,实现了中国和国际的对话。近年来,我国的幼儿教育也日益关注儿童与自然的关系,提倡创设幼儿园环境,带幼儿走出幼儿园,走进社区,感受与社会、社区的关系。这些可持续发展理念都融入田野课程之中,并产生了重要影响。田野课程以儿童终身发展为根本目标,聚焦儿童核心素养,立足当下,面向未来,坚持全面发展,注重培养儿童品格、能力及创新精神,为他们未来可持续发展奠定基础。

（1）转变课程建设的思维

借鉴可持续发展教育理论,田野课程不只关注幼儿现在的发展,更着眼于长远的未来发展,联结过去、当下与未来。因而,课程目标、课程内容、课程实施、课程评价等多方面都指向了幼儿可持续发展的未来这一目标,以帮助他们应对未来社会的挑战。一方面,田野课程关注的不只是幼儿当前的知识学习,更关注过程中幼儿的情感、思维、能力与学习品质、良好行为习惯的培养,为幼儿未来生活、学习奠定良好基础,促进幼儿未来可持续的发展。另一方面,田野课程关注幼儿与自然、幼儿与他人、幼儿与社区的关系,通过多种适宜的活动,帮助幼儿理解这些关系的意义与价值,让幼儿意识到自己的生活是与其他人彼此关联、相互协作的,发展幼儿可持续发展的意识与观念,帮助他们逐步养成爱护自然、关心他人、关爱社会的可持续发展能力。

（2）重视课程建设中的"赋权"

田野课程深刻认识和尊重幼儿的能力,给予幼儿更多的时间与空间的支持,让幼儿自主做更多的力所能及的事情;运用民主、协商的活动方式,培养幼儿自主选择、决定的能力,转变幼儿学习的思维方式和行动方式。幼儿从观察、发现生活中的问题,到自主寻找答案或者解决的办法,参与到生活之中,并对周围环境产生了积极作用。如:幼儿发现幼儿园小池塘水质浑浊,周边杂草丛生,他们萌发出清理小池塘的想法。一个班级的幼儿通过努力,集体协作,最终让小池塘变得洁净、清澈。这不仅让幼儿有机会贡献自己的力量,同时增强了他们的保护环境和生态的意识。

（3）突出课程建设的"文化适宜性"

幼儿园的地理位置决定了其周边具体的自然环境、文化环境，而这些也影响着课程的发展。田野课程充分认识到幼儿生活与当地社区之间的天然的联系，意识到幼儿园所在地的自然环境、社会文化对课程的意义与价值，将周边的自然环境、社会文化作为课程建设的重要资源：开展走进菜场和超市的活动，引导幼儿参与到社会、经济生活之中，并建立联系；汲取当地文化的精华，将其融入课程之中，形成具有当地文化特色的田野课程。如：幼儿园毗邻郑和公园、东水关遗址公园等，田野课程中展现了郑和航海文化、南京古城墙文化，加强了幼儿与当地文化之间的互动，进一步提升了田野课程的地方特色与文化适宜性。

# 第二章　田野课程理念

课程理念是幼儿园课程建设的灵魂,它不仅是课程实践中教师教育想法、感悟、认识的凝练与提升,更具有引领实践、指导教学的作用。太平巷幼儿园七十年深厚的教育底蕴与实践积淀,为田野课程理念的形成提供了深厚的土壤。教师深入课程实践中,忘我地、创造性地开展活动,这是田野课程理念形成的汩汩源泉。历经多年摸索,教师的学习、实践与智慧被凝练成了富有"田野"气息与特质的课程理念。

从过去走来,向未来走去。我们探索田野课程的脚步从未停止。我们通过全国"十一五"规划课题,江苏省"十二五""十三五"规划课题的系统研究,深入学习了国内外优秀教育理论,同时吸收了新时代对儿童发展的期待和要求,对原有理念进行了精炼与发展,逐步形成了以"现场""行动""生长"为核心的田野课程理念。

## 一、田野课程的理念在发展

### (一) 现场

(1) 真实

现场是包含大自然、大社会的真实生活场和学习场。幼儿在现实的大自然、大社会中生活、游戏和学习,并自己发现问题,亲自动手去做、去探究,让问题获得真实的解决,形成真实、直接的经验。田野课程重视幼儿生活、游戏中的真实问题,关注幼儿生活中真实而有意义的事件,与幼儿生活经验建立真实的联系。教师投入真实情感,为幼儿创设真实的学习情境,注重幼儿真实的经历、情感与身临其境的体验感,满足幼儿真实的发展需要。

(2) 可参与

现场是一个幼儿行为、思维、情感共同参与的鲜活生动的学习场。在学习场中,教师创造条件、提供适宜材料支持幼儿多感官参与;幼儿的参与不只是感官行为的参与,更是全身心地沉浸于活动中;幼儿不是在权威之下被动地参与现场,他们拥有参与的内在需要和内在动力。教师通过创设环境、提供适宜的有挑战性的材料、营造良好氛围等激发了幼儿参与活动的内在动力,支持幼儿主动积极地、饱含情感地投入到游戏和学习之中。

（3）开放

现场在时间、空间、人员关系上都保持着开放的特点。从时间上看,现场中的时间不是制度化的、固定不变的统一性时间,而是依据幼儿活动需要建立的开放且个人化的时间。从空间上看,现场是没有真实的、固定的边界的,是可以不断延伸的。田野课程的现场跨越了幼儿园的固定空间,实现了班级与班级、室内与室外,园内与园外等空间的互联互通,让幼儿感受到不同空间中的多样化的信息与体验。从人员关系上看,幼儿、教师、其他岗位教工、管理者等之间的关系是开放的,这让田野课程中的对话性与创造性有了实现的可能。

（4）隐含经验

现场隐含着可供幼儿发现和探究的诸多可能性因素。具备直接性、开放性、动态性的现场,隐含着感性的、丰富的、有层次的活动线索,让幼儿持续学习、获得经验有了机会和可能。教师应创设积极的心理氛围和丰富的物质环境,让幼儿在现场与各种人员、各种材料进行充分互动,进而获得更多的新经验。

## (二) 行动

（1）行动状态积极

在田野课程中,幼儿的行动状态是积极的、主动的、投入的。他们对生活及周围事物充满兴趣和热情,主动地发现问题、解决问题,投入地操作、探索、体验与交往。幼儿对自己的行动有信心,即使遇到问题也不放弃,相信自己能解决。

（2）行动方式多样

幼儿多感官的学习方式决定了行动方式的多样性。田野课程中幼儿的行动方式在安全范围内是不受限制的、多样化的。每个幼儿各具特点,他们的行动方式也不同。针对不同的学习内容,幼儿会基于自己的经验、认知方式选择适宜自己的行动方式。教师在认识到这一点的前提下,会尽可能尊重并支持幼儿多样化地展开行动。

（3）行动需要支持

随着幼儿行动的开展,教师需要及时提供有效支持。活动具有较高的难度或者超出了幼儿独立完成的能力范围时,教师应及时提供适宜的支架,例如,学习情境的设置、材料环境的支持、创设积极的心理情感氛围、进行有效的问答互动等,支持、推动幼儿行动顺利开展。

（4）行动指向发展

幼儿的学习就是行动,知识的学习被还原为行动。但并非所有的行动都是有价值的,幼儿有智慧参与的、富有挑战性的、能产生新经验的行动才是指向发展的、有价值的行动。田野课程是行动化的课程,强调为幼儿行动而设计课程。总的来说,教师在观察、了解幼儿的基础上,应重点考虑幼儿需要什么样的行动才能获得更进一步的发展,创设怎样的环境才能支持他们的行动。

## （三）生长

（1）生长有自然的内在逻辑

幼儿教育应尊重幼儿生长内在的、自然的逻辑,而不是以成人的逻辑、课程的逻辑取代或压抑幼儿自身的生长逻辑。田野课程尊重幼儿的心理逻辑,不断提升田野课程本身的适宜性,为幼儿创设适宜的环境,有效地支持幼儿自然、自主地生长。幼儿的身体、心理等各方面发展都具有未完成性和不成熟的特点,而这恰恰蕴含着一种向上生长的力量,意味着他们内心有一股渴求向上的力量。因此,教师应珍视幼儿发展的未完成性与个体经验的独特性,挖掘幼儿发展的潜能,为幼儿成长创造自然生长的条件。

（2）生长需要适宜的支持环境

生长,离不开环境。幼儿经验不断生长的环境,需要教师在课程中积极创造。一方面,教师根据每个幼儿的发展特点与需要,针对将要学习的内容进行情境化与个性化处理,将其转变为适宜幼儿学习的内容,为幼儿经验的生长提供肥沃土壤。另一方面,教师以接纳、关怀和期待的眼光看待幼儿的经验生长,以全局的、整体的视野看待幼儿经验生长的全过程,以深厚的教育智慧发觉幼儿日常生活经验中的"蓓蕾",为其创造所需的阳光和雨露,助其充分发挥自己的力量自然盛放。

（3）生长包含幼儿全部的生活

"幼儿全部生活的生长"拥有两个方面的含义。其一,生长不是指幼儿某一方面的生长,而是包含了他们全部生活的生长,不仅指他们身体的生长,还指幼儿理性的、道德的、思维的生长。其二,生长不仅指幼儿在儿童期的生长,还意味着一种延续。在田野课程中,教师认为幼儿的生活是绵延不断的,幼儿的生长是前一阶段的延续和蓄积,拥有着不断更新、向上、向前的力量。田野课程的内容、活动方式蕴含着无限的可能性与未知性,指向幼儿长期的、终身的生长。教师以整体的、长远的、发展的眼光看待幼儿生长,积极唤醒幼儿持续生长的愿望。

（4）生长彰显主动、积极的力量

生长不是被动适应,而是主动迎接各种挑战。在田野课程中,幼儿的生长彰显了主动、积极、蓬勃的力量。田野课程为幼儿创造适宜生长的环境,但并不意味着幼儿被动适应幼儿园的生活。相反,教师在实施田野课程中不但时刻重视幼儿生长的主动性,而且不断自我反思及调整,重视赋权于幼儿,扩大他们的自主权,激发他们主动探究、游戏和创造的积极性,让幼儿有机会观察、思考、反思及行动,让他们自主生活、主动生长。

## 二、我们的认识在发展

随着课程实践的不断深入与课程理念的不断更新,我们对幼儿、教师、学习、发展和课程的认识也在逐步深化与超越。教师在行动中、在"做"课程的过程中形成了更科学的认识;同时,又以科学的认识指导、改善实践。一方面,教师每天都和幼儿在一起,关注、观察他们的行为表现、情绪情感状态、能力发展水平等,为他们的学习提供适宜的支持。在这个过程中,教师形成了关于儿童、发展及课程的科学认识。另一方面,教师在田野课程理念的引领下,也会逐步更新、完善自己的认识,进而改善实践。教师将田野课程的理念贯彻落实到日常的教育教学活动过程中,逐步形成科学的儿童观、教育观、学习观、发展观等。

**（一）关于幼儿**

1. 幼儿地位

（1）独立的个体

幼儿作为一个独立的个体，具有自己独立的人格，享有平等发展的权利。教师要尊重每个幼儿的人格，保护幼儿的自尊心与自信心。他们不是父母、教师等成人的附属品，他们拥有自己独特的精神世界，有自主活动的权利与能力，具有个性化的性格特点、学习方式。在实践中，教师要给予幼儿充分的自主权与选择权，在活动中有意识地听取幼儿的意见，鼓励幼儿大胆表达自己的想法，鼓励他们自主做决定，并给予支持和鼓励幼儿自己动手做事。作为独立个体，幼儿之间是有差异性的，教师在认识、尊重、接纳幼儿个体差异性的基础上，发现每个幼儿的闪光点与个体发展需要，为每个幼儿成长提供适宜的支持，促进幼儿健康成长。

（2）主动学习者

幼儿对周围世界与环境是十分敏感的，对周围事物充满好奇，具有求索与探究的愿望。但他们不是被动、消极地接受环境给予的信息，而是主动的意义建构者，在与他人、环境、材料互动过程中主动吸收与学习知识。他们在学习过程中，会主动提出自己的想法，做出自己的行动，遇到困难会想办法去解决。在田野课程中，教师是幼儿主动学习的促进者，而非知识的给予者。教师重视幼儿的兴趣与问题，为幼儿创设开放的、丰富适宜的环境，提供有吸引力、富有挑战性的材料，激发幼儿主动探究的兴趣，支持幼儿主动建构和发展自己的认识。

（3）未来社会的公民（参与者）

幼儿不仅是当前的生活者与学习者，还是参与未来社会生活、迎接未来挑战的公民。幼儿有权利参与社会生活，有责任、有能力对周围生活环境及未来发展负起责任，为建设可持续的生活与未来贡献自己的力量。朱莉·M.戴维斯认为，即使非常小的孩子也能为应对和解决周围生活的问题贡献自己的想法、力量和创造力，发挥积极的作用。[①] 联合国教科文组织强调，教育应

---

[①]　朱莉·M.戴维斯.幼儿与环境——致力于可持续发展的早期教育[M].孙璐，张霞，王巧玲，等译.南京：南京师范大学出版社，2018.

教会儿童"学会认知、学会做事、学会合作、学会生存、学会转变自己和社会"，以促进未来社会可持续发展。田野课程重视培养幼儿民主、平等、合作的意识、能力与技能，通过丰富的活动，让幼儿意识到自己与他人、自然、环境的关系，学会与他人共处、为他人考虑，意识到保护环境与自然的重要性。在活动中，教师重视培养幼儿的批判性思维与创造性思维，鼓励幼儿提出自己的看法与认识，引导幼儿在反思中行动。

2. 幼儿学习

（1）幼儿学习是自我建构的过程

幼儿学习不是从外部输入的、被动接受的过程，而是在与环境互动中主动建构而形成的，是一个内部生成的、新的认识过程，但建构过程是建立在幼儿原有认识与经验的基础之上的。当幼儿的已有经验与新经验之间建立联系，他们的认识会经历一个不平衡到平衡的过程，在新的平衡基础上，幼儿又会建立更高级的新的不平衡。如此往复，便是幼儿学习螺旋上升的过程。田野课程重视为幼儿创设积极的心理环境与氛围，鼓励幼儿主动探究、积极建构自我的认识。教师在观察、分析的基础上了解幼儿已有的经验，提供适宜的活动材料，让幼儿在适宜自己的水平与兴趣的基础上开展观察、探索、操作、表达等活动，进一步发展与建构自我的认识。可以说，教师并不能创造幼儿的学习过程，他们是幼儿学习过程的支持者、促进者与指导者。

（2）幼儿学习是情境性的

幼儿学习是通过生活化、游戏化的方式进行的，是在情境中进行的有意义学习。认识只有在情境中被应用，才能真正被幼儿理解与掌握。因而，我们应该鼓励并支持幼儿将所学的内容迁移到不同的情境中，实现学习的深入与真正提升。在田野课程实践中，教师重视利用幼儿日常生活的情境，如一日生活活动中的点心活动、入（离）园活动等，开展幼儿的学习活动，这样的学习本身不仅是幼儿生活的一部分，更是有价值的、有意义的学习。教师常常根据幼儿的兴趣和学习特点创设游戏化的学习情境，让幼儿觉得好玩、有趣，主动参与、尝试与探究。可以说，幼儿的游戏就是幼儿的学习，幼儿的学习就是通过游戏化的方式实现的。另外，项目化的任务情境，能激发幼儿长时间主动地进行一个主题的探究。幼儿在这一段时间内，集中精力将已有的各种经验应用、整合到这一任务情境中，能实现更高水平的发展。

（3）幼儿学习是在关系互动中进行的

幼儿是生活在社会文化环境之中的，社会文化环境之中积极的社会关系能促进他们的学习，所以学习环境的创设应该指向社会。[①] 幼儿的学习应该有一种社会指向性与文化敏感性。人类社会中人与人的关系纵横交织，幼儿在和处于不同社会关系中的人相互作用时，学习就发生了。田野课程强调让幼儿在与同伴、教师、家长及其他社会成员的互动中学习，并敏锐地从幼儿所处的社会关系中挖掘内隐的教育价值，生成新的有意义的活动。21 世纪的学习重视学习者与同伴之间的交互作用，重视合作学习，教育应发展儿童的合作学习技能。幼儿在与同伴合作学习的过程中，能进一步提高自我的协作能力、沟通能力，逐步学会在学习过程中自我调节与自我反思。成人的支持对幼儿来说是必不可少的。他们可以为幼儿的活动与学习提供必要的支架。在田野课程中，教师观察到幼儿在活动中存在困难、无法独立完成任务时，会及时提供在其最近发展区内的必要支架，并根据幼儿具体学习情况逐步减少学习支架。

3. 幼儿发展

（1）幼儿发展是在活动中的发展

幼儿的身心发展特点决定了发展是在活动中实现的。幼儿的发展不是静态的、被动的视听过程，而是幼儿积极主动地参与活动获得的。活动大致可以分为操作活动与交往活动，对幼儿发展具有重要价值。[②] 幼儿在具体的活动中，以直接感知、操作、体验的方式与材料、环境互动，初步建立事物的概念，了解和把握事物之间的关系，建构起自己对事物的认识。而在交往活动中，幼儿通过与他人的相互作用不断获得语言表达、交往、情绪情感等多方面的经验，进而实现自身社会适应、人际交往等方面的发展。

田野课程中的活动是依据幼儿的兴趣、发展需要以及具体学习内容而组织的，如项目活动、区域活动、游戏活动等。教师尊重作为活动主体的幼儿，

---

① 汉纳·杜蒙，戴维·艾斯坦斯，弗朗西斯科·贝纳维德.学习的本质——以研究启迪实践[M].杨刚，等译.北京:教育科学出版社,2020.
② 虞永平.幼儿教育观新论[M].北京:人民教育出版社,2006.

呵护他们的学习主体性,激发其能动性,组织开展有效的、富有吸引力的活动,关注幼儿在活动中的体验。作为幼儿学习的合作者、支持者,教师以鼓励、倾听、观察等多种方式支持幼儿在活动中摸索、研究、发现、交往、讨论与表达等,让幼儿在诸多活动中获得真正有益的发展。

(2)幼儿发展是和谐的发展

幼儿是一个身心完整的个体。幼儿在身体、认知、社会性情感等多方面和谐发展,也是儿童发展权利的核心内涵。教育要满足和促进幼儿各方面的发展需要,激发幼儿各方面的发展潜能。《指南》提出,要关注幼儿学习与发展的整体性。教育要注重领域间的融合与目标之间的相互渗透和融合,促进幼儿身心全面和谐发展。因而,幼儿园课程不能过早地分化,不能只追求某一方面或某几个方面的发展。与此同时,幼儿发展也表现出个体差异性,体现在发展速度、发展水平、学习方式、原有经验等方面。因此,教师需要因材施教,因人而异地组织适宜幼儿的活动,努力让每个幼儿获得满足与成功,获得个性化的发展。

田野课程在国内较早地开展了综合化、整合式的主题活动探索,重视幼儿各方面经验的协调、平衡发展,促进幼儿全面和谐发展;幼儿园更通过多年的区域活动和项目活动研究,以个别化、小组化的方式,来满足幼儿个性化的学习与发展需要。

(3)幼儿发展是可持续的发展

发展是人一生的主题,教育的本质是促进个体生命健康和谐地成长。幼儿时期是各方面迅速成长的关键时期,也是其一生发展的启蒙期与奠基阶段,对幼儿的长远发展具有重要价值与意义。幼儿的当下与未来从来都不是割裂的、非此即彼的对立关系。在时间的绵延过程中,当下的时间不是一个孤立的节点,它包含着幼儿过去的经验,也蕴含着幼儿未来的可能。因此,教育不仅要关注当下幼儿的现实发展需要,还要面向未来,成为幼儿奔赴未来的源源动力。

田野课程不仅重视培养幼儿学习方面的能力,而且重视从情感与态度入手,培养幼儿的积极态度和良好行为倾向,如在活动中尊重和保护幼儿的好奇心与积极性。教师营造开放、自主的氛围,从幼儿兴趣与需要出发,支持幼儿认真专注、持续探究、想象与创造,帮助幼儿形成自信、坚持、独立、有合作意识的个人品质。田野课程以"田野的清风"唤醒幼儿内心的求真、至善与尚美的种子,激发他们内心对未来生活的向往,培养他们从容应对未来生活的自信心与创造力。

**(二)关于教师**

1. 教师是幼儿的共同生活者

教师是幼儿在园的共同生活者。幼儿园生活不是按学科逻辑开展的,而是按照幼儿生活的节奏开展的。教师在与幼儿共同生活的过程中,产生情感上的共鸣和共同参加活动的美好体验。教师只有与幼儿真正生活在一起,与幼儿对话,才能走近幼儿,理解幼儿,才能知道对幼儿来说什么是最重要的,什么是让他们激动与快乐的,什么对他们的发展有价值与意义。共同生活者,还意味着教师是幼儿生活的合作者与支持者。田野课程中的教师在创设平等、宽松的氛围中,与幼儿一起合作,共同创造生活,形成彼此共享的"生活共同体",并支持幼儿按自己的节奏生活与游戏,为他们自主生活和自由活动提供材料、空间与机会。

2. 教师是课程建设的重要主体

教师作为重要的课程建设主体之一,是课程的开发者、研究者、合作者。田野课程本身具有开放性、参与性,为教师提供了支持性的课程研究与广阔的开发空间。教师以极强的教育敏感性,发现幼儿园、家庭及周围环境中蕴含的课程资源,并加以利用,开发生成有助于幼儿获得新经验、新发展的课程。在田野课程实践中,教师不仅是田野课程的实施者,更是田野课程的研究者。幼儿园课程不是文本的实施过程,而是教师能动的、富有创造性的实践过程。教师研究每个幼儿发展的特点,研究课程本身的适宜性,研究如何开展创造性的、班本化的活动。可以说,教师本身既是课程开发的主体,又是课程实施、研究的主体。此外,教师作为课程发展的共同建设者,与家庭、社区、教育专家等多方面人员开展有效协作,共同致力于课程的研究与建设。

3. 教师是终身学习者

当代社会是一个知识的、信息的时代,知识、信息、技术等方面的发展日新月异。时代对幼儿园教师也提出了更高的要求。《幼儿园教师专业标准(试行)》提出,"幼儿园教师要树立终身学习的理念,要学习先进教育理论,优化知识结构,提高文化素养,做终身学习的典范"。一方面,教师作为支持幼儿学习的人,其在观察、研究、分析、支持等方面的能力发展都不是一蹴而就的,这要求教师不断学习、勤于反思。另一方面,教师只有持续更新、完善自己的教育理念,不断追求自己实践与研究能力的提升,持续改善自己的教育行为,才能更有创造性地开展活动,更好地支持和促进幼儿的学习。教育是动态的、发展变化的过程,会不断有新问题、新情境、新挑战的出现,教师只有不断地开阔视野,持续地学习,积极地超越自我,才能应对这些新挑战。"问渠那得清如许?为有源头活水来。"终身学习不仅是教师永葆活力之源,也是田野课程不断完善与突破的源源活水。

**（三）关于课程**

1. 幼儿园课程是经验的

幼儿是通过直接感知、动手操作和亲身体验的方式学习和获得经验的,是身体行动的学习者。因此,幼儿园课程必须赋予幼儿身体行动的权利和机会,提供具体的、直观的、形象的操作材料,引发他们的探究兴趣与探索行为,充分调动幼儿全身多个感官参与的主动性与积极性,支持幼儿在行动中建构自己的经验。田野课程认为,活动的关键不在于教师做了什么,而在于激发幼儿的主动性和积极性,使其能够开展自己主动积极的行动。田野课程关注每一个幼儿经历了什么、做了什么,他们是否有直接行动的机会,能否做想做的事、做有意义的事。需要指出的是,幼儿园课程中幼儿的行动不同于日常生活行动及各种无意识行动,是在教师支持下开展的有目的的行动。因此,田野课程重视为幼儿提供富有针对性的支持,创设积极环境,鼓励幼儿主动探索、积极行动的同时,也重视引导幼儿对自己的行动进行规划、反思和总结,帮助幼儿从原有的思维发展水平向更高级的思维发展水平迈进。

2. 幼儿园课程是生活的

幼儿园课程应在关怀幼儿生活的基础上,立足幼儿生活的世界,遵循幼儿身心发展规律,贴近幼儿自己的生活、需要和兴趣,通过直观、具体活动让幼儿获得直接的、现实的、富有个性化的经验,促进幼儿生命的成长与生活美满。关注生活的幼儿园课程不仅仅是生活技能训练,为未来生活做准备,更重要的是尊重幼儿作为独立个体,支持幼儿过好自己的生活,支持幼儿建构富有个人意义的、感性的、丰富的、活生生的世界。田野课程重视幼儿感兴趣的生活内容,积极从幼儿的现实生活中挖掘课程资源,支持幼儿在生活中学习,彰显了田野的"生活精神""生活态度",[①]激励幼儿为过好自己幸福美好的生活而努力。

3. 幼儿园课程是生态的

幼儿园课程是在整合家庭、幼儿园、社区,甚至社会文化等资源的基础上,融合了自然的、社会的、文化的教育内容,在互通联结的基础上为幼儿发展构建优质的、灵活开放的、和谐共生的教育实践体系和生态系统。幼儿发展是幼儿与周围环境不断互动、双向适应的过程。每个幼儿所处的生态环境系统不同,且系统内容会随着时间的推移而变化。因此,田野课程强调从生态学的整体、平衡、关联、系统的理论视角来审视课程各要素及其之间的关系,以期实现幼儿发展的生态系统优化。在田野课程实践中,教师重视挖掘不同生态要素间的关系,帮助幼儿充分感知自我与周围环境、事物之间的关系,引导他们建立自我与他人、自然、社会之间的联系与意义。教师还需从协调关系角度出发,建立幼儿园各个班级之间的联结,协调运用幼儿园、家庭、社区的资源,拓展幼儿的生活与学习空间,开展丰富、适宜的活动,推动幼儿经验在更开阔、真实、互通的生态系统之中生发。

---

① 虞永平.学前课程与幸福童年[M].北京:教育科学出版社,2012.

# 第三章　田野课程目标

　　课程目标是幼儿园课程对一定时间内幼儿身心发展所能达到的水平的预期。它是在对幼儿园课程现状和历史背景等分析的基础上提出的,反映了幼儿园的课程理念,是课程编制的基本要素之一。在幼儿园课程建设中,课程目标为课程内容、组织实施以及课程评价等指明了方向,提供了参考依据,是幼儿园进行课程建设的首要环节。

　　2012 年,教育部印发《3—6 岁儿童学习与发展指南》(以下简称《指南》)。作为纲领性文件,《指南》提出了国家对 3—6 岁各个年龄段幼儿在各学习与发展领域的合理发展期望,为全国各地区各级各类幼儿园建构课程目标提供了科学的目标导向。《指南》以为幼儿后继学习和终身发展奠定良好素质基础为目标,关注幼儿学习与发展的整体性,重视幼儿的学习品质。《指南》的内涵和核心素养的精神一致,本质上都是回答"教育要培养什么样的人"这一问题。核心素养就是儿童在接受相应学段的教育过程中,逐步形成的适应个人终身发展和社会发展需要的必备品格和关键能力。[①] 尽管"核心素养"这一概念重点运用于中小学阶段,但也为幼儿园教育提供了更明确的方向、更整体的教育视野。幼儿园作为基础教育的奠基阶段,必须拥有更宏观、更长远的视野,与中小学一起共同努力,方向一致、目标一致地培养儿童面向未来的核心素养,为儿童未来终身的、可持续的发展奠定良好基础。

　　基于此,自《指南》颁布以来,我园在深入领会《指南》目标内涵和精神的基础上,聚焦幼儿核心素养的建构,对田野课程的目标体系进行了深入细化和完善。

## 一、《指南》目标的园本化

　　"《指南》通过提出一整套幼儿学习与发展的目标体系,表达了国家对幼

---

　　① 辛涛,姜宇,林崇德,等.论学生发展核心素养的内涵特征及框架定位[J].中国教育学刊,2016(6).

儿教育的要求、对 3—6 岁儿童在健康、语言、社会、科学、艺术五个领域发展的合理期望,力求保证所有的幼儿都能获得方向正确的教育引导与基本的、有质量的教育支持。"①这意味着《指南》所提出的目标是我国几乎所有幼儿园的幼儿大体能达到的水平,各地区幼儿园建构的课程目标也应以此目标为基准。但由于各地经济、文化、教育条件存在差异,不同地区的幼儿园的课程建设与研究基础不同,因此,在全国范围内来看,不同幼儿园对《指南》目标落实的时间、速度,甚至水平都是不一样的。各幼儿园也不应直接将《指南》目标作为幼儿园课程目标,而要对其进行园本化的操作。

**(一) 为什么要园本化**

1. 为了落实《指南》目标

《指南》目标是宏观的、指向全国 3—6 岁幼儿这个群体的,并非具体指向每一个幼儿。对《指南》目标进行园本化就是为了在幼儿身上落实《指南》目标。幼儿的发展具有差异性,每个班级、每个幼儿的原有水平和需求是不一样的。因此,落实《指南》目标必须聚焦本园幼儿发展水平的实际情况、需求和差异,将《指南》中科学的理念、合理的目标期望等转化为具体的、可操作的现实蓝图,对《指南》目标进行园本化、班本化、生本化,逐层分解,具体到每个教育活动目标中,力求将《指南》目标更好地落实,落实到每一个发展状况不一样的幼儿身上,让每一个幼儿在原有水平的基础上进一步得到全面和谐的发展。

2. 为了完善原有课程目标体系

我园自 1999 年起开始探索田野课程的架构与实施,在二十几年的实践探索过程中,一直注重课程目标体系的建立和完善,强调树立牢固、清晰的目标意识,努力将课程目标始终贯穿在课程各个要素之中。2012 年《指南》的颁布,为田野课程目标体系的调整提供了方向、基准与参考。我们对照《指南》提出的幼儿学习与发展目标,反思现有课程目标体系与《指南》目标的差异,纵向反思课程目标的科学梯度与有效衔接,横向反思课程目标是否有效覆盖幼儿发展的方方面面,并通过大量的班本化、生本化的实践检验过程,不

---

① 李季湄、冯晓霞.《3—6 岁儿童学习与发展指南》解读[M].北京:人民教育出版社,2013.

断调整、完善田野课程的目标体系。

### （二）园本化的行动

以《指南》为重要依据，综合幼儿、社会与教育三方面发展的需要，结合我园培养目标和课程理念，我们持续地对田野课程原有目标进行调整，对目标体系进行再设计、再梳理，以形成清晰科学、系统全面的田野课程目标体系，并以此指导田野课程的规划与建设，进而有效促进幼儿的学习与发展。

1.《指南》园本化的行动

（1）对《指南》目标进行深入学习

教师通过专家讲座、沙龙研讨、案例分析、分组研读等形式对《指南》目标进行深入学习，领会《指南》精神，了解并牢记"各年龄发展目标"及"典型表现"，为把握好每一阶段幼儿的发展水平、灵活制定活动目标奠定基础。

（2）对幼儿现实发展情况进行全面把握

了解幼儿现实发展情况，对提高田野课程目标的科学性、适宜性有重要的作用。在《指南》园本化过程中，我们一方面以阶段性问卷调查和交流访谈的形式，帮助家长和本园教工明晰幼儿发展的现实需要；另一方面，通过教师在一日生活中对班级每一个幼儿的全面观察，把握不同年龄阶段幼儿的现有发展水平。在全面分析和评估的基础上，我们制定田野课程总目标，确保目标符合幼儿发展需求。

（3）对目标体系进行审议与再构

我们邀请学前教育专家走进幼儿园，以《指南》为依据，共同对原有课程目标体系进行全面评估、审议。审议中，我们关注课程目标的方向性和延续性，既要与国家及地方课程的总目标保持一致，又要确保个性化，与幼儿园的实际相符合；既关注目标的全面性、层次性和灵活性，做到各领域、各年龄阶段目标之间的相互衔接，还要关注目标体系的逻辑一致性、科学有序性，做到横向上全面、纵向上有序。如此，我们在审议的基础上实现了对原有目标体系的再构与完善。

2. 目标体系再构的基本路径

（1）修订各领域、各年龄段目标

我们在整体把握课程总目标的基础上，以《指南》为依据，根据幼儿现有发展情况对原有的领域目标和各年龄段目标进行检视、细化、完善,使目标更具体全面,富有针对性,形成层次合理的目标体系。

首先,幼儿园导师团和教科室对目标体系进行全面研读,把握目标内容的合理性、衔接的有效性等,尤其关注各领域目标在年龄上的衔接,关注是否做到了目标一致、逐步递进。其次,以年级组为单位,组织一线教师共同研读各年龄段的目标。一线教师平常与幼儿共同学习和生活,最了解幼儿日常行为表现,最能把握幼儿在该年龄段各领域的典型发展行为。最后,对过高过低或缺失重复的目标内容进行有针对性的调整,使目标更完善。

(2)评估目标落实情况

在幼儿园班级实施层面,教师根据领域目标和各年龄段目标,针对本班幼儿的实际发展情况,对本班幼儿的学习与发展特点做出分析、判断,将学期目标层层分级化解,落实到月目标、周目标以及具体活动目标中,确定适宜班级幼儿发展的学期目标。由于不同班级幼儿的需要、兴趣、经验不同,教师选择的教育内容、提供的活动材料、组织实施活动的方式也不同,最终目标的实现情况也会存在一定差异。教师通常会在学期末根据自己对班级每个幼儿的观察,分析、评估幼儿每一层目标的落实情况,针对评估结果对班级现有各层目标适时进行修正、调整,实现课程目标的班本化,从而对课程目标体系中领域目标和各年龄段目标进行补充和完善。

(3)确定个体化目标

《指南》明确指出,幼儿"各自的发展速度和到达某一水平的时间不完全相同,要充分理解和尊重幼儿发展进程中的个别差异"。不同幼儿的发展水平和发展需求存在差异,教师需要对每个幼儿的发展进行评估,把握每个幼儿的发展水平,在心中绘制每个幼儿发展的图谱。教师在了解幼儿已有经验基础上,观察分析每个幼儿各方面(如兴趣需求、学习方式、现有发展水平、发展优势等)的不同情况,在上一级发展目标的基础上制定个人化目标,让目标真正落实到每个幼儿身上。

**二、目标的年龄衔接**

在课程目标体系中,不同年龄段目标不仅要根据幼儿身心发展的年龄特点,体现层次性,更要注意前后目标的相互衔接,即目标的年龄衔接。各年龄段的目标内容在横向上应是全面的、完整的,在纵向上则应是协调一致、前后衔接的。只有这样,才能形成一个纵向衔接、横向一致的合理目标体系,从而更有利于促进幼儿核心素养的培养。

**(一)为什么强调目标的年龄衔接**

1. 幼儿的身心发展具有连续性

尽管幼儿的身心发展根据幼儿的思维发展水平、行为表现、能力水平等可以分为不同的阶段,但从整体上看,这是一个连续的、不可分割的过程。每一个发展阶段都在为下一个发展阶段做准备,同时每一阶段都是前一阶段发展的继续。所以,在目标体系中,前一年龄段目标可以视为后一年龄段目标的巩固性目标,而后一年龄段目标可以视为前一年龄段目标的发展性目标,且相互之间并非完全孤立,而是呈循环叠加上升的趋势。因此,制定课程目标时要重视幼儿身心发展的连续性。不同年龄段目标之间除了体现层次性,更要体现出合理梯度,实现有效衔接,防止各年龄段目标之间因为跨度太大而脱节。

2. 幼儿的经验发展具有顺序性

幼儿的经验发展呈现出由简单到复杂、低级到高级的稳定的顺序性。高水平经验是在低水平经验基础上通过深化或拓展而获得的,体现在年龄上表现为:小班幼儿经验发展应是较低水平的,到中、大班的时候,其相关经验才会上升到更高水平。这要求我们在制定课程目标时,关注不同年龄段目标之间的循序渐进,并且体现不断深化的特点。后一年龄段的目标要在前一年龄段目标基础上增加其广度与深度。

3. 幼儿的个体发展具有差异性

每个幼儿的身心发展都有自己的独特之处,其在表现水平、能力倾向、学习方式、原有经验等方面存在差异。例如,同一年龄段幼儿各自的发展速度和到达某一发展水平的时间不完全相同,可能有的中班幼儿在某一方面的发展还停留在小班水平,也可能有的幼儿已经达到了大班水平。那么,在制定个人化目标时,不仅要关注中班的目标,还要关注小班、大班的目标。对个体发展而言,目标的年龄衔接亦有重要意义。

### （二）小、中、大班目标如何衔接

幼儿的学习是一个经验不断发展的过程。因此,教师必须帮助幼儿充分落实每个年龄阶段的目标,让小、中、大班的目标有效衔接,促进幼儿连续不断地发展。

*1. 准确把握各年龄段幼儿的发展水平*

教师应充分了解并熟练掌握田野课程目标体系中各年龄阶段的目标,做到心中有目标。同时,教师需要梳理、总结各年龄段目标下幼儿的典型行为和表现,明确不同年龄段幼儿在同一目标上的差异表现,根据幼儿的行为准确把握各年龄段幼儿现有的发展水平。

*2. 评估幼儿阶段性目标达成情况*

教师分别在开学初、学期末和学年末对班级幼儿阶段性目标的达成情况进行评估。以课程目标体系中所列的各年龄段典型表现为参考标准,教师分析幼儿身心各方面发展的状况以及目标完成水平,进而为各年龄段目标的衔接提供依据。

*3. 提升各年龄段目标的适宜性*

在对幼儿阶段性目标达成情况了解的基础上,教师对应各年龄阶段目标,梳理、分析、查找哪些目标是被遗漏的,是不是幼儿所有的发展目标在不同年龄段之间都有衔接? 对有的幼儿来说,哪些具体目标还没有达成,哪些目标已经提前达成? 在对这些问题分析的基础上,教师不断提升目标的适宜性,优化目标的年龄衔接,避免出现目标的重复、遗漏或跨度太大等问题。

### （三）托班、幼儿园、小学目标如何衔接

幼儿进入托班、幼儿园、小学等不同的场所生活、游戏与学习,从表面看像是被分成了不同阶段,但需要明确的是,个体的成长并不能被切割成一段一段的,因为发展是一个连续的、完整的、系统的过程。当幼儿从一个环境转换到另一个环境中,两者之间的转换与衔接就显得格外重要且有价值。如果衔接得顺利、流畅,幼儿就能情绪平稳地过渡到下一个发展阶段;如果衔接得不顺畅,幼儿的身心发展就会受到影响,甚至出现停滞或倒退。

*1. 托幼目标衔接*

我园在 2003 年开始就从发展的连续性和完整性视角,尝试 0—6 岁托幼

一体化的实践研究,十多年来为3岁以下的婴幼儿及其家庭提供科学教养和保育教育服务,因而在托幼阶段目标衔接方面有着得天独厚的研究优势。在切实关注幼儿从托班到小班不同的发展需要和任务的基础上,我园教师观察、评估0—3岁婴幼儿发展现状,建构了托班婴幼儿发展的目标体系,力图将0—3岁和3—6岁两个阶段的发展目标自然衔接。科学的目标衔接指引保教活动,进一步保障幼儿从托班到小班自然、平稳地过渡和衔接。

表3-1  幼儿从托班到小班"动作发展目标"衔接

| 托班 | 小班 |
| --- | --- |
| • 能双脚离地跳跃<br>• 能扶着扶手自己上下楼梯<br>• 能举起手臂,将沙包、球朝一定方向投掷<br>• 能使用勺子自己吃饭<br>• 在成人帮助下尝试穿脱衣裤和鞋子<br>• 能安全使用剪刀剪纸 | • 双脚连续向上跳,身体自然地跳起,能够连续向前跳<br>• 借助扶手平稳地上下楼梯<br>• 能单手将沙包向前投掷2米左右<br>• 能正确地拿勺子吃饭,熟练地用勺子吃饭<br>• 在成人帮助下能穿脱衣服或鞋袜,并学习整理的方法<br>• 能用剪刀沿直线剪,边线基本吻合 |

2. 幼小目标衔接

由于幼儿园与小学的目标差异较大,即使幼儿有一定的经验准备,但进入小学的新环境后,他们在生活、学习、人际交往等方面都面临较大压力。从幼儿园升入小学对幼儿来说不仅是场所的转换,还是成长过程的一个重要转折。幼小衔接包括很多方面,而做好目标上的衔接,能为全面、有效的幼小衔接活动的开展指引方向。

表3-2  幼小"身心准备中的向往小学"目标衔接

| 大班 | 小学一年级 |
| --- | --- |
| • 愿意询问、了解、关注有关小学的事情<br>• 愿意模仿小学生学习和生活方面的简单行为(如背书包上幼儿园、整理文具、自己安排时间、自己安排课间活动等)<br>• 主动尝试按时完成一些有要求的任务(如遵守集体规则) | • 能记住校名和班级,知道自己是一名小学生<br>• 愿意了解学校环境,积极参与学校和班级的活动 |

表3-3　幼小"社会准备中的人际交往"目标衔接

| 大班 | 小学一年级 |
| --- | --- |
| • 愿意与小朋友交往,有自己的好朋友。会运用各种方法、策略结交新朋友<br>• 有求助的意识,遇到困难、危险及无法完成的任务时,愿意向别人求助<br>• 在集体活动中,会选择合作者或者乐意接受合作者;在活动中能与同伴协商合作的目标和任务,明确各自的分工,协商和遵守合作的基本规则,共同完成任务。遇到困难时,能分析困难的性质、原因,通过尝试、查阅图书、求助他人等方式共同解决问题 | • 愿意主动接近老师,有问题能找老师寻求帮助<br>• 能与同伴友好相处,有经常一起玩的小伙伴<br>• 能与同伴分工合作完成任务、互帮互助,发生冲突时会协商解决 |

### 三、课程目标的个人化

课程目标一般反映的是大多数幼儿在某个年龄段可以达到的发展水平,是一种应然状态,这不是从每个幼儿具体发展情况出发的,无法描绘出幼儿发展的实然状态。如果将课程目标当作统一的应然状态来要求幼儿,最后目标可能会变成幼儿是否达成的指标,而幼儿发展的实际情况会被忽略,教师则无法为幼儿提供个别化、有针对性的支持,无法有效促进幼儿的发展。因此,教师要转变思路,关注课程目标的个人化,将其转化为具体的、个别的发展要求,让目标体现出幼儿的个人化意义。课程目标的个人化有如下几个方面的要求。

#### (一)熟知幼儿发展规律并承认差异性

《指南》指出,幼儿在沿着相似进程发展的过程中,他们各自的发展速度和到达某一水平的时间不完全相同。在实践中,我们也发现每个幼儿完成阶段目标的进度不同,具有差异性。幼儿的行为发展、经验获得等都是从一个不成熟到成熟、不完善到完善的过程,这不是在同一时间以同一速度达到的。这就意味着教师需要熟知幼儿发展规律并承认差异性,依据幼儿发展的实际情况对目标进行个人化审思,重新思考目标与幼儿发展的适合度,将目标具体化、个人化。只有在尊重幼儿发展差异性的基础上因材施教,才能促使幼儿进行有效的个性化学习。

### （二）促进每个幼儿在原有水平上发展

目标的个人化最终是为了促使每一个幼儿在原有水平上得到发展。这需要教师关注幼儿在游戏、学习、生活中的日常行为，了解每个幼儿的发展过程，关注幼儿在认知、行为、情绪情感等方面的发展处于什么水平；根据幼儿的认知特点、学习方式、行为倾向等，为不同发展水平的幼儿制定不同的活动目标。例如，在讲述活动中，对语言表达能力好的幼儿，教师提出"连贯、完整地说出图画中的意思"的发展目标；而对平时不爱表达、交流的幼儿，提出"在同伴面前大胆讲述图画中的意思"的发展目标。教师尊重幼儿发展进程中的个别差异，并在目标上体现幼儿发展的个别差异性，支持幼儿按照自己的速度和方式前进，让每个幼儿在原有水平上获得个性化的发展。

### （三）关注教育内容和策略的针对性

从更进一步来说，目标的个人化不仅是在目标上体现个体差异性，更重要的是教师要为促进幼儿个性化学习提供具体的、富有针对性的支持。一方面，支持的精准化要求教师关注每个幼儿的发展水平，分析每个幼儿的最近发展区，这一过程需要教师通过观察、谈话、作品分析等多种方法才能完成。另一方面，教师分析幼儿学习的内容、方式，甚至环境条件等是否适宜，是否为幼儿学习提供了有效支架，能否充分调动幼儿学习的主动性、积极性，支持他们进行个别化探索与学习，实现个别化的学习与发展。

## 四、课程目标体系

### （一）园本化课程目标体系

在课程建设过程中，幼儿园不应照搬国家或地方课程目标，而应充分发挥自主权与能动性，在深入理解各个层级目标的基础上，建构基于本园实际与幼儿发展特点的园本化课程目标体系。园本化课程目标体系让国家宏观的幼儿发展目标具有可操作性，让课程更具有适宜性，更能贴合幼儿的生活实际和促进幼儿发展。田野课程二十多年的研究历程，也是园本化的目标体系架构逐渐清晰的过程。田野课程围绕"健康的人、博爱的人、智慧的人、富有个性的人"的整体育人目标，在课程理念引领下，依据《指南》精神，结合幼儿发展实际与课程研究已有基础，对原有目标进行了全面的梳理，重点关注新时代儿童发展、儿童核心素养的要求，对目标体系进行了补充与完善，形成了较为合理、完整的目标体系。

**健康的人**

健康的人是指身体健康、心理健康且有良好的社会适应能力的人。动作协调灵敏，具有一定的力量和耐力，发育良好，体质强健；能接纳自己，理解他人，形成积极的情绪情感；有良好的生活习惯和基本的生活能力，会自我保护；有良好的社会适应能力。

**博爱的人**

博爱的人是指爱自然、爱生活、爱社会的人。爱护动植物，关心周围环境，亲近大自然，珍惜自然资源，有初步的环保意识；乐于与同伴、成人交往，有与他人协商合作的能力，能够移情和包容他人；能自觉遵守社会行为规范，有良好的社会适应性和责任感。

**智慧的人**

智慧的人是指充满好奇心、乐于探究、善于思考的人。愿意运用多种感官感知周围事物，充满尝试与探索的热情；积极主动、持续专注地研究与学习，愿意参与有挑战性的活动；能表达自己的想法，主动提出问题，具有质疑精神。

**富有个性的人**

富有个性的人是指在拥有良好社会性品质基础上彰显积极自我的人。敢于创造与表现，大胆表达自己的观点，有自己的兴趣和爱好，可以形成独特的观点与审美；能主动参与各种活动，有自信心，能按自己的节奏自主生长。

在《田野课程：架构与实施》一书中，课程目标关注幼儿情感、态度、能力、知识、技能等方面的整体发展，重视幼儿生活态度和生活能力的培养，关注幼儿创造性的发展。目标体系重视全面性与整合性，着重突出了身体与运动、习惯与态度、发现与探索、理解与表达、审美与表现、情感与适应六个方面。这些不同的领域只是相对的划分。仔细分析目标体系中的横向目标与纵向目标可以发现，课程目标形成了"课程总目标—分领域目标—阶段目标"三级目标体系。在后续的课程目标园本化探索中，我们主要进行了以下两个方面的研究。

一是将"田野课程2.0"时期的三级目标体系纵向延伸,实现目标的个人化。教师尊重幼儿发展差异性,依据幼儿发展的实际情况,重新思考、评估目标与发展的适合度,将目标具体化、个人化。以个人化的目标引领课程与教学,促进幼儿有效的个性化学习,促进每个幼儿在原有水平上发展。

二是根据《指南》,将园本的领域目标进行细化,将领域目标由三级细化成四级(见表3-4、表3-5)。细化是为了让目标更有操作性,评估更有效,更好地建构个人化的发展目标架构桥梁。我们将相对中观的目标内容,进行微观细化和情境化,在四级目标里体现了"儿童基本的行为表征""表现的程度""具体情境或环境"等。例如,针对小班科学目标"用动作去探索物体,关注动作所产生的结果并描述",我们将此条目标细化为更具体的两点:能关注动作产生的结果,如推—滚动、捏—变形、摇—声响、踩—软硬等;能用简单的语言说出动作产生的结果。

**(二)课程目标的转化**

在实践研究中,我们发现园本化课程目标体系还需要继续转化,并在转化过程中不断修正和完善。在目标班本化的过程中,各班教师发现目标体系中的不适宜之处,及时予以调整,这本身就促进了幼儿园课程目标体系的不断修正与完善。反之,科学、合理的幼儿园课程目标体系又为目标的班本化提供了切实可行的依据。

1. 转化意味着目标的班本化、个人化

不同班级的情况不同、活动内容不同,幼儿发展也有差异,因而不能用园本目标要求所有班级统一行动,并在同一时间内达成目标。教师要将整合的园本目标体系进行层层分解,最后再整合成班级幼儿的年度或学期发展目标,形成体现班级特点的班本化目标。这是一个"整合—分解—整合"的过程,是课程目标实现从整体到个体、从教师到幼儿两个方面的转化过程,真正让课程面向全体幼儿。当目标面向全体幼儿的时候,是将所有幼儿视为整体看待的,教师看到的是整体发展的抽象情况,即对平均水平的把握,而对每个幼儿的具体发展细节则无法评估与支持。从整体到个体,意味着教师既要关注班级幼儿的整体情况,也要关注幼儿是独立的个体,看到他们个体之间的差异性,看到他们各自的性格特征、不同的发展需要与水平。教师在心中形

表3-4 "科学与探究——具有初步的探究能力"目标细化

| 小班 | | 中班 | | 大班 | |
|---|---|---|---|---|---|
| 三级目标 | 四级目标 | 三级目标 | 四级目标 | 三级目标 | 四级目标 |
| 1.对感兴趣的事物能仔细观察,发现其明显特征。 | (1)在教师的引导下发现物体的明显特征:大小、形状、颜色等。(2)尝试按大小、颜色、形状等特征对事物进行分类。 | 1.能对事物或现象进行观察比较,发现其相同与不同。 | (1)按照一定的顺序(从上到下,从里到外等)进行有序观察。(2)在细致观察基础上进行比较,尝试简单描述其相同与不同。 | 1.能通过观察、比较与分析,发现并描述不同种类事物体的特征或某个事物前后的变化。 | (1)能同时观察、比较,分析两种特征,发现其细微特征,尝试对事物进行分类。(2)运用连续观察,发现某一事物的完整生长过程,包括植物的完整变化、四季变化、物体的物理变化等。 |
| 2.能用多种感官观察事物的外部特征,能用已有的语言表达自己的发现。 | (1)能通过看、听、闻、摸、品尝等方式感知物体的特征。(2)能说出物体的大小、形状、颜色、轻重等基本特征。 | 2.能根据观察结果提出问题,并大胆猜测答案。 | (1)在引导下,根据自己的观察或探究,提出值得探究的问题。(2)大胆联想、猜测问题的答案,并尝试说出理由。 | 2.能用一定的方法验证自己的猜测。 | (1)能够运用已有经验对研究问题进行较为合理的猜测。(2)尝试用实验、调查、观察等方式验证猜想。 |
| 3.用动作去探索、关注事物所产生的结果并简单描述。 | (1)能关注动作产生的结果:推、滚动、捏、变形、拍、踩一声响、软硬等。(2)能用简单的语言说出动作产生的结果。 | 3.能通过简单的调查收集信息。 | (1)在教师引导下进行有目的的调查。(2)在成人的帮助下,运用观察、采访、搜集资料等科学方法搜集证据。 | 3.在成人的帮助下能制订调查计划并执行。 | (1)能自己感兴趣的方面在成人的帮助指导下制订调查计划,如调查对象、步骤、方法等。(2)尝试按照调查计划进行探究。(3)尝试回顾和反思探究过程,总结探究的经验。 |

续表

| 小班 | | 中班 | | 大班 | |
|---|---|---|---|---|---|
| 三级目标 | 四级目标 | 三级目标 | 四级目标 | 三级目标 | 四级目标 |
| 4. 能参与简单的制作活动。 | (1) 对自己感兴趣的物品有尝试制作的愿望。<br>(2) 尝试运用生活中的材料，动手拆装（如汽车等）或自制小玩具（如响罐）。 | 4. 能用图画或其他符号进行记录。 | (1) 能用简单的图画、点子、箭头、符号等记录自己的发现。<br>(2) 能真实地记录实验结果。<br>(3) 用较清楚的语言和大家分享自己的发现。 | 4. 能用数字、图画、图表或其他符号记录。 | (1) 能用语言、图画、数字等具象方式进行记录。<br>(2) 尝试用图表、图标或其他抽象符号进行记录。 |
| | | | | 5. 探究中能与他人合作与交流。 | (1) 愿意与他人一起共同探究，尝试共同制订计划，实验和记录。<br>(2) 能较为清楚、连贯地与他人交流探究的内容、过程与结果。 |

表 3-5　"倾听与表达——愿意讲话并能清楚地表达"目标细化列举

| 小班 | | 中班 | | 大班 | |
|---|---|---|---|---|---|
| 三级目标 | 四级目标 | 三级目标 | 四级目标 | 三级目标 | 四级目标 |
| 1. 愿意在熟悉的人面前说话,能大方地与人打招呼。 | (1) 愿意在熟悉的人面前表达自己的需求。<br>(2) 愿意在集体中表达自己的想法。<br>(3) 能与教师、同伴和熟悉的人友好地打招呼。 | 1. 愿意与他人交谈,喜欢谈论自己感兴趣的话题。 | (1) 在班级中愿意和教师、同伴交谈;在日常生活中愿意和家人、朋友交谈。<br>(2) 喜欢主动和他人谈论自己感兴趣的话题并表达自己的看法。<br>(3) 当别人主动和自己交谈时能够做出积极的回应,并围绕感兴趣的话题进行交流。 | 1. 愿意与他人一起讨论问题,敢在众人面前说话。 | (1) 愿意与教师、同伴、家人等讨论感兴趣的话题。<br>(2) 能够大胆地在众人面前说话,清楚地表达自己的想法。 |

成班级幼儿整体发展目标体系,并将这一目标体系转化为班级幼儿可实现的一个一个具体的活动目标。目标的班本化,实现了由统一、无差别的目标向个人化、差异性的目标转变。

2. 课程目标转化的两种路径

目标的转化,一方面关注的是幼儿发展的差异性,观察、分析、判断班级幼儿在发展水平、能力倾向、学习方式、原有经验等方面的差异。教师准确评估和判断幼儿的发展水平,是课程目标转化的前提。另一方面,同一个目标内容可能会在多个不同情境中才能实现。因而,目标转化要关注同一个目标在不同情境中的转化。

(1)针对个体差异性的目标转化

幼儿园的目标是基于幼儿年龄阶段的一般特点而确立的,但即使在同一年龄段,不同的班级与班级之间也有一定差异,幼儿与幼儿之间差异更明显。教师在一般规律和一般特点的基础上,更要关注幼儿间的个体差异性。根据班级幼儿的个体差异,对不同幼儿达成同一个目标的要求要有所区别。针对现阶段发展水平较低的幼儿,教师可以对原有目标进行分解,变成幼儿在一定时间内可达到的阶段性目标,最终帮助幼儿逐步达成目标。针对现阶段发展水平较高的幼儿,教师对原有目标进行一定程度的提高,满足幼儿富有挑战性的发展需要。

例如,在幼儿刚入园时,入园适应是重要的发展目标。入园适应的一个重要方面是生活自理能力的发展。教师会根据每个幼儿不同的情况来确定入园适应目标,对不同的幼儿有不同的要求。有的幼儿在入园前,在家已经会独立进餐。那么教师会鼓励他快点把饭吃完,"可以吃得更干净一些、更快一些"。有的幼儿刚刚开始尝试自己进餐,教师会鼓励他自己动手吃饭,不提其他更高的要求。有的幼儿因家庭教养方式不当,完全没有自己吃饭的经验。对于这样的幼儿,教师提出现阶段的发展目标是"能坐在桌边,在教师的帮助下吃完饭"。

(2)针对不同情境的目标转化

教师面对同一个发展目标,不仅要根据幼儿的差异性进行转化,还要关注目标在不同情境下的转化。无论是在自然的生活情境中,还是在设定的学习情境中,幼儿学习的内容、形式等都不一样,幼儿的反应与行为也不同。因此,目标应体现具体情境的特点。

教师只有准确把握同一目标在不同情境下幼儿的具体行为表现,才能将同一目标转化为具体情境下的目标。例如,语言目标"具有书面表达的愿望与初步技能",在建构活动中,可以表现为幼儿用图画和符号规划、记录自己的建构设计;在观察活动中,可以表现为幼儿用图画和符号记录发现的树叶;在日常生活中,可以表现为幼儿用图画和符号给朋友写信。上述这些在建构活动、观察活动和日常生活中的要求,实际上都体现了"具有书面表达的愿望与初步技能",也都是目标在不同情境中的具体化。教师根据不同情境中的目标要求,满足幼儿在不同情境中的发展需要,为幼儿提供更多的机会,有利于目标的真正实现。

# 第四章　田野课程内容和结构

　　幼儿园课程内容是指依照幼儿园课程目标选定的、通过一定形式表现和组织的基础知识、基本情感态度和基本行为方式。[①]　随着课程研究的不断深入,现阶段田野课程内容主要通过主题活动、领域活动、区域活动以及生活、游戏活动这四种形式进行组织。这四种形式有机整合,相互渗透:主题活动是田野课程内容的主要组织形式;领域活动和区域活动是田野课程的补充与延展;生活、游戏活动是幼儿一日生活的基本形式,是课程内容的重要来源,也是主题活动和领域活动的重要实施载体。

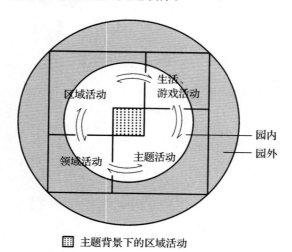

▦　主题背景下的区域活动

图 4-1　田野课程内容体系

　　上图呈现的是田野课程的内容体系,主题活动,区域活动,领域活动,生活、游戏活动作为田野课程内容的四大组成部分,它们相互关联、互为补充。从场域上看,这些内容会结合具体课程资源、幼儿经验的发展在园内、园外灵

---

[①]　虞永平.学前课程价值论[M].南京:江苏教育出版社,2002.

活进行。

## 一、选择和组织内容的理念

在陶行知生活教育思想、陈鹤琴"活教育"思想以及杜威的进步主义教育理论、蒙台梭利的蒙式教育等各种经典教育思想和教育理念的影响下,在对《幼儿园教育指导纲要(试行)》(以下简称《纲要》)及《指南》的不断学习与内化下,我们对儿童、对课程的理解也逐步深厚。我们认为,田野课程内容是基于生活,基于幼儿已有经验的,并来源于生活。多年来,我园教师在不断实践与研究中,开发与探索出了一批批经典课程内容,为教师选择课程内容提供了参考和借鉴。在参考经典课程内容的基础上,我们关注幼儿的现实生活,关注幼儿的实际问题和需要,关注不同空间多样化的资源与课程内容的密切关联,从而不断构建和完善更加适宜的课程内容。

### (一) 课程内容源自生活

田野课程内容源自幼儿的生活。生活是儿童教育发生的根基,是课程内容的基础、来源和出发点。幼儿的生活包含幼儿园生活、家庭生活和社区生活。幼儿的兴趣,生活中的偶发事件,生活中的热点事件、大事件,身边的事物和生活环境等都可能成为课程内容。幼儿教育回归生活,幼儿园课程的生活化,是由幼儿身心发展特点决定的。因此,最好的教育就是"从生活中学习,从经验中学习"。

田野课程内容与幼儿的生活紧密相关,但并不是生活本身。从严格的意义上来说,在幼儿生活中那些能够帮助他们获得新经验的活动才能纳入课程范畴,而那些幼儿利用原有经验就能胜任,不一定能够给幼儿带来新经验,或是只能带来重复经验的并不能成为我们的课程内容。还有一些内容资源并非存在于幼儿最直接的生活中,如经典的文学作品,但它对幼儿的发展有着重要意义,我们也要将它带入幼儿的生活,使之与幼儿的生活发生联系,成为幼儿生活的一部分。因此,我们在关注幼儿现实生活本身的同时,也要关注这些对幼儿发展具有意义却暂时没有与之发生联系的部分。

### (二) 课程内容与资源密切相关

课程内容与资源密切相关,资源为课程内容提供了基础保障,是课程内容的支架。在田野课程中,课程资源大致可分为七大类:自然物或自然现象、人造物品、社会机构、电子信息、社会事件、专门人才、文化艺术。我们充分挖掘了园内和园外的多种资源,让不同的资源通过适宜的方式转换为课程。从资源走向课程,是"资源"到"活动"的过程,是实现资源和课程的"对话与互动"的过程,是幼儿获得经验的过程。

1. 资源引发、丰富课程内容

课程资源是设计和组织课程内容的基础,可以说没有资源就没有幼儿真正的学习活动。[①] 资源可以引发、丰富课程内容,是课程创生的重要来源。多年来,幼儿园重视课程资源建设,努力为幼儿学习构筑一个生态化的学习环境,为幼儿的学习进程提供显性和隐性的资源支持,从丰富的资源中生发出无穷的机会,从而引发并丰富田野课程内容。

现在,我园的自然资源丰富,四季特征明显,植物、泥土、水、沙等等,这些显性的资源引发了不同的课程内容,例如"我们的香泡树""小池塘""可爱的小菜地"这些生动的主题都来源于幼儿园里的自然资源。除固定的自然资源以外,流动资源也会生成许多有趣的课程内容。例如,季节、雨、天气、风、光影等也引发了不同的主题,如"下雨了",或成为有趣的区域探究活动,如"有趣的光影"。在园内不同岗位上工作的人都有自身的专业优势和兴趣特长,如有的司机师傅擅长种植,他的讲解和种植工作引发了幼儿对种植活动的兴趣和探究的愿望;有的保育老师心灵手巧,擅长手工,在"红红火火中国年"主题中引发了幼儿刺绣虎头荷包的区域活动。

课程内容的生发同样离不开园外资源的支持。我们会充分利用周围自然和社会中的适宜资源,生成多样的课程内容。例如,我们利用幼儿园对面的郑和公园,支持幼儿开展寻找春天、探寻公园和探究郑和宝船文化等活动;幼儿在参观了消防中队后,对消防员叔叔的训练与生活,对消防车的关注与兴趣也引发幼儿开展相应的主题活动;地铁站的工作人员到幼儿园进行"文明小乘客"的宣传活动,幼儿在丰富做文明小乘客的经验的同时,也萌生了对地铁站内和地铁内部设施、地铁线路等方面的兴趣,由此生成了"地铁"主题活动。

---

① 虞永平,原晋霞.幼儿园课程[M].北京:高等教育出版社,2014.

2. 课程内容与资源相互生成

资源可以引发课程、充实课程内容,同时,课程的实践过程也是一个对资源再认识、再开发、再挖掘并引发资源的丰富和改造的过程。一方面,我们寻找、发现各种资源,将不同类型的资源通过转换、整合转变为课程内容;另一方面,我们结合幼儿发展的关键经验、课程目标、幼儿的兴趣和需要,多角度探寻、挖掘园内外的各种资源,使之为课程内容服务。当幼儿发现桂花树的树皮干枯从而引发了"桂花树是不是生病了?"的讨论,面对幼儿的疑惑与不解,教师和幼儿共同查阅资料、寻找答案,并寻找人力资源的支持。这时,植物专家出现了,资源的变化也生成了新的活动内容,植物专家的加入使得幼儿的探究更加深入,幼儿和植物专家共同为桂花树治病,并每日观察桂花树的变化,制作保护桂花树的宣传告示……课程内容与课程资源相互生成,相辅相成。

同样的资源会因幼儿的兴趣与发现、经验水平的差异而引发不同的课程内容,课程内容也需要我们结合幼儿不同的兴趣、需要和经验去寻找适宜的资源支撑。教师时刻关注幼儿,如关注他们最近喜欢聊的话题、经常使用的材料、喜欢阅读的书籍、最近经常去的园内外的场所……教师敏锐地挖掘资源与课程关联的生长点,促使资源与幼儿的活动、经验相连,从而使资源成为幼儿直接感知、实际操作、亲身体验的对象,进而转化为幼儿的课程。

下面以园内自然资源小池塘为例展开介绍,详见表 4-1、图 4-2 至图 4-6。

表 4-1 由自然资源小池塘生成的课程内容

| 小池塘资源 | 年龄段 | 开展的内容 |
| --- | --- | --- |
| 植物:<br>菖蒲、香蒲、水葱、芦苇、狐尾藻、木贼、睡莲、鸢尾、菱角、茭白、水葫芦,各种各样的水草……<br>动物:<br>金鱼、红鲤、乌龟、蝌蚪、螺蛳、龙虾、昆虫及幼虫、小鸭子、泥鳅、黄鳝、青蛙、蟾蜍…… | 小班 | 生活活动:观察小池塘、喂小鱼……<br>领域活动:绘本阅读《池塘小世界》、认识乌龟、歌舞表演《小金鱼》……<br>区域活动:表演池塘里的故事、观察饲养(小鱼、蝌蚪、乌龟)……<br>游戏活动:玩水……<br>主题活动:幼儿园的小池塘…… |
| | 中班 | 生活活动:采摘芦苇叶、菖蒲叶(包粽子、制作端午香囊、编织等),观察小池塘……<br>科学活动:观察菖蒲和香蒲,调查小池塘里的植物和动物…… |

| 小池塘资源 | 年龄段 | 开展的内容 |
|---|---|---|
| | 中班 | 游戏活动：玩水（利用小池塘水和沙池游戏结合，运水、玩水）、建构小池塘周围景观（桥、亭子等）……<br>项目活动：建造班级小池塘…… |
| | 大班 | 生活活动：小象卫士（清理小池塘落叶、制作爱护小池塘宣传牌）、观察菖蒲是怎么长高的……<br>领域活动：观察比较芦苇和竹子，写生鸢尾、睡莲……<br>区域活动：菖蒲叶自然物编织、净化小池塘的水……<br>种植活动：收获（茭白和菱角）……<br>项目活动：清理小池塘…… |

图 4-2　小班幼儿户外绘画小池塘

图 4-3　中班幼儿建造班级小池塘

图 4-4　大班幼儿清理
小池塘

图 4-5　小班幼儿户外游戏
中去小池塘打水

图 4-6　大班幼儿在小池
塘里收获茭白

### （三）课程内容是一个经验体系

经验是指幼儿在田野课程的多种活动中通过与人、事、物的互动,所获得的情感态度、能力与知识。田野课程以幼儿经验生发为导向,以幼儿经验发展为目标,最终促进幼儿更好地发展。因此,田野课程的内容是一个完整的经验体系,且不同年龄段、不同领域经验相互渗透、相互衔接。

1. 经验的连续性

幼儿的发展是连续的,其经验也应是连续的。杜威认为,每种经验既从过去经验中采纳了某些东西,同时又以某种方式改变了未来经验的性质。从田野课程中的单个课程内容的经验来说,它基于之前的活动而设定,以此确保课程内容的经验连续。从幼儿发展阶段即小、中、大班的课程内容来说,是课程经验的直线式重复,[①]幼儿的经验在小、中、大班各年龄段的发展是连续的,并在过程中不断地积累与丰富。在田野课程实践过程中,教师时刻将"幼儿经验的过去、现在和将来"作为思考的主体,将经验作为一种"提示",为观察、支持幼儿学习,设置课程内容,提升活动有效性提供方向。幼儿通过直接经验、实际操作和亲身体验引发新旧经验之间的联系,并且为下一次的活动提供新的经验,在过程中获得自身经验的不断丰富和认识的螺旋式上升。

2. 经验的交互性

在杜威看来,经验是生命体维持自身发展的中介,是生命有机体与环境之间以及不同的生命有机体之间发生的"交互作用",人首先是一种生物性的存在,为了维持自己的存在,就必须不断地与周围世界进行相互作用,必须不断地解决所遇到的各种问题和各种冲突。[②] 因此,在田野课程中,经验是幼儿主动活动中通过行动产生的。在田野课程的内容设置和选择中,我们关注情境的创设,关注资源的提供,关注幼儿与他人的交往,充分发挥幼儿的主体性,激发其与周围环境的主动接触,促进其经验的主动建构。下面的光影游戏案例,呈现了我们在组织与实施田野课程的过程中对经验的连续性和交互性的认识和理解。

---

① 虞永平,原晋霞.幼儿园课程[M].北京:高等教育出版社,2014.
② 徐冰鸥.教育叙事探究中的经验及其认识论价值:基于杜威经验论的思考[J].山西大学学报
(哲学社会科学版),2021(6).

　　小班幼儿在户外游戏时，尤其是在阳光下，会发现自己有影子，而且自己移动，影子也会跟着移动，教师鼓励幼儿大胆在集体中或在同伴间表述自己的发现；中班幼儿不仅会发现影子和自己的联系，还会发现在不同的时间里，影子会在不同的方位，他们对这一发现既惊喜又充满了好奇，教师支持幼儿用图画、符号及时地将自己的发现记录下来；大班幼儿对影子已经有了丰富的经验，在活动中教师引发幼儿对光和影进行深入的探究，有意识地创造幼儿与光影的多样化的互动活动，如在区域中创设了"影子屋"，满足幼儿持续探究的愿望。

　　"影子"这一物理现象存在于幼儿的生活中，它激发了幼儿的兴趣和好奇心。幼儿会观察影子、玩影子游戏、探寻影子的变化现象等。从幼儿科学领域的经验发展来看，小班幼儿对感兴趣的事物能仔细观察并发现其明显特征，并能利用多感官去探索，教师结合小班幼儿的身心发展规律和学习特点，在游戏的情境中引导幼儿发现光和影的现象；中班幼儿能对事物或现象进行观察比较，发现其异同之处，还能感知和发现简单的物理现象，如物体形态或位置变化；大班幼儿能探索并发现常见的物理现象产生的条件或影响因素，能用一定的方法验证自己的猜测。从小、中、大班幼儿进行的关于影子的活动中，我们发现不同年龄段的幼儿都可能对某一事物和现象感兴趣，同时基于他们的年龄特点，他们有着不同的经验水平，教师可以根据不同年龄段的幼儿现有的经验水平选择适宜的内容，帮助幼儿不断提升、丰富相关经验。

　　大班幼儿在进行与影子相关的活动中，教师在室内、室外都为幼儿创设了适宜的环境，并提供了丰富的材料，促进幼儿对于影子这一现象在科学领域中的经验发展。例如：在户外测量和比较影子的长度，观察同一物体的影子在一天中的位置变化，在室内进行"小飞机飞上天"的游戏（用到光的反射原理）以及在"影子屋"中的科学实验等。同时，教师也关注影子这一有趣的现象在其他活动中和领域中的开展，例如，在表演区中打造手影小剧场，在语言区中丰富与影子相关的绘本，在数学活动中组织影子配对的游戏，在生活活动中让幼儿玩影子躲猫猫和踩影子游戏，在户外大型建构活动中选择彩色透光积木，在墙面、地面呈现彩色城堡等。

　　在大班进行的影子活动中，教师不仅关注幼儿在科学领域的经验发展，同时注重与其他领域的联系，以及与多种材料、环境和角色的互动。在活动中教师鼓励幼儿与同伴合作游戏，共同发现、感知光影在生活中的各种现象。

例如,皮影戏的活动中,幼儿不仅可以对科学现象进行深入探究,同时也在游戏的情境中丰富了表演形式,形成了新的表演经验。经验的获得和丰富需要落脚于多种多样的活动中,通过多种活动形式,如区域活动、生活活动、游戏活动、领域活动等,使幼儿的多种经验交互,为幼儿构建更加丰富完整的经验。

## 二、主题的形成与完善

在二十多年的主题课程实践中,主题的产生、选择都遵循一定的价值与设计路线。无论是新主题,还是从田野主题库中筛选经典主题,我们都重点思考幼儿当下的兴趣与需要、幼儿发展的水平、课程发展目标以及主题中领域的均衡与整合。

### (一)主题的形成

在田野课程中,生成与预成是主题形成的两种方式。主题的生成是指教师会结合幼儿当下的兴趣、发现,班级中的一些偶发事件,生活中的重大事件,新资源的加入等生发出一些主题。这些主题引发幼儿的强烈关注,吸引幼儿在一段时间内去持续探究,整合幼儿多个发展领域的经验,利用多种实施途径,形成一系列的活动支持幼儿的探究,促进幼儿经验的发展。主题的预成有两种方式:一种是从田野主题库中结合班级幼儿的已有经验、《指南》中该年龄段幼儿的发展目标等进行适宜的选择;另一种是教师结合当下的热点事件、季节、节气、节日、自然现象、科学概念等预设。

在多年的实践中,我们已经形成了一批经过多轮验证并不断调整与创新的经典主题,并将其放入了田野主题库。田野主题库对老师的主题实践具有重要的参考意义。田野主题库呈现经典主题的内容列表、主题资源、主题过程实录、主题实践后形成的主题活动册,同时还包含师幼在主题中的记录,幼儿作品、经典活动照片、视频资料等。一些实施过程也以二维码、公众号内容等形式呈现于田野主题库中。教师可以依据班级幼儿的年龄特点,幼儿当下感兴趣的一些话题,结合《指南》中该年龄段幼儿发展目标,选择适宜的主题内容。

### (二)主题的展开

主题的展开以主题网络和情境脉络为线索,教师将核心事件分解为一个个相关的网状结构,它们或是核心事件的要素,或是核心事件所产生的问题,

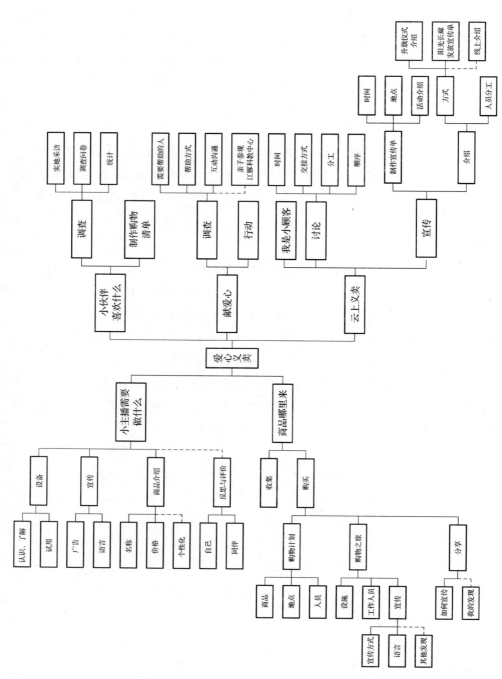

图 4 - 7 主题"爱心义卖"网络图

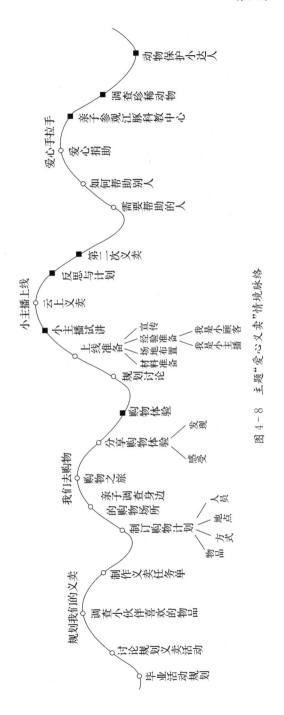

图4-8 主题"爱心义卖"情境脉络

抑或是一个个可能开展的活动。主题开展的实际过程可能会和原先预设的主题网络与情境脉络有所区别，如幼儿可能生发新的兴趣，某个活动可能会延伸出新的活动，也有可能主题朝着一个新的方向发展，这时教师对原有的主题网络与情境脉络会进行补充、调整和完善。

近年来，我们的主题实施过程更加趋向灵活与多元。教师对资源的挖掘与利用更加充分，更加凸显班本特色，无论是对经典主题的借鉴，还是不同班级在主题开展中利用同一资源都会产生不同的想法，组织方式更加多样，更富有弹性和调整空间。

1. 时间更加灵活

过去，我们的主题进行可能更多采用时序对接的方式，即一个主题进行完以后再进行下一个主题。而随着实践的深入，教师逐渐发现时序对接的方式可能并不适用于所有的主题，有些主题只持续 2—3 周，而有些主题是不断延续的，如情感类、与日常生活联系紧密的主题往往时间跨度比较大，可能从一个学期持续到下一个学期。这样的主题有时会出现间隔持续，这时就会出现两个主题并行或穿插进行的情况。因此，在主题展开中，我们结合实际情况灵活调整主题结构，使之发生变化，有独立的、间隔的、延续的等多种类别。

例如，"朋友"主题就是可以延续的，幼儿每次交往可以不断深入，很多问题在交往中会慢慢得到解决。幼儿除了跟同龄孩子交往，后面还可以带弟弟妹妹、和哥哥姐姐交往，使这个主题一直延续下去。"影子"主题恰恰不一样，当幼儿对影子有新的发现时就可以探究，这是间隔进行的，因此一个学期集中几天进行探究，组织两三次探究活动也是可以的。而这个过程中，有可能会出现因幼儿的兴趣而生发新的主题，出现两个主题并行的情况。比如，一个班级进行"影子"主题活动过程中，因光线、天气的限制，活动需要暂停，而这时候班级图书区的一本关于地铁的书引发了好几个幼儿的兴趣。大部分幼儿都有乘坐地铁的经验，幼儿园附近也有地铁站，同时，在幼儿日常的讨论中，他们也得知班级有在地铁站工作的家长资源，于是"地铁"这个主题应运而生，形成了和"影子"并行的主题。

2. 资源挖掘与运用更加充分

随着教师的资源意识不断增强，其对资源的挖掘、运用能力也在不断提高。教师以幼儿园拥有的各种课程资源为基础,充分利用周围自然和社会中的有益资源,同时关注不同班级特有的资源和条件,以园本为背景、班本为现实,真正注重不同幼儿的需要和特点,促进每个幼儿在原有水平上获得发展。

我们深入地挖掘不同生态要素间的关系,让幼儿充分感受周围环境中人、事、物等之间的有机联系,使幼儿把握事物和现象本身,使幼儿在现实的关系中萌发对自然、社会、人及自身的态度和情感。

随着对资源开发与挖掘的不断深入,幼儿园的自然资源更充沛,品种更丰富,不同品种的植物的季节特征各不相同,不断引发幼儿探究的兴趣。同时,随着家长、社会对我们课程的认可与理解,也会有更多的人力资源加入我们的课程,有力地支持我们的课程:民俗艺人、植物专家、地铁工程师、博物馆工作人员、烘焙爱好者……当主题实践过程中有需要时,不同的角色结合不同的活动自然卷入主题中,有力支持主题的开展。近些年,我们更加关注传承和弘扬优秀传统文化,让它们在幼儿的心中生根发芽。我园坐落于南京极负盛名的太平南路,紧邻郑和公园,不远处就是东水关遗址公园、夫子庙,我们重视并充分利用这些资源,南京古城墙的历史,石象路的寓意,郑和文化,太平南路的演变……让金陵文化自然地融入幼儿的真实生活,成为重要的课程资源,并在互动中生发出各具特色的主题。

3. 班本特色更加突显

在主题活动开展中,教师立足班级,更加紧扣幼儿的兴趣与需要,结合幼儿已有的经验进行主题网络与情境脉络的规划。因此,即使是同一个主题,由于不同的幼儿、不同的教师、不同的视角、不同的班级、不同的出发点与设计思路,主题的走向与实践生发的内容会有很大不同。

在进行"可爱的家乡"主题中,在亲子参观南京博物院后,有的班级对博物馆产生兴趣,于是萌发在幼儿园也建造一个属于小朋友的南京微缩博物馆的想法。经过多次讨论、价值判断,这个班级在进行主题时,建造博物馆就成了一个比较重要的活动内容。而另一个班级则对南京的美食产生了兴趣,于是在主题活动中幼儿调查、了解南京美食的种类、由来、背景等,亲子制作美食,在班级举办了"南京美食会"。

同样的主题在不同的班级,因课程资源不同,幼儿的兴趣与经验不同,会产生不同的走向,生发不同的主题活动内容。在田野课程中主题的开展是富有弹性和调整空间的,班级的特色会更加鲜明。

4. 组织形式更加多样

通过多年的实践研究,田野主题活动的组织形式也更加多样,最主要的变化有:主题活动背景下的区域活动更为丰富,项目活动更为凸显,主题活动随着时代和理念的变化也在不断发展……

区域活动成为主题活动重要的实施方式,主题的部分目标就是通过区域活动达成的。我们会预设部分与主题相关的区域活动内容,但更多的主题背景下的区域活动内容是随着幼儿的兴趣需要和问题不断生成的。主题下的不同区域活动,既能满足幼儿在主题中个性化的需要,也能促进幼儿获得与主题相关的经验。

我们也愈发认识到项目活动的独特价值。项目活动在主题活动实施过程中的比重越来越大,以项目活动为主体的主题活动特征逐渐显现。以项目活动为主体的主题活动在过程中能更加关注个别幼儿,更好地支持幼儿持续深入地自主学习,以满足幼儿个体的需要与发展。因此,在田野主题活动中项目活动的比例越来越高,有的主题中会有好几个项目活动来支持幼儿深入地探究解决问题,有的主题则以项目的理念实施,本身就是一个大项目,在进程中基于幼儿的兴趣和问题又会生发一些相关的小项目,在不断持续探究中深入主题。

### "我是小戏迷"主题活动中的项目活动

在"我们的家乡"主题中,有的孩子在和家长参观南京博物院时,在南京博物院小剧场观看了戏曲表演。关于戏曲,他们开始有了一些经验、一些兴趣,还会不时地提出关于戏曲的各种问题。随着孩子对戏曲兴趣和经验的不断丰富,他们对戏曲的探究和了解也在不断地深入。由此,我们自然地生成了"我是小戏迷"主题活动。在主题活动进行中,我们发现孩子们对戏曲的兴趣点是不同的:有的对各种大花脸很好奇,想探究戏曲演员化妆的秘密;有的被戏服奇特的样式和繁复的花纹吸引;还有的对各种兵器爱不释手。于是,我们衍生出三个项目小组——化妆组、服装组、舞台道具组,以项目活动为主体进行主题活动。这也是遵循幼儿的学习和发展特点,能够更好地满足幼儿对不同兴趣和问题的深入探究。在主题活动中,系统活动、生活活动、游戏活动和区域活动也随着活动的需要而展开:一方面,为幼儿项目活动的顺利进行提供经验等支撑;另一方面,通过延伸和拓展,让幼儿在主题活动中获得更加丰富和完整的经验。

表4-2　"我是小戏迷"主题活动

| 基于幼儿问题的活动 | | | 支持主题经验获得的其他活动 |
| --- | --- | --- | --- |
| 幼儿的问题 | 项目组活动 | 支持项目活动顺利开展的活动 | |
| 1. 脸谱为什么有那么多颜色?<br>2. 一个脸谱就代表一个角色吗?<br>3. 为什么有的演员画大花脸,有的不画?<br>4. 演员脸上的图案是怎么画的? | 化妆组:<br>探究脸谱的秘密。<br>用多种方式表现脸谱。 | 领域活动:<br>社会:"脸谱的秘密",邀请脸谱传承人和幼儿交流脸谱的知识,丰富幼儿对脸谱认知的经验。<br>语言:"各种各样的脸谱",在活动中引导幼儿自由表达对不同脸谱的感受和理解。<br>区域活动:<br>美工区:用各种方式表现和创作脸谱,如用油泥、陶土、水粉在纸箱、透明膜等材料上创作脸谱面具等。<br>语言区:阅读与戏曲、脸谱相关的绘本,拓展有关脸谱的经验。<br>表演区:幼儿自己或同伴间相互绘画脸谱。<br>生活活动:<br>邀请专业表演人员入园表演戏剧,幼儿了解他们化妆的过程。 | 领域活动:<br>京歌《龟兔赛跑》<br>京歌《戏说脸谱》<br>绘本阅读《京剧猫》<br>绘画活动"京剧脸谱"<br>社会活动"戏说京剧"(京剧的行当、脸谱、服饰)<br>区域活动:<br>项目活动中的部分材料会在区域中呈现,满足幼儿对不同活动参与和探究的兴趣。<br>美工区:活动"有趣的脸谱",(水粉、泥塑等)绘画京剧人物等。<br>项目组的脸谱、头饰制作。<br>手工区:项目组道具制作,如刺绣手帕、桌椅披等。<br>语言区:阅读关于戏曲的绘本、观看京剧视频等。<br>表演区:观看视频,模仿戏曲表演等。<br>生活活动:<br>在生活环节中讲述"我了解的戏曲"。<br>在生活环节中开展 |
| 1. 对戏服本身的关注与问题:为什么演员要穿高高的靴子?为什么他们的袖子那么长?为什么有的戏服背后还插着旗子?<br>2. 对戏服制作的问题:一针一 | 服装组:<br>探究戏服的秘密。<br>为表演设计、制作戏服和头饰。 | 领域活动:<br>美术:"欣赏戏服",欣赏、了解戏服的造型美、图案美。<br>美术:"设计戏服",大胆想象、设计戏服,感受图案中传递的美好寓意。<br>区域活动:<br>美工区:制作表演头饰(例如,折纸制作官帽、用布等材料制作花旦表演头饰等);制作戏服并刺绣戏服图案。 | |

| 基于幼儿问题的活动 | | | 支持主题经验获得的其他活动 |
|---|---|---|---|
| 幼儿的问题 | 项目组活动 | 支持项目活动顺利开展的活动 | |
| 线绣得太慢。刺绣都只能绣出轮廓,里面一整块的颜色怎么表现?图案复杂怎么办? 3. 我们自己绣实在太难了,怎么办? | | 语言区:阅读相关绘本,加深对戏服的了解。 表演区:欣赏并穿上各种戏服扮演不同角色。 参访活动: 参访京剧博物馆,带着关于戏服和头饰的问题参访,向专业老师寻求解答。 亲子活动: 邀请家长和幼儿共同为戏服缝制纹样,既丰富活动形式,也让家长在参与的过程中对课程有更深入的了解。 | "京剧才艺秀"(表演京剧的动作、唱词等)。 在全国宣传"小戏迷展演"活动,制作戏票到各班宣传、发放。 游戏活动: 扮演喜欢的戏曲角色。 在"小戏台"进行表演。 亲子活动: 亲子戏曲欣赏。 项目活动展示。 |
| 1. 我们也想搭建舞台,但是舞台太大了。舞台上的柱子也很高,我们可以怎么做呢? 2. 每个演员需要用什么道具? 3. 想有机会看看、摸摸每种道具,了解道具的名称和用途。 | 舞台道具组:探索道具、舞台的秘密。搭建我们的戏台、制作表演道具。 | 领域活动: 语言:"我知道的兵器",了解并分享戏曲中的各种兵器和用途。 美术:"我喜欢的戏曲道具",欣赏、绘画,丰富对戏曲道具的了解。 数学:"测量",探索、学习测量的方法,尝试测量并记录戏台的长度和宽度,以及戏台柱子的高度,为搭建舞台提供经验支持。 社会:采访参与表演的同伴,了解同伴需求,并根据表演曲目设计相关道具。 区域活动: 手工区:利用多种材料制作兵器,刺绣手帕,装饰团扇等。 建构区:与同伴合作搭建"戏台"。 美工区:利用水墨画、剪贴画等方式制作戏台背景。 参访活动: 参访京剧博物馆,了解兵器的种类,并向专业老师提出自己的疑问。 | |

续表

| 基于幼儿问题的活动 | | | 支持主题经验获得的其他活动 |
|---|---|---|---|
| 幼儿的问题 | 项目组活动 | 支持项目活动顺利开展的活动 | |
| 　　教师的思考:幼儿在不同的项目组中深入探究、解决问题之后,他们就开始准备表演。在表演的过程中,幼儿遇到了很多挑战,例如:动作表现上的困难,念词和唱法的发音问题,舞台的表现力不足等。于是,我们进行了"走进戏曲学校"参访活动,欣赏并学习表演方法,多次和民间艺术团、戏曲专业人员等进行互动,在多种资源的支持下丰富幼儿的表演经验。我们支持幼儿开展了一场场精彩的表演,对同伴、对弟弟妹妹、对哥哥姐姐、对老师……每一场表演后,他们都会进行自我评价和互相评价,反思与调整,表演的水平越来越高。 | | | |

图 4-9　画脸谱

图 4-10　为同伴画脸谱

图 4-11　脸谱的多种表现形式

图 4-12　制作道具

图 4-13 搭建戏台

图 4-14 制作戏台柱子

图 4-15 参观戏曲学校

图 4-16 表演现场

　　近年来,我们对主题活动研究的脚步从未停歇,关注幼儿、基于幼儿生发新主题是我们的追求,但是基于幼儿对原有主题进行优化与调整也是重要的课程建设任务。田野主题库里的主题随着实践的深入、资源的完善、活动方式的拓展,不仅使幼儿兴趣更加浓厚、获得的经验更多,而且其本身也更加完善与成熟,更具适宜性。

　　我们来看看田野主题活动"去购物"在不同时期的发展与变化情况(见表 4-3)。

表4-3　"去购物"田野主题活动的发展

| 时间 | 主题名称 | 主题背景 | 关键经验 | 主要活动列举 | 主要活动方式 | 教师的思考 |
|---|---|---|---|---|---|---|
| 2000年 | 超市（中班） | 幼儿有与家长去超市的经验，但是到超市都是爸爸妈妈买东西，自己没有机会买东西，他们对超市的问题很感兴趣，也有很多问题，如超市有哪些货物？有哪些工作人员？……于是，教师和幼儿一起到超市调查、了解、体验……他们在现场解决问题，丰富经验。 | • 知道在超市里购物的程序及要遵守的规则。<br>• 感受超市给人们的生活带来的方便，了解超市来的购物环境，相关设备及工作人员的劳动。<br>• 利用各种材料创造性地表现对超市的认识，愉快地开展与超市有关的游戏。 | • 参观金润发超市<br>• 我会买东西<br>• 超市里要买什么<br>• 我们的超市（规划、制作、游戏）<br>• 设计广告 | 参访、购物、建构、游戏 | 进入新的千年，超市已经成为人们日常生活中购物的重要场所，也是幼儿感兴趣的地方。基于幼儿的兴趣和问题，教师引导幼儿通过实地参访了解超市的工作，了解购物流程，通过多样的活动感受超市与生活的关系；师幼共同创设了班级"超市"，幼儿在游戏中丰富与超市有关的经验。 |
| 2010年4月 | 去购物（大班） | 幼儿经常和爸爸妈妈去商场、超市购物，有购物的经验，超市他们最大的愿望就是亲自去超市买自己喜欢的物品。恰逢班级需要一些活动的材料，幼儿更想亲自去购买。"去购物"包含许多有利 | • 通过调查、规划、体验、分享、交流等方式在真实的情境中，感受购物的过程，建立文明的购物行为，丰富生活经验。<br>• 了解钱币在生活中的作用以及钱币的使用方法 | • 购物初体验<br>• 分享购物之旅<br>• 调查身边的购物场所<br>• 制作我们的购物资源地图 | 调查、规划、参访、购物、游戏、建构、分享、讨论 | 随着时代的发展，人们购物的场所更加丰富，幼儿的经验也更加丰富。在生活、游戏中也常常有表现出与超市有关的经验，围绕班级要购物的事件，基于幼儿 |

续表

| 时间 | 主题名称 | 主题背景 | 关键经验 | 主要活动列举 | 主要活动方式 | 教师的思考 |
|---|---|---|---|---|---|---|
| | | 于幼儿发展的经验:了解并遵守购物规则,乐意与不同的人交往互动;活动中清楚地表达自己的想法,问题……当然他们也有很多问题:工作人员的工作内容有哪些?商品上的文字、数字、符号等是什么意思?怎么能快速找到自己要买的东西?各种标志代表什么意思……带着这些思考和问题,教师和幼儿一起在真实的情境中体验购物的过程,解决真实的问题,获得真实的经验。 | 法,有合理消费的意识。<br>• 在购物过程中了解购物场所的种类,人们的职业和其他人的劳动,尊重他人的劳动。<br>• 感受时代发展给人们购物方式带来的变化与便利。 | • 制订小组购物计划<br>• 讨论购物规则<br>• 宜家购物之旅<br>• 宜家餐厅(游戏)<br>• 神奇的快递 | | 根据已有的购物经验,师幼一起调查身边的各种购物场所和方式,由此展开一场特别的购物之旅。从身边的购物场所,再到大家指定的场所,再到大家都喜欢的宜家甚至是网购,拓展了幼儿活动的空间,同时充分调动了幼儿的自主性,买什么、到哪里买等都由幼儿讨论和决定。幼儿关于超市的经验也在自主游戏中不断延伸与发展。 |

续表

| 时间 | 主题名称 | 主题背景 | 关键经验 | 主要活动列举 | 主要活动方式 | 教师的思考 |
|---|---|---|---|---|---|---|
| 2020年6月 | 爱心义卖（大班） | 在开展"去购物"主题活动的后期，即将毕业的大班幼儿希望能够为爱心义卖帮助的人进行义卖。基于幼儿愿望，结合疫情现实，活动方式是需要调整的。怎样开展活动？带着问题，规划、调查、表达、合作、交往、筹备、反思等，一起坚持为自己的想法努力，用行动把爱传出去。 | • 通过规划、操作、体验等方式感受线上购物带来的特别感受。<br>• 主动发起活动，并在活动中出主意、想办法。<br>• 在活动中能大胆地表现、展示自我，礼貌地交往。<br>• 了解、体验网络购物主播的工作，能坚持为直播义卖他人小主播，并尊重其他小主播。<br>• 关爱他人，愿意用不同的方式帮助生活中有需要帮助的人。 | • 规划我们的爱心义卖<br>• 调查：小伙伴喜欢的物品<br>• 制作购物清单<br>• 购物初体验<br>• 购物之旅<br>• 购物再体验<br>• 分享我是卖小主播（准备）<br>• 小主播试播 云上义卖（一）<br>• 关于义卖问题的讨论 云上义卖（二）<br>• 了解需要帮助的人<br>• 策划献爱心方案<br>• 亲子参访江豚科教中心 | 统计决策、调查统计、自主规划、自主购物、分享讨论 | 时代车轮滚滚向前，科技续给人们生活带来了巨大的改变，人们的购物方式更多元了。幼儿的购物经验也发生了明显的变化，网络购物、直播购物等新型购物方式进入了幼儿的生活。由于疫情的影响，我们的活动也随之不断调整，网上义卖、直播义卖、线上购物……他们在自主学习、与同伴一起探索，和反思中获得了更丰富的经验。 |

续表

| 时间 | 主题名称 | 主题背景 | 关键经验 | 主要活动列举 | 主要活动方式 | 教师的思考 |
|---|---|---|---|---|---|---|
|  |  |  |  | • 动物保护小达人 |  | 由线下到线上,不仅使全园幼儿和家长都可以自主参与活动,而且让幼儿的学习向更广阔的空间多样延伸。幼儿通过身边需要帮助的人,并在去江豚科教中心爱心的活动中萌发了对珍稀动物、长江大桥的兴趣,形成了后续富有班本特色的系列活动。 |

### 三、区域的规划与设置

区域,亦称活动区,有时也称区角。区域活动一直是田野课程重要的实施途径之一,它有其相对独立的学习特点和学习内容,可以综合呈现幼儿不同的学习特质,也能满足不同幼儿的不同需要。从空间上看,它又可分为室内区域与室外区域。

幼儿的身心发展特点和学习特点决定了幼儿教育必须是整体性的教育,幼儿教育需要高度的整合。《纲要》中明确指出:幼儿园教育活动的组织应注重综合性、生活性和趣味性。田野课程中的区域活动与领域活动、游戏活动、生活活动同样重要,彼此间既相互补充,又相互关联,并形成一个有机的整体。区域活动中,我们既关注幼儿整体的发展,同时也应顾及幼儿间发展的差异性,满足个体化的需求。

田野课程的区域活动以幼儿的关键经验、兴趣为主要依据,预设部分内容,教师与幼儿共同规划、创设区域环境,提供适宜的、多样化的操作材料,鼓励幼儿自主选择并主动与材料、同伴和环境积极互动,让幼儿自主操作、交往、探索和表达,由此促进幼儿自主的、个性化的学习与发展。

田野课程中的区域活动为幼儿提供了更多的选择与挑战,同时也更能满足幼儿个性化发展的需求。它的活动时间更灵活机动,幼儿的任务意识更明确,当他想做任务时,他知道在哪里可以完成,哪里有他需要的材料,并明晰这项活动的规则是什么。区域活动的空间更灵动,师幼可以根据区域活动的内容和需要不断调整空间、创设情境,使活动空间与活动内容的联系更加灵活自然。区域活动的材料更具有层次性和丰富性:材料要满足不同发展水平、不同需求的幼儿,材料与需求之间建立不同层次的衔接;同时区域活动的材料还要是丰富的,丰富的材料会带来更多的组合变化,也就蕴含着更多的经验。在区域活动中,幼儿是自主的、愉悦的、专注的、勇敢的、富有个性的,他们自主选择喜欢的内容,享受在区域中与材料、同伴、教师互动的过程,敢于接受挑战,并通过多种方式不断丰富自己的认知与创造。

在区域活动中,师幼的关系更加平等,教师是幼儿在区域活动中的伙伴,是协助者、观察者、记录者。教师更有效地了解到不同幼儿的需要,了解他们的发展水平,了解他们可能迎接的挑战,教师的观察、发现比指导更加重要。

"多看少说、多想少帮、多核少判"是我们在区域活动中秉承的理念。当幼儿在区域活动中遇到技能、经验、心理等方面的困难时,教师也会通过多种方式进行帮助与引导。教师不仅关注幼儿的经验,更关注幼儿的良好学习品质,如自我规划能力、自我管理能力,发现、分析、解决问题的能力,专注力,同伴协作、沟通和交流的能力等多种能力的发展。

## (一) 各年龄段室内区域规划与设置

室内区域规划和设置,包含对班级整体区域的规划和对某一区域的规划。教师会根据幼儿的兴趣与需要,根据季节、环境的变化,根据正在开展的主题、可利用的资源,以及幼儿在区域中的活动情况,对区域空间、内容、材料等进行灵活的调整。例如,在一个区域活动中可以通过调整材料的层次和种类,满足不同发展水平幼儿的需求;或是提供有探索性的材料,支持幼儿的探究活动;也可以通过改变材料,建立与当下主题间的联系;在不同的区域间,材料也是可以进行组合、交互使用的;材料投放与调整除了教师的预设外,幼儿的思考与规划也非常重要。

我们了解幼儿在学习与发展方面的特点,了解其在各年龄段的身心发展特点,了解各年龄段和发展阶段的特质。基于这样的基础,我们在进行区域的规划设置时关注以下几点。

### 1. 各年龄段区域活动的情境创设

《纲要》中指出:"环境是重要的教育资源,应通过环境的创设和利用,有效促进幼儿的发展。"一个精心创设的环境可以促进幼儿各方面的发展。我们为幼儿提供更加宽松、自由的活动空间,为幼儿创设能激发他们兴趣的,能让他们持续活动、探索的,有游戏性的区域情境。

情境创设是区域活动规划的重要内容,不同年龄段的区域情境创设各有侧重点。年龄越小的幼儿对生活化的情境越依赖,在小班,我们注重创设生活化、游戏化的情境。首先,创设的情境应该给幼儿带来舒适、安全的归属感,吸引他们愿意来到区域中活动。其次,情境创设应与幼儿的生活经验更加接近,关注幼儿当下的兴趣和贴近幼儿生活的事件,用生活化的情境鼓励他们充分表现对生活的印象,表达对生活事件的理解。例如,在小班语言区中,教师提供柔软的地毯、舒适的靠垫、可爱的毛绒玩具,温馨舒适的环境吸引着幼儿;同时选择幼儿喜欢的系列故事制作了故事盒、故事操作场景,幼儿可以一边摆弄一边讲自己喜欢的故事。

在中、大班,我们更关注问题情境的创设与运用。中、大班的幼儿能更加清晰地表达自己感兴趣的话题,更自主地提出问题并引发活动。教师会依据《指南》中不同领域的发展目标,分析幼儿的问题并选择适宜的内容作为区域活动开展的线索,由此思考区域活动内容的设置。问题情境的设置能够更好地引发幼儿的探究兴趣,吸引幼儿沿着问题线索进行深入的、持续的活动。例如,在观看了神舟十二号成功返航后,中班幼儿对"太空是什么样?""火箭发射基地里面有什么?"等问题产生了浓厚的兴趣,教师考虑到幼儿的年龄和当下的兴趣,以幼儿的问题为线索,邀请家长和幼儿回家共同围绕问题进行调查、讨论,收集资料。教师在班级中创设了相应的建构区和美工区活动内容,在区域中幼儿可以用多种方式表征火箭发射基地和他们对太空的理解。中、大班区域中的情境会随着年龄的增长而更加开放与自主,教师对区域里的设施与材料只是做大致的规划与配备,幼儿会遇到什么问题及如何解决这些问题完全取决于幼儿活动的进程与他们的兴趣。发现和解决问题是幼儿自主探究的重要目的,区域活动中的问题情境更是为幼儿解决问题能力的发展创造了有利条件。

2.各年龄段区域规划中幼儿的参与程度

在区域的规划与设置中,幼儿是主要参与者之一。我们赋权幼儿,引导幼儿自主、充分地参与班级区域的规划。我们倾听、了解幼儿的想法和愿望,发现幼儿的诉求,与幼儿共同创设、规划区域活动空间和内容。随着年龄的增长,幼儿在规划过程中的主体地位越来越显著。

小班的区域活动更多以教师规划为主,依据幼儿的兴趣需求创设适宜的活动,幼儿在活动中也会提出一些自己的想法,教师据此丰富某区域活动的内容。小班幼儿会和教师、同伴共同收集区域活动中需要的材料,在和材料的互动中产生新的发现或想法,从而引发新的内容。中、大班的幼儿逐步地参与区域的规划,幼儿根据当下感兴趣的内容和话题展开规划,讨论某个区域可以做的事情,包括区域中需要遵守的公约、可能需要的材料、作品展示的方式等,提出自己在区域活动中需要的支持,并依据区域活动内容自主选取相应的材料进行活动。

### 3. 各年龄段经验的连续性

幼儿的经验发展不是割裂的、间断的，而是完整的、连续的，呈螺旋上升的过程。《指南》中指出，幼儿的发展是一个持续、渐进的过程。幼儿是通过不间断的"量变"而逐步达到新的发展阶段的。在区域活动中，幼儿通过与同伴、区域情境以及材料的相互作用而获得经验的发展。因此，我们关注幼儿经验的连续性，既关注幼儿在同一区域中经验发展的连续性，也关注不同年龄段之间区域经验发展的连续性，考虑幼儿的已有经验，考虑新经验与已有经验的衔接与延伸，并以此来规划和设置区域活动内容。

春天，百花齐放，绚烂多姿。每个年龄段的幼儿都喜欢各种各样的花，教师基于幼儿的兴趣和经验水平，也会在美术区域提供各种适宜的材料支持幼儿创作和表现。不同年龄段区域活动内容是不同的，但是区域的经验是连续的。

小班美术区域中，教师提供适宜小班幼儿欣赏的花朵图片，例如，颜色鲜艳、丰富的，花朵外形特征简单明显的图片，符合小班幼儿的欣赏需求。幼儿在欣赏的同时也丰富了对春天的花的认知。教师在区域中相应提供丰富多样的工具和材料，创设游戏化的情境"我们的小花园""送给妈妈的花"来支持小班幼儿的艺术表现与创造，让幼儿在活动中体验各种工具材料，使他们对艺术活动的兴趣更加浓厚，创造性地表现自己眼中美丽的花朵。

图4-17  小班区域环境(1)

图4-18  小班区域环境(2)

图 4-19　小班区域环境(3)　　图 4-20　小班区域活动(1)　　图 4-21　小班区域
　　　　　　　　　　　　　　　　　　　　　　　　　　　　　　　　活动(2)

中班美术区域中,教师在材料的提供上逐渐增加低结构材料,为幼儿的表现和创作带来更多的可能性。幼儿能根据自己的需求自主地用多种方式表现"春天的花",并将自己的作品加入区域情境中,初步参与区域情境的规划。

图 4-22　中班区域　　　　图 4-23　中班区域活动(2)　　　　图 4-24　中班区域
　　　　活动(1)　　　　　　　　　　　　　　　　　　　　　　　　　活动(3)

大班幼儿对幼儿园里的花进行调查和呈现,为自己喜欢的花拍照、写生,收集一些画家关于花的作品,在生活活动中向同伴介绍,并将这些作品呈现在区域中供大家欣赏。这一系列的活动,更加丰富了幼儿对实际生活中春天的花的认知,丰富了幼儿的艺术表现形式,使作品的呈现方式更加多样。

图 4-25　大班区域环境

图 4-26　大班区域活动(1)

图 4-27　大班区域
活动(2)

对于小班幼儿而言,春天的花的色彩带给他们最直观的感受。他们喜欢涂涂画画、粘粘贴贴,愿意通过操作来表现花。中班幼儿的观察能力逐步提升、情感表达也更多样,表现与创作的形式也更加丰富,他们能对单个物体进行较充分的表现,除了色彩,他们还会关注花的不同造型,从关注单朵花到关注整朵花的造型等。大班幼儿表现与创作的经验更加丰富,作品也会出现更多的组合与变化,他们能更自主、清晰地表达情感,在活动中和同伴的交流与合作也更多。他们对工具的选择、材料的利用更有自己的想法,也会关注身边可用于区域活动的资源。

### (二)主题背景下的区域规划与设置

主题背景下的区域活动更具有田野活动的特质,它的外延比主题内容本身更广泛、更深入,也易于满足幼儿的兴趣和个体发展的需要。它促进主题的展开与深入发展,促进幼儿在主题中获得经验的全面发展。在田野主题的活动背景下,教师会对主题的关键经验和主题发展的需要进行思考,也会对原来部分区域活动内容进行调整,可以根据幼儿的兴趣与需要或是某一特定场景、特殊事件而生成一些新的围绕主题目标的区域活动内容。它比主题更持久,且有时不同主题的内容有可能同时出现在同一个区域活动中,这样可以把主题中潜在的价值通过区域活动予以实现。在规划主题背景下的区域时,我们主要从以下方面进行思考与规划。

1. 与主题目标紧密联结

区域活动是实现主题目标的重要途径,主题背景下区域活动目标与特定的主题相关,与主题的产生、发展,与幼儿的需要关系更为密切,其设置都必须符合主题目标的需要和幼儿的发展需要。

在规划中,教师首先明确主题目标,考虑通过哪些途径实现目标,如哪些内容可以利用集体教学活动完成,哪些内容可以通过项目活动实施,哪些可以在区域活动、生活活动、游戏活动中延伸、渗透。区域活动的自主性较强,能更好地支持幼儿自主探究、自主操作,促进幼儿观察、体验与认知,使不同发展水平的幼儿都能在活动中得到个性化的发展,帮助幼儿在活动中进行自我建构,更好地丰富、拓展经验。

在田野主题活动"蜗牛"中,主题的关键经验主要有以下几方面:认识蜗牛,能仔细观察并发现蜗牛的明显特征及生活环境;对蜗牛感兴趣,经常询问各种与蜗牛有关的问题,积极参与与蜗牛有关的话题讨论;愿意照顾蜗牛,萌发对蜗牛关爱的情感和对生命的尊重;能够用绘画、泥工等多种方式表现对蜗牛的所见所想,自哼自唱与蜗牛有关的歌曲,模仿蜗牛有趣的动作。

在开展各种与蜗牛有关的活动的同时,教师也要充分考虑这个主题的一些目标,如对蜗牛的情感,对生命的尊重,观察发现等,这些目标通过区域活动落实更为合适。例如,可以在区域中继续饲养、照顾蜗牛,也可以在区域中提供相关的绘本和资料,帮助幼儿在持续的活动过程中不断积累新的发现,逐步萌发情感。同时幼儿对蜗牛的经验也可以通过不同的方式表征,例如表演、手工制作、情境创编、讲述等。

图4-28　科学区,幼儿　图4-29　美工区的蜗牛作品　图4-30　表演蜗牛动作
照顾蜗牛

在这个主题中,几乎每一条目标我们都可以在区域活动中找到与其相对应的活动。一方面,因为这是一个关于小动物的主题,幼儿关于这方面的经验除了通过系统活动、游戏活动以外,很多都是通过区域活动中的观察、照料、饲养逐步丰富的。另一方面,因为幼儿对蜗牛经验的再现,包括外形特

征、生活习性、不同场景中的生命特点等,区域活动可以提供多种形式的支持,给予幼儿充分的选择。此外,区域活动还提供了一个较稳定的环境,幼儿在区域中照料蜗牛的过程不仅逐步丰富了对蜗牛的基本形态及特征的了解,同时还日益增加了对蜗牛的情感,萌发了对生命尊重的情感。

### 2. 对原有区域的利用与调整

进入主题活动并不是意味着班级所有区域都需要大调整,区域活动的安排应尊重幼儿在主题活动中的发展需要。区域的调整是一个跟随主题进程,密切关注幼儿发展,需要去逐步完善的过程,对班级现有区域的有效利用是主题背景下的区域规划中的重要一步。首先,教师要对原有区域内容所蕴含的经验进行思考,如与当下主题所蕴含的经验有无衔接,如何做好衔接? 其次,原有区域中有些经验可能暂时和主题关键经验并没有直接关系,它们可能起到了一个对班级整体区域经验平衡的作用,那么对于这样的区域,我们可以暂时不进行调整,而是随着主题的推进结合实际需要,再做规划。例如,和季节相关的活动经常会成为我们的区域活动内容,多种方式表现不同季节里的各种花、叶子,种植区也会结合春种秋收渗透一些活动,有的幼儿可能对此产生了探究的愿望,当教师顺应幼儿的需要或想法进入与季节有关的主题后,原先班级相关的区域活动内容并不需要进行调整,它们此时承担了主题经验落实与丰富的职责,教师只需要根据幼儿经验的发展,主题的推进,适时进行区域材料的相应调整。同时,班级原有的一些其他区域也并不需要立刻调整,比如语言区原先的好书推荐,可以将幼儿收集的和季节有关的绘本投入其中,作为幼儿阅读的内容;班级的科学区里原先进行过和磁铁有关的活动,同样可以继续开展,可以将幼儿喜欢的带有季节特征的动植物增加进去,丰富自然观察的内容。

当然,随着主题的进行,原先的区域活动内容势必有一些会根据幼儿的需要进行调整和改动。这时我们需要考虑的是和幼儿原先经验的衔接以及提供的支持。创设相应的情境、提供不同层次的材料、一些技能的准备等可能都会成为规划与设置的要点。

### 3. 关注室内外空间的联结

田野课程是现场的,从空间看,现场没有固定的边界,可以不断延伸,田野课程中区域活动的现场也跨越了幼儿园的固定空间,实现了班际间、室内外的互联互通。在主题背景下的区域规划中,室内和室外空间被我们看作一个整体,它们互相关联,在区域中承担着不同的功能,共同为主题关键经验的落实而发挥作用。室外区域会为主题提供更鲜活的现场和具有实操性的情境,也会为室内区域提供真实的材料,同时在室内区域的一些具体问题可以在室外区域进行深入的探究。在空间上,室内外区域要方便幼儿自由行动,教师应和幼儿共同讨论形成一定的规则保障幼儿的安全。我们需要围绕主题目标,有机规划室内室外的区域活动内容,结合空间、资源的特点合理安排,让室内外的区域发挥各自优势,在主题背景下自然形成一个整体。如"秋冬的树"主题中,幼儿可以在区域活动中来到操场给树朋友写生,对树进行测量和记录,用绑草绳等方式帮助树朋友过冬;在室内幼儿可以在美术区用多种方式表现秋冬的树,在语言区阅读关于树的绘本,查找资料、制作树朋友的档案,收集不同的树皮、树叶和枝干布置形成班级小小的树朋友"博物馆"……

区域活动作为落实主题目标的重要途径,不仅表现在幼儿借此获得主题关键经验,同时区域活动也会推动主题的进展或生发与主题相关的新活动。有时,幼儿在区域活动中的一个发现,或是一个想法,或是产生的一个问题,都有可能成为推动主题活动进行的一个关键点。

大班幼儿在参观郑和纪念馆后迸发出"郑和是谁""为什么要纪念他""纪念馆里有什么""广场上的文字和符号有什么意思"等追问。我们围绕幼儿的兴趣创生了主题"宝船的故事",以问题为导向,通过阅读、搜索、参访等方式推动幼儿经验的增长。幼儿渐渐萌发了建造宝船的愿望。于是,在区域中教师设置了相关内容,幼儿可以利用各种材料,分工合作,共同表现心目中的宝船。幼儿经常围着宝船摆弄上面的小人,和同伴讲述宝船的故事,高兴时演得"手舞足蹈"。更多的幼儿加入了热烈的讨论与表演,关于宝船故事的表演渐渐形成了。

类似"宝船的故事"表演的例子随处可见,主题背景下的区域活动不仅是幼儿经验生成的过程,很多时候也是主题生成的过程。幼儿会在区域活动中出现新问题、新想法,或是在解决某个困难,深入探究某个问题时有更多的发现,从而促进他们产生一些新活动的想法。

随着主题的深入,主题中的一些项目活动需要一段时间的持续探究,这时区域也会成为项目活动的实习场所。在区域活动中幼儿可以开展项目工作,和同伴进行讨论和规划,完成项目具体的任务,形成项目工作的记录,展示自己的项目"成果"。

### (三)户外活动区域的利用与改造

在田野课程中,活动区域为不同发展水平、不同兴趣、不同需求的幼儿提供了多样化、情境化的活动场所。室内区域和户外区域以各自的环境、资源、空间特色为幼儿的活动提供了不同的支持。户外活动区域在空间上更加广阔,资源更生态化与多样化,它打破了班级、年龄的界限,以更自然的方式促进幼儿间的交往、互动,蕴含着更多的不可预见性与更多的开放性任务,使田野课程内容更加丰富与完整。

在户外活动区域,幼儿可以开展大肌肉、大运动量的活动;可以挑战使身体协调灵敏、可以奔跑、进行多人协作的体育比赛;与自然产生联系,通过感知、体验,与自然产生亲密的互动。沙、水、泥、石头、树枝等低结构的材料给幼儿带来更多创意、想象的空间。幼儿可以亲历种植、收获的全过程,可以了解不同植物的生长变化,在饲养、照顾小动物的时候,关爱生命,感受生命的美好。

#### 1. 户外活动区域的充分利用

一方面,户外活动区域的充分利用是对空间的利用,合理支持幼儿多元表达。我园户外空间虽然有限,但我们尽可能合理规划,建构能满足幼儿多种活动需要的空间,引发他们开展探究学习。除了对大块面积的功能划分,角落、空中、地下都可以被利用起来。另一方面,它是对于户外资源的利用,要充分挖掘可利用的各种资源,让幼儿与资源、环境建立联系。我们会充分利用身边的各种资源,包括一些自然资源,如空气、风、雨、声音,这些都是很有价值的。当然,对户外活动区域的利用还包括适当留白,使环境可变化、可生成,留白的环境会对幼儿发出邀请性的引导,引发幼儿主动融入环境、融入活动,它能激发幼儿的兴趣和探究的欲望,从而引发更多活动的开展和联结。

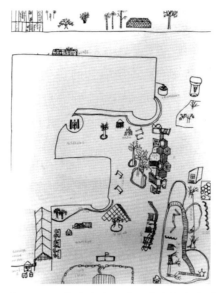

图 4-31　我园户外活动区域空间分布图

　　幼儿园户外活动区域的建设是为了给幼儿打造真正的户外游戏场,这些活动区域既独立又相互联系。我园户外活动区域中有供幼儿玩沙和玩水的区域,有大型的可以组合变化的器械,有可以满足幼儿活动的场地与设备,有可供幼儿进行大型建构的区域,有可供幼儿种植与饲养的场地,有成片多样的树木,还有连接室内外的过渡空间……户外的各个区域都有一定的功能划分,但同时又相互联系。例如,大滑梯的玻璃栈道围绕着银杏树建造,幼儿在滑梯玩耍的同时可以近距离地观察银杏树的生长变化;户外自然游戏时幼儿会用竹筒、管子搭建管道,将小水井和周围的花坛连接起来,灌溉植物……

　　2. 户外活动区域的改造

　　户外活动区域的改造是教师基于幼儿的需要,观察幼儿活动中的状态,发现幼儿的兴趣,分析幼儿的发展,并根据现有户外活动区域内容和空间的设置,考虑是否所有的户外空间都充分利用,是否每块区域都适宜幼儿活动需要,是否还有变化和生长的可能性,空间上是否灵活多变、可以组合或可以不断丰富不断调整,是否能激发幼儿冒险和挑战的愿望,为幼儿的发展带来更多的可能性。

　　对户外活动区域的改造要加强规划和设计,把户外环境的设计与改造同幼儿园课程设计紧密结合起来,真正把课程融入环境之中,通过环境来实施课程,实施环境中的课程。进行户外活动区域改造时,户外空间的安排,设备的投放,资源的提供,尤其是工具的提供等,都需要教师从发展的视角来衡量与思考。在改造的过程中,教师要用幼儿的眼光,关注幼儿的兴趣,考虑幼儿的需要,吸引幼儿的参与,让环境真正具有引发幼儿的冒险和挑战的可能性。

　　在幼儿园大型运动器械旁有一块孩子们的"小天地",那儿有一片石头池,一条鹅卵石小路,一座凉亭连接着小池塘,还有高高低低的灌木丛和几棵大树。孩子们非常喜欢在石头池里翻翻捡捡、堆堆叠叠;专注地在树下捡拾落叶和小果子;在灌木丛间和小伙伴们玩着"躲猫猫"的游戏……在这有限的空间里,蕴藏着孩子们无限的自由与快乐。

　　在观察孩子们游戏时,我们会发现孩子们的需求比我们想的要多,有的孩子会问,"大树太高了,上面究竟是什么样子的,我想爬到大树的最顶上看一看";有的孩子在玩攀爬网时发现,有一段攀爬网距离树枝很近,伸手就可以触摸到树上的花儿,为了多观察一会儿,干脆停在那儿不走了……我们时常也在想:怎么样可以更好玩? 对于孩子们向往冒险与挑战,我们能做些什么? 教师在讨论后决定对这个区域进行改造,当孩子们知道了改造的计划时,都兴奋地表达着自己的想法:"可以玩沙、玩土、玩水、玩石头""可以爬树吗,想爬上去看一看""我在探险乐园玩过走空中绳索,虽然有点害怕,但觉得太有意思了,走了很多遍""可以建个树屋吗"。他们还在速写本上"规划"出了心中理想的游戏场地呢。在改造规划中,孩子们提到最多的就是:要好玩、要冒险、要有挑战。我们发现:孩子们想要的都是最简单、最质朴的,也是最能打动人心的。根据孩子们的"愿望清单",结合对孩子们发展的思考,我们希望改造后的空间可以满足孩子在其中自主地探索发现,积极主动地面对困难和挑战,满足孩子们想冒险的兴趣与需求,同时找到一系列全新的、具有创造力的方法,来让他们尽情享受这游戏的空间。

图 4-32　畅想描绘"冒险乐园"

图 4-33　在"冒险乐园"中活动

在对户外活动区域进行改造时,我们不仅关注幼儿的体能挑战,也关注幼儿的认知挑战,改造的目的是促进幼儿在各个户外活动区域的深度学习。在改造中,我们思考户外活动区域中空间的可变和生长,也尽力为幼儿开发资源,提供资源,在户外活动区域的空间调整和利用上给幼儿更多的支持和自主决定的权利,鼓励幼儿积极表达自己对户外空间利用的想法,不断产生新的活动,在有限的空间里创造出一片不断生长的小天地。

幼儿园操场围墙边的灌木丛经过清理后,空出了许多待挖掘、待认领的空地,我和孩子们积极响应幼儿园的认领活动。大家相中了一楼大三班教室半圆形窗台下的一块地。这里可以用来干什么呢? 每个班都可以根据班本需要开展活动,养动物、种植物、玩游戏等都可以。

我和孩子们进行了讨论。孩子们说:"用这块地来种花吧,因为这里原来种过山茶花,特别好看,我们可以种点别的花,让它变成一个新的小花园。"就在大家还没想好种什么花的时候,"灵感"来了。

下午锻炼结束,孩子们在操场上看到开园车的朱老师带回来一些可以种植的薄荷苗,朱老师问大家要不要。我问孩子们:"你们想种薄荷吗?"孩子们说:"想!"我接着问:"那你们准备把它们种在哪里?"诺诺说:"种在后面的种植园地里啊。"君君说:"我们班的地里已经有西红柿和玉米了,不能再种新的东西了。"布布说:"那就种在我们认领的地里呗,正好我们还没想好种什么。"布布的提议得到了全班的同意,大家齐心协力把薄荷种在了教室外的窗台下。

薄荷的到来使原来花草园的计划最终变成了药草园,因为这里除了种了一大片薄荷,孩子们还种上了艾草和金银花。我们给这块地起了个好听的名字——药草园。端午节前夕,孩子们收获了第一波艾草和薄荷,并把它们晒干、捣碎。端午节活动时,孩子们用药草园的药草做了香囊和薄荷膏。药草园连接了室内外的活动,丰富了幼儿关于种植的经验,引发了新的活动,真是太有意思了!

图4-34　照料药草园植物　　　　图4-35　收获药草

　　在我们的眼中,幼儿有主动观察环境、努力适应并改造环境的能力。教师在户外活动区域的改造中首先要做的就是观察幼儿的行为、倾听幼儿的需要,对户外活动区域进行调整,在有限的空间里生发更多的可能。户外自然资源对幼儿发展有着特殊的意义,教师应尽可能挖掘和提供多样的自然资源,同时充分利用空间,让有限的空间更加立体与多元,让幼儿获得适宜的问题和挑战,获得解决问题的机会,并通过努力获得相应的新经验。

　　小班的孩子希望在自然游戏场增加一个玩泥巴的地方,我园有两个石头池,可以腾出其中一个作为泥巴池。这就需要我们将原来的石头池里的石头整体搬移到另一块场地,腾出空间来进行改造。孩子们自告奋勇,承担了这个任务,约定在石头池玩的孩子轮流去完成这个搬运任务。然而,两次以后,汤圆就说:"太累了,我下次不去搬石头了,我要去玩沙池。""那还有那么多石头我们该怎么办呢?"老师接过了她的话。汤圆说:"要是有好多好多小朋友去就好了。"

　　"那我们该怎么让更多的小朋友知道这件事呢?"老师抛出了问题。"我可以去告诉其他班的小朋友。"舟舟自告奋勇。"我们劳动的时候让他们来看，他们就知道了。"老师又问："我们去哪些班呢?""小一班就在旁边，我们散步经常路过。""小三班也在我们旁边，我还认识他们班的李老师。"孩子们纷纷发表自己的想法。"那我们就这样直接去吗?"老师继续问道。"我可以画一张邀请卡。"因为植树活动中我们画过邀请卡，汤圆很快迁移了自己的经验。

第二天，汤圆带来了在家画好的邀请卡。"去其他班级我们需要做什么?"老师继续抛出问题。"我们要有礼貌地说希望他们一起来搬石头。""我们也可以告诉他们石头有点多，让他们要有力气。"孩子们结合自己在石头池的经验，帮忙丰富着邀请时的语言。小代表们带着邀请卡来到另外三个小班时，立刻得到了小伙伴们的响应，班际间的互动自然地开始了。

图 4-36　幼儿参与石头池改造(1)　　　图 4-37　幼儿参与石头池改造(2)

在户外活动区域中，幼儿可以做的事情很多，他们会有很多奇思妙想，无疑他们也是户外区域改造的重要参与者。教师要适时地把握契机，给予支持。可见，户外区域改造同样可以生发许多有价值的课程内容。

室外环境也和室内环境一样丰富、深刻，幼儿要能在室外和室内之间无障碍地切换，自由穿梭。室外和室内共同构成了一个完整的学习环境。户外活动区域既开拓了幼儿的活动空间，提供了更丰富的活动资源，同时也通过和室内活动区域的相互联结，对幼儿的经验进行拓展与丰富。

资源的共享可以产生联结，活动的延续亦可以产生联结。这时室内外活动区域并没有明显的界限，它们虽然所处的空间位置不同，但是根据幼儿及活动的需要可以随时交流与互通，这样开放、灵活、有弹性的空间利用可以更有利于为幼儿提供支持性的环境。室内外活动区域的联结不仅是空间上的拓展,更重要的是幼儿经验的延伸和拓展;将室内区域与户外区域有效结合在一起,可以扩展学习环境的复杂性、挑战性、多样性,支持幼儿获得创造性学习和发展的机会。

春天,大班的孩子们在种植园地种下了甘蔗。在他们的精心照料下,甘蔗苗壮成长。六月底,这些孩子们临近毕业,他们虽有不舍,但还是将种植的甘蔗地交接给了中班的弟弟妹妹,他们通过录制视频介绍、手绘照料说明等方式向弟弟妹妹详细讲解甘蔗地的照料事项,也让弟弟妹妹对这片甘蔗地和围绕甘蔗开展的活动有了更多的了解。

甘蔗地在户外,孩子们在地里观察、照料、写生、收获。回到室内,他们系统地对甘蔗进行认知,通过资源老师的帮助,细致了解甘蔗的生长环境和生长过程。他们品尝甘蔗,测量甘蔗的长度,和甘蔗比身高,还用甘蔗榨汁,用甘蔗的渣造纸等,开展了丰富的活动。

甘蔗生长周期长,种植方式特别,城市里的孩子观察甘蔗的成长并不是一件容易的事。这份珍贵的资源不仅将两个年龄段的幼儿联系在了一起,更打通了室内外活动的大门,室内外的活动自然地联系在一起,幼儿关于甘蔗的经验自然地通过室内外活动的衔接得到了拓展与丰富。

图4-38  大班幼儿种植甘蔗　　　图4-39  中班幼儿利用甘蔗渣造纸

## 四、游戏和日常生活中的课程

在田野课程中,游戏、日常生活都是幼儿重要且真实的课程内容,也是幼儿一日活动中最基本的活动。它们反映了幼儿现实生活的经验和幼儿的兴趣与需要。《指南》中指出:"幼儿的学习是以直接经验为基础,在游戏和日常生活中进行的,要珍视游戏和生活的独特价值。"幼儿对日常生活中各种资源的兴趣、用心和探究是课程内容不断充实的关键。它们与课程的内在联系和教师对课程的理解与敏感度密不可分。游戏、日常生活在轻松、愉悦、自主的同时也可以蕴含挑战。我们关注幼儿游戏、日常生活中的需要和兴趣,充分利用生活背景、生活材料和生活事件,在游戏和日常生活中提供挑战、给予支持,关注由此引发的新经验。当游戏、日常生活与新经验的产生发生了直接关系时,它们就成为田野课程内容的重要组成部分。

游戏是幼儿的天性,也是幼儿特有的生活和学习方式,它同样也是课程内容整合的重要方式。游戏中包含着课程内容,蕴含着幼儿的发展。它作为幼儿的基本活动,最吸引人的就是幼儿在游戏活动中表现出来的生机勃勃、主动学习的精神。幼儿在游戏中自主选择游戏伙伴,规划游戏空间,商定游戏玩法与规则,收集并创造性地使用各种游戏材料,在游戏中实现愿望,获得能力的发展。从课程角度出发,把期望幼儿获得的经验融入他们的游戏,关注游戏中内在的课程价值与课程内容生成的可能性,关注游戏对于幼儿发展的价值,让游戏在满足幼儿的兴趣与需要的前提下,使其获得有益的学习经验。

日常生活是幼儿在园活动的重要组成部分,其对幼儿的发展同样有特殊的意义。对幼儿来说,身体的发展、基本生活习惯的培养和生活能力的发展更多是在日常生活中进行的。在田野课程中,幼儿的日常生活是自由的、自主的、积极的,它们不仅满足幼儿基本的生活需求,还让幼儿在实实在在的生活中享受生活的乐趣、发现生活的美好、体验生活的变化。日常生活是一种综合性的活动,它蕴含了丰富的经验,进餐、入离园、午睡、各种过渡环节看似简单重复,却需要综合地去调动各种经验协调完成,它们同样也是可以富有变化的,幼儿对富有变化的日常生活更是充满了期待——这样的期待中有对挑战的渴望、对创新的需要,也有对自主、自信的满足。日常生活更是属于幼儿自己的生活,他们可以规划,可以协商制定公约,可以提出改变并完成改变。

### （一）游戏中的课程

游戏是田野课程内容的重要组织方式,是幼儿一日生活中不可缺少的活动。我们的游戏主要包含角色扮演、建构游戏、自然游戏、表演游戏等。游戏中幼儿是自主的、愉悦的、富有想象力和创造力的。游戏是幼儿探究和学习的首要方式,也是幼儿与他人建立联系的首要方式。在游戏中,幼儿通过不同方式感知、操作、探究、体验、交往,与人和环境积极互动,将自己的生活内容、生活经验创造性地反映在游戏之中。

游戏为幼儿获得新经验提供可能。在游戏中,幼儿会自发地产生新的游戏目标或者调整游戏目标,因而游戏会发生很多变化,带来转变的可能性,引发幼儿的学习,产生新经验。在游戏中,幼儿用语言描述事件,与同伴交往、协商,在规划游戏的过程中理解简单文字、符号表征的意义,运用前书写去表达自己的游戏规划、制定游戏公约等,这些过程也蕴含着挑战,提供了激发幼儿去探究和深入学习的机会,提供了带来新经验的可能性。

并非所有游戏都具有带来新经验的可能性。那些琐碎的、重复的、无目的的,无法为幼儿带来挑战的行为是不能激发幼儿的主动性、创造性的,更不会有新经验的产生。因此,我们关注游戏对于幼儿发展的价值,关注游戏中内在的课程价值与课程生成的可能性,让游戏在满足幼儿的兴趣与需要的前提下,通过教师有目的的引导与支持,通过环境、材料的改变,通过师幼、同伴的多元互动,使游戏与幼儿生活、学习建立更紧密的联系,为幼儿的学习和发展创造潜在的空间,让幼儿在游戏中获得有益的学习经验,使游戏富有课程意义。

一次户外自然游戏中,幼儿发现泥巴池的泥土已经干了,用铲子敲了敲,发现泥土非常硬。"这么硬的泥土能挖得动吗?"贝贝(中班,5岁)问。"那你们试试看吧。"老师鼓励孩子们说。贝贝、壹壹和尧尧拿起工具兴奋地挖了起来,贝贝和壹壹用的是大一些的铁铲,尧尧选择了塑料铲。他们发现用铁铲存在一定的困难。老师向孩子们演示铁铲的使用方法:用脚踩一下,铁铲就可以插进泥土里,然后用力铲起来。孩子们发现用这样的方法使劲挖可以挖得动泥土,但是塑料铲很用力挖的话会变形,挖干硬的泥土比较有难度。于是,尧尧也更换了工具挖起泥土来。"你们看呀,我们好像挖出了一条小河。"

挖了一会儿之后，贝贝兴奋地喊着。壹壹立刻来了兴趣，凑上前来说："我们就是在挖小河，我们一起挖长长的小河吧。"三个孩子立刻有了明确的目标，热火朝天地挖起了"小河"。

第二天，三个孩子游戏时继续选择在泥巴池进行挖"河道"的活动。贝贝无意中发现，铲子划过的泥土上会留下线条印记，他看着泥土上的线条想了一会儿，接着用铲子画了两条并行的弯曲的线。老师问："贝贝，为什么要画这个线呢？"贝贝说："我先画出小河的样子，然后再挖。"尧尧也模仿贝贝先画了小河的样子，壹壹观察到了也想试一

图 4-40　泥巴池里的"河道"

试。老师问："那你们的小河能连接起来吗？可以让小河流通吗？用什么样的方法呢？""那当然没问题啦，我们把小河连起来，变成一条长长的小河吧。"三个孩子很快就围绕着泥巴池规划起了"河道"的线路……

游戏给幼儿带来许多新的体验与感受，教师积极地在游戏中寻找和生成学习的生长点，通过师幼互动构建新的游戏，利用游戏的力量满足幼儿游戏和学习的需要，促进每个幼儿富有个性地发展，这样的游戏是田野课程追寻与努力的方向。

在玩户外游戏"娃娃家"时，其中一个"小家"中扮演爸爸的冠冠指着操场上晨间锻炼所用的梯子和轮胎兴奋地对我说："老师，这些能用吗？我可以变出一个梯子屋，是双层的呢！"他的想法一下子吸引了不少小朋友，于是大家一起去抬梯子、运轮胎，忙得不亦乐乎：有的堆轮胎，有的架梯子……可是，冠冠的梯子怎么也架不稳，只能倒下来放，建不了心中的房子，他很着急。在分享的时候，冠冠说了自己的想法，希望明天能成功。这个想法引发了大家的兴趣，有几个小朋友主动和冠冠结对，要一起搭建。可是房子到底什么样？该怎么搭建呢？有的小朋友说："就像我们搭紫峰大厦那样，得有个设计图。"冠冠说："那没问题，就是我们每个人负责哪个部分我们还要说好，要不然大家就会乱七八糟。""对，分工合作！"……于是他们绘制了房子设计图，列出了

需要的材料。大家也都同意要听冠冠指挥,一起来搭建。第二天,冠冠拿着房子设计图,大家听从指挥,有的专门负责运轮胎,有的负责架梯子,有的拿垫子……大家分工合作,终于建成了一座房子,他们在房子里开心地玩游戏。在游戏分享环节,这几个小朋友特别自豪,详细向大家介绍如何画设计图,如何分工,当然也特别指出了如何把梯子屋建牢固,其他小朋友都听得特别认真。

　　其他"家"的"爸爸妈妈"们也不再满足于帐篷做的家,对"家"也有了新的想法,"牛奶盒、大纸箱、奶粉罐、纱巾……"小朋友提出了很多想法。于是大家分头收集材料,在游戏中用这些材料建造属于自己的"家":蓝色的牛奶盒堆叠在一起,小朋友称它为"海景房";竹林里多余的竹子,小朋友把它们捆绑在一起围上纱巾成了"五彩帐篷房"……

图 4-41　梯子房

图 4-42　彩色房

图 4-43　五彩帐篷房

图 4-44　海景房

在游戏中,幼儿会随着游戏的发展产生各种新的需求和想法。幼儿是积极的、主动的、自发的。这些需求和想法都与幼儿的主动学习联系起来,成了连接课程与游戏可能的纽带或关键点。教师需要甄别这些是否有利于拓展幼儿的经验,分析可能会带来的挑战,并通过环境的调整、语言的引导、材料的变更等方式满足幼儿自主游戏的需要,同时让幼儿在游戏中获得有益的经验。我们追寻的是高水平、有质量的游戏,而绝非简单重复的、没有目的的游戏。

**(二)日常生活中的课程**

从广义上来说,日常生活指人们经常进行的各种活动。对于幼儿来说,则是他们生活中经常面对的、经历的、参与的各种事和物。幼儿的日常生活根据其所处的环境可以分为幼儿园内的日常生活和幼儿园外的日常生活,包括家庭生活、社区生活和在社会生活等。在这里,我们更强调的是幼儿园内的日常生活,它主要指满足幼儿在园生活基本需求的活动,包括生理需求和精神需求,是帮助幼儿建立良好的生活习惯和卫生习惯,能促进幼儿各方面能力水平的发展,包括一餐两点、就寝、散步、入离园、日常劳动、一日生活中的过渡环节等与幼儿在园生活直接关联的活动。

日常生活是田野课程内容的实施载体,也是田野课程内容的组成部分。它同样可以为幼儿带来新经验,促进幼儿的发展。只有那些在满足幼儿基本生理需求的同时,给予幼儿探索空间,帮助幼儿获得新经验,有利于幼儿学习与发展的生活,才有课程意义,才能纳入课程。教师需要带着课程的眼光,带着促进幼儿发展的意识,关注幼儿的生活,把握那些与幼儿的兴趣、需要、经验生长相联系的日常生活,以此为生发课程的契机。

教师关注并合理规划一日生活中各个环节,使日常生活成为幼儿学习和发展的一种途径。一方面,科学合理的过渡环节会以适宜的方式满足幼儿的个体差异,幼儿可以在过渡环节更充分地展示自我的想法,开展自己喜欢的活动,表现自己的主张。另一方面,日常生活在宽松自由的氛围中也会引发幼儿的主动学习,带来新经验,渗透着良好习惯与态度的养成,给幼儿带来秩序感、安全感和归属感。日常生活的充实就是每一个幼儿内心世界的充实,幼儿能够自主地开展属于自己的日常生活,发挥自我充实的能力,让自己成为生活的创造者和承担者。

以下案例体现了师幼如何规划生活环节并让其变得更有课程意义。

### 案例一：快乐的散步时光

每日午后的散步是孩子在园生活的过渡环节之一，它衔接着午餐与午睡。我们如何让看似重复的每日散步变得更有意义？教师聆听孩子们真实的想法，调整散步的方式，将规划的权利交给幼儿。于是，散步的地点、散步的路线、散步的组织者、散步时可以做的事情、散步时需要遵守的公约都在幼儿的自主讨论中逐一完成。规划中，幼儿需要更全面地了解幼儿园的空间布局以便更合理地安排路线，幼儿需要与不同的同伴沟通，了解、协调、采纳同伴们喜欢的散步地点，在散步过程中还有自主环节，幼儿可以安排一些自己喜欢的活动，翻花绳、悄悄话、乐器演奏会、简单的角色扮演等都可以在这里实现……

### 案例二：美味点心时间

中班的老师和孩子们经过讨论，决定将每天的吃点心环节调整为自助点心。幼儿设计和制作了标记，提示拿取点心的数量与注意事项，并由值日生每天进行餐前准备、餐后整理以及人员的统计。当他们想吃自制的鸡蛋饼时，他们会提前和厨房老师交流，告知厨房老师食材的清单，请教烹饪的一些小窍门。当天会由值日生去厨房领取食材，在制作中幼儿还会加入自己种植的大蒜、豌豆苗等，让鸡蛋饼更香、更好吃。有时，他们还会利用水果制作水果三明治、泡水果茶，进一步感知不同水果的特征，并感受为同伴服务、自主承担点心制作的成就感。

### 案例三：大手拉小手

大班的哥哥姐姐要带着弟弟妹妹认识幼儿园了。大家认为，幼儿园可以认识和需要认识的地方太多了，一个活动可能无法全部介绍到，于是他们想到筛选场地，选择重要的场地介绍给弟弟妹妹。每个孩子都说出自己想要介绍的场地名称以及理由。为了让弟弟妹妹的感受更加直观，幼儿迁移画游乐场、公园地图或路线图的经验，为弟弟妹妹制作幼儿园的地图。

上述案例中，师幼对日常的生活活动进行规划，原本重复的生活活动发生改变：改变内容、规则，增加新材料，由不同的人来发起和主导……这些都可能带来新的挑战。幼儿讨论、商量、表达想法、说服他人等，这些行动中更蕴含着幼儿主动学习的特质,幼儿的动手能力、语言表达能力、社会交往能力等得到提高,幼儿的生活也更加快乐与生动。生活活动蕴含着新的经验,自然也有了课程的意义。

### 五、领域活动的内涵与发展

随着田野课程的不断发展,理念不断地深化,教师对领域活动内容的选择与组织观念也发生了改变。

田野课程是与幼儿的生活紧密相连的,领域活动的内容也与当下幼儿的生活更加贴近。教师充分利用生活背景、生活材料和生活事件,结合班级活动、幼儿兴趣、当下的热点话题等不断地开发与完善领域活动的内容。例如,幼儿园里有几棵高大的银杏树,它们是孩子们生活中很亲密的朋友。围绕幼儿对银杏树的兴趣、问题,我们创设了不同年龄段的活动。小班有科学活动"认识银杏树";中班有关于银杏树的艺术表现活动,幼儿可以用多种形式对喜欢的银杏树进行表现;大班则围绕银杏树树叶掉落的现象开展"认识落叶树和常绿树"活动。田野课程的领域活动也绝非腾空而出,领域内容的选择更生活化,更贴近幼儿真实的生活,更符合幼儿的需要。

田野课程关注幼儿的可持续发展,在这样的理念下,领域活动不仅来源于幼儿的生活,还关注所获得的经验是否可以迁移、利用,可以解决生活中的问题,为幼儿的生活服务。例如,我们的数学活动"有趣的测量"就是源于幼儿在为幼儿园的树朋友制作名片时遇到的测量的问题,活动后幼儿了解了测量的基本方法,认识也熟悉了一些测量工具的使用方法,解决了原先的问题。他们迁移测量的经验,在种植活动中测量植物每天生长的高度,比较、分析植物生长与天气的关系;在清理小池塘活动中测量小池塘里水的深度,判断是否可以下水。

在选择田野课程的领域活动时,我们既关注同一领域活动间的联系,又关注不同领域活动间的联系。幼儿生活的世界是以具体的事物或问题为本位的,很难只关注某一学科领域知识,他们感兴趣的问题也会包含多个学科领域的内容,所以,现阶段我们的领域活动综合性更强。在领域活动中,我们关注学科领域的核心价值,为幼儿提供相关学科领域中具有系统性、连续性的内容,也更加注重领域间的整合与互相渗透。例如,中班科学领域活动"数豌豆",其核心经验是幼儿用多种方式记录豌豆荚里豌豆的数量,会手口一致地点数数量在 10 以内的物体,并说出总数。幼儿有种植豌豆的经验,通过观察发现豌豆的生长与变化,幼儿对于豌豆的经验已经和过去不一样了。当收获豌豆时,教师结合幼儿的已有经验,鼓励他们运用多感官积极主动地交流、观察、比较、动手剥壳、数数、记录等。这个过程中也蕴含了语言的表达、劳动的意识和习惯、科学的生长经验……教师以幼儿的已有经验为切入点推动新经验的产生与发展,促进幼儿获得核心经验以及多方面的发展。田野课程的领域活动更加侧重帮助幼儿整理和拓展他们在自发学习中所获得的经验,使其系统化,生发新的经验,促进幼儿的发展。

田野课程的领域活动关注幼儿整体经验的提升,同时也注重在活动中幼儿个体经验的发展;既着眼于幼儿的已有经验,也基于现场、行动的课程理念,利用情境、材料等多种形式,支持幼儿在行动中获得经验的拓展与延伸。

例如,大班社会领域活动"课间十分钟",活动的内容来自幼儿真实的生活,是幼儿感兴趣的。大班下学期幼小衔接的阶段,幼儿对小学生活有了初步的了解,也充满了兴趣与问题……基于兴趣和问题,在幼儿基本了解小学是什么样的基础上,引导幼儿通过多种方式对"课间十分钟"的活动进行调查、记录,分享关于"课间十分钟"的已有经验。在活动中,教师创设了真实的小学情境,引导幼儿在游戏的情境中亲身体验,在体验的过程中发现问题。例如,下课就只顾着玩,上课才想到去上厕所,下课时没有将下一节课的书本准备好,上课手忙脚乱等。基于问题,教师再次和幼儿讨论"课间十分钟"可以做哪些事,可以怎样安排。幼儿根据自己的需求和习惯,用自己的方式规划"课间十分钟"的活动。幼儿的回顾、反思和规划的能力都在活动中得到了发展。除此之外,我们还通过参观小学,感受真实的小学生活,与小学生和小学老师进行视频连线,进行访谈和交流,阅读相关的绘本资料等多种形式,不断丰富幼儿对"课间十分钟"以及对小学生活的经验。

## 六、园外活动的规划

田野课程中主题活动、区域活动、领域活动、游戏和日常生活活动四种课程内容组织形式相互关联、相互影响、互为补充。如:在主题活动中,教师会根据活动特点和幼儿需要,创设主题背景下的区域活动,丰富主题活动内容和组织方式;在区域活动中,教师会及时捕捉幼儿感兴趣的内容和话题,由此生发出相关的主题或领域活动,或是在游戏和日常生活活动中幼儿感兴趣的事物与话题也可以延伸为区域活动或生发成领域活动内容。

课程内容和资源密不可分,不同的空间会带来不同的课程资源,我们不仅立足园内充分挖掘课程资源,同时还走出幼儿园,寻找了更多元、更丰富的课程资源,并使之转换为能够满足幼儿发展需要的多样的活动内容。在园内和园外不同的场域中,幼儿与更丰富的人、事、物产生互动,通过园内和园外的多种活动构建完整的经验体系。

园外活动也是田野课程内容的组成部分。从字面上理解,园外活动是指走出幼儿园,在幼儿园以外的场域开展的活动。从内在考量园外活动,它的根本是满足幼儿发展,带来经验的补充与延伸。田野课程追求的根本价值是幼儿的发展,我们尽一切可能为幼儿谋求最大的空间、最大的机会、最适宜的活动、最有效的发展。"幼儿园课程是生长的。课程生长从表面上看是课程内容的生发,是活动的产生,实质上是儿童发展空间和可能性的增加。"[①]田野课程整合了家庭、幼儿园、社区、社会文化等资源,为幼儿发展构建了优质的、灵活开放的、和谐共生的教育实践体系和生态系统,帮助幼儿充分感受自我与周围事物、环境之间的关系,引导幼儿建立自我与他人、自然、社会间的联系与意义。走出幼儿园意味着幼儿会置身于更广阔的空间,接触更丰厚的资源,产生更多的互动,迎接更多的挑战。

**(一)园外活动的必要性**

虞永平教授说:"有趣的学习是自然发生的,我们要从孩子的生活中寻找资源,让课程资源跨越幼儿园的围墙,以'大自然、大社会都是活资源'的思维方式,走进幼儿的真实生活,从真实的情境中获得真实的课程资源。"《纲要》明确指出:幼儿园应与家庭、社区紧密合作,综合利用各种教育资源,扩展幼儿学习和生活的空间。社会资源是幼儿园非常重要的课程资源之一,它扩展了幼儿生活、学习的空间,开拓了幼儿的视野,寓教育于活动之中。园外活动以幼儿真实的生活为依托,从幼儿感兴趣的生活中寻找资源,挖掘资源,极大

---

① 虞永平.拓展幼儿园课程的空间和可能[J].幼儿教育导读(教师教学版),2021(8).

程度上对课程资源进行了有效的补充与丰富;同时提供了更生态、更自然的场景,便于幼儿更好地去感知、体验、探究、实践。

1. 幼儿的发展需要广阔的空间

园外活动为幼儿创造了更为广阔、开放的空间,为幼儿提供了更丰富的生活和活动环境,增加了更多发展的空间和可能:幼儿走进生动的大自然,感受四季的变化与美好;幼儿走进种植基地,近距离观察和感知农作物、植物的生长,亲手采摘、收获;幼儿走进博物馆,了解南京的历史;幼儿来到明城墙,亲手触摸,感知古老城墙的故事;幼儿走进石象路——南京最美的 600 米,探寻神兽的秘密;幼儿走进幼儿园附近的郑和公园、太平商场、苏果超市、水果店,采访和了解不同人的活动,感受周围环境与自己生活的关系。博物馆、公园、菜场、超市、社区、纪念馆等都是幼儿接触社会的重要渠道。幼儿对周围环境有特殊的敏锐性和行动倾向,充分开发并利用园外课程资源生发幼儿感兴趣的课程,能激发幼儿的学习兴趣,丰富幼儿的生活经验,促进幼儿的全面发展。幼儿在真实的情境中与这些资源对话、互动,主动通过观察、发现、交流、感受获得体验,拓宽了眼界,主动建构了自身经验。他们学会解决与生活相关的真实问题,获得了真实的体验,丰富了生活经验。幼儿有更多的机会感受、利用社会资源,感受祖国优秀文化的博大精深,感受家乡的变化与发展,激发爱祖国、爱家乡的情感。

2. 幼儿的发展需要多元的人际互动

园外活动搭建了人际关系多元互动的平台,家长、志愿者、各类工作人员进入课程、参与课程、推动课程,形成了多方合力。园外活动为幼儿提供了与更多角色互动的机会,丰富了幼儿互动的经验,让他们在对话、讨论中解决遇到的问题,从而促进经验的发展,了解更多与自己生活有关的各行各业的人的工作及劳动。当然,有时幼儿也会产生新的想法或问题,由此生发出相应的活动,幼儿的经验进一步得到发展。

中班的孩子在去郑和公园散步时,发现郑和公园里有很多人。"公园里到底有哪些人,他们在公园里做什么?""大家对公园有什么建议?""工作人员在干什么?"虽然是幼儿熟悉的地方,但是他们对这些问题还真的不清楚。于是幼儿再次走进郑和公园,用自己的方式尝试获得信息。他们观察公园里人们的活动,并记录下自己的发现,尝试和不同的人沟通、交流,采访公园里各类人喜欢公园的原因和对公园的建议。幼儿在与他人沟通互动的同时,还需要理解他人表达的内容并归纳总结在自己的记录本上。整个活动中,幼儿有的结伴采访,有的观察记录,有的和同伴交流,他们分工合作,礼貌与人交往互动,认真倾听……

　　活动中,幼儿发现了一些不文明的现象,比如:有的人随意踩踏草地,有的人没有将垃圾扔进垃圾箱……于是,新的问题产生了:如何做文明的小游客,保护公园的环境? 在讨论后,孩子们决定到郑和公园向人们进行环保宣传。他们分工合作,制作了分类垃圾桶、分类展板,排练了环保宣传的节目,在郑和公园的广场上进行宣传表演。同时,孩子们带着自制的不同环保内容的宣传单,在郑和公园内对路人进行一对一的讲解,"爷爷您好,这是我的宣传单""阿姨您好,您知道垃圾分类吗?""小弟弟,要爱护环境哦"……孩子们将宣传单分发给路人,并大方地介绍,把自己知道的环保知识也传递给路人。

图4-45　环保小卫士宣传(1)

图4-46　环保小卫士宣传(2)

3.幼儿的发展需要丰富的课程资源

　　大自然、大社会都有丰富的教育资源,教育资源中蕴含了多种教育内容。园外活动实现了教育资源的有效整合,是幼儿与丰富的资源互动的过程。走出幼儿园,我们会发现在广阔的空间中宝藏无限,幼儿可以与更多的资源产生互动,发生更多的联系。资源可以引发幼儿的问题,促进幼儿的深度探究;资源丰富我们的活动,从而带来幼儿经验的丰富。

　　一次有效的园外活动蕴含着丰富的资源,我们来看看在"我们一起去种树"活动中的各种资源。

**自然物**——丰富的农庄生态资源,如形态各异的植物、湖泊、田地、土坡等

在这里,幼儿不仅了解到更多植物的品种,感受自然的缤纷与美好,亲历了种植的全过程,对种树的完整过程有了更明晰的了解。

**专门人才**——种植专家、志愿者、工作人员(活动负责人、引路人、安全提示者、工具发放员、机械操作者)、家长、教师、同伴

幼儿和种植专家直接对话解决自己关于种植、养护的疑问。承担不同工作的志愿者提供了不同的帮助,指路、引导停车、发放种植工具、介绍树苗品种、维护现场安全。不同的工作人员有不同的任务,大家的协作保证了活动的有序开展。家长的动作示范、语言讲解等也为幼儿提供了很好的技能指导。同伴间的协作、沟通提高了幼儿活动的兴趣,促使他们更投入地参与活动。

**人造物品**——大型机械和小型机械、各类工具、安全和秩序提示牌

幼儿在现场观看了大型机械、小型机械在种植基地发挥的作用。在种植中,他们使用不同的工具,感受不同工具带来的便捷。活动中的不同设备,例如安全和秩序提示牌等都和幼儿发生了不同的联系,引发了不同幼儿的兴趣与关注。

在园外活动中,幼儿是一名主动学习者。在同一个活动中,不同幼儿接触、发现的资源也不尽相同。他们会结合自己的经验、自己的问题去发现、探索适宜的资源;同时也会在同伴、教师、活动支持者们的分享、引导下关注到更多的资源。

## (二)园外活动的整体规划

园外活动是需要整体规划的,整体规划对于园外活动具有重要意义。它不仅是园外活动顺利开展的有力保障,整体规划的过程更是所有参与活动人员经验的提升过程。我们通过挖掘资源、发现问题、解决问题来不断丰富完善我们课程。

### 1. 形成活动意向

活动来源各不相同,教师首先要进行价值判断,如活动与幼儿发展的关系,活动与幼儿兴趣的关系,活动与幼儿已有经验的关系,活动与可利用资源

的关系。对于产生积极意义并有资源支持的活动,我们赞同和推进,并形成开展园外活动的意向。

2. 做好活动准备

准备阶段是幼儿经验丰富的过程,也是教师厘清活动思路的过程。意向形成后,师幼要共同讨论在活动中需要做的事情,活动中需要准备的材料,讨论规则与活动公约,收集相关的资料、信息。教师要对活动地点进行事先踩点,了解路线,考虑出行的便捷,为活动的安全保障寻找支持,尽可能挖掘活动中可利用的人力、物力资源,形成初步的人员分工思路。人员分工是准备工作中比较重要的部分,要明确活动中不同的角色承担的任务,包括幼儿、资源教师、班级教师、外援教师、家长志愿者等各自所承担的任务。教师需要与不同人员进行前期的沟通工作,帮助其明确自己的工作。

3. 完善实施方案

准备工作是日益成熟的过程,最后要形成具体的活动实施方案,除了前期的准备还应明确以下内容:当日活动明确的外出地点、集合时间、出行建议、活动时长、参与人员及各自职责、物资准备、环境布置、安全保障、活动结束相关工作以及与园内活动衔接。

## 以"红山动物园"之旅为例

### 形成活动意向

疫情期间,红山动物园沈园长的一封求助信牵动了南京市民的心,大家纷纷用自己的方式来帮助这座城市里大家喜爱的动物园。一位爸爸向老师发来信息,他打算以班级的名义爱心认养红山动物园里的一只小动物,并告知我们后续可以去动物园继续开展相关活动。这是个很有意义的资源,围绕这个资源幼儿可以开展很多有意义的活动,生发经验,除了对各种动物经验的拓展,对于认养,幼儿会了解到别人的想法有时和自己不一样,能倾听和接受别人的意见,不能接受时会说明理由。全班认养一只动物,这是一个大家齐心协力才能完成的活动,幼儿可以在不同的任务中体会合作的重要性,学会分工合作,同时他们对动物的关爱之情、对生态资源的保护意识等也会在持续的活动中得到提高。

**活动前的规划**

1. 提出问题

我们认养什么动物？

我们在爱心认养活动中可以做些什么？

到红山动物园我们要注意些什么？

考拉馆在动物园的什么位置？

2. 幼儿讨论

咖啡豆说："我知道考拉馆，我在动物园拍过照片。"

淡淡说："动物园有地图的，可以看地图。"

安安说："我们还可以给动物园园长写信，谢谢他把小动物照顾得这么好。"

恬恬说："我们可以把考拉画下来，送给考拉馆。"

芈月说："我们要遵守动物园规则！"

3. 亲子准备

家长积极联络动物园活动事宜。

幼儿利用周末和家长自发去动物园踩点、准备，拍摄现场照片，熟悉园内路线。

亲子调查了解红山动物园中可以认养的动物。

了解认养动物的意义，并调查和了解认养动物需要做的准备。

4. 幼儿活动准备

大家投票确定班级认养的动物。

班级增加与考拉相关的活动：大家用水粉画、黏土手工、撕贴等方式做出了各种各样、神态各异的考拉作品；排练了一支欢快的考拉舞蹈。

幼儿给动物园园长写了一封图文并茂的信。

大家制作了一张属于自己班级的红山动物园地图，并找出了可以到考拉馆的不同路线以及最近路线……

5. 教师活动准备

教师与动物园的工作人员进行多次沟通。

教师多次到现场进行踩点考察，确定幼儿的活动行程和时间。

教师特意邀请了沈园长来现场和幼儿互动。

6. 人员分工

家长：活动联络、现场讲解、提前踩点、寻找最优路线、陪同互动。

教师：与幼儿共同制订活动内容与规划、活动整体方案，现场主要组织者，活动主持。

幼儿：参与制订活动规划、采访调查、参与活动各项准备、采访对话、表达感谢。

[后记]我们的活动非常成功，小朋友们亲手写的信也被挂在了动物园园长的办公室里！爱心认养的活动虽然已经结束了，可是，小朋友们的收获远远不止于此。正如送给园长的信中写的一样：请放心，我们一定会让更多人知道要保护小动物，关爱小动物，像您一样，做个有爱心的人！

图 4-47　园内活动准备　　　　　图 4-48　活动现场(1)

图 4-49　活动现场(2)

## （三）园内外活动的联结

园外活动很重要，它不是孤立存在的，它与园内活动是紧密相连的。无论是园外活动的准备，还是实施，都和园内活动有很多的联结。只有将园外活动和园内活动紧密结合,二者形成整体的时候,才能实现幼儿经验连续地、完整地发展。

　　小果林旁的小石桥是孩子们很喜欢去的地方。有一天,依依指着一块石砖说:"你们看,这上面有古时候的字。"依依的呼喊吸引了大家的关注。"轻轻摸上去,字是凸出来的。""老师,这上面写的是什么字?""为什么其他的砖上面没有字呢?"这块不一样的古城砖吸引了幼儿,让他们对小石桥背后的故事产生了浓厚的兴趣。他们设计采访提纲,走进园长老师的办公室,询问小石桥的故事。还有哪些地方有这种刻着字的砖呢?随后,这块有故事的古城砖激发了幼儿探寻南京古城墙的兴趣。他们走出幼儿园,来到东水关、中华门寻访南京的古城墙,城墙的由来、城门的故事、城砖上的文字、城墙的历史都成为孩子们探索的内容。在园内,孩子们灵活组合,运用油泥、纸盒、石砖、陶土等材料,用自己的方式再现城墙、城门。

图 4-50　拓印文字

图 4-51　园外参访

图 4-52　制作"墙砖"

图 4-53　搭建"城墙"

　　当幼儿园内的资源不足以支持幼儿活动和发展的需要，我们自然要打开园外活动的通道。园外活动为幼儿提供更有针对性、更丰富的资源，让幼儿在感知、体验、互动中解决问题，引发新的思考，从而产生更丰富的活动，并促进幼儿新经验的产生。新经验与原有经验形成了联结，同时，新经验的生发支持了园内活动的持续深入开展，也带来了新的活动线索，形成园内外活动的联结。

# 第五章　田野课程资源

课程资源是资源的一种。《辞源》中说：资，即财物，本钱，供给，资助；源，指水流起始处，进而引申为事物的来源。根据幼儿园的实际情况以及幼儿园课程改革的发展趋势，我们认为，对于田野课程来说，幼儿园课程资源是幼儿园教育由构想变成现实的条件保障，是蕴含各种教育目标的园内外的有形和无形的各种因素。充分挖掘和利用课程资源，绘制课程资源地图，建设课程资源体系，将课程资源转化为幼儿的经验，是促进幼儿持续发展的必要条件，也是田野课程生机盎然、不断前进的动力源泉。

## 一、课程资源理念

我们认为，课程资源在课程实施中起着重要的支持作用，课程的存在以课程资源的存在为前提；课程资源在一定程度上决定课程建设的进程和质量。田野课程资源是丰富而多元的，都应成为幼儿互动的对象；田野课程资源不是固化的，而应依据幼儿需求不断变化。

### （一）课程资源决定课程实践

1. 课程资源产生课程内容

课程资源是与幼儿的学习活动相关的，直接或间接影响着学习活动，有利于实现学习目标，促进幼儿发展的一切因素的总和。可以说，没有课程资源就没有真正的幼儿学习活动。幼儿的学习是通过自己特有的方式与周围环境互动的过程，是幼儿主动地探索周围的社会环境、自然环境和物质世界的过程。[①] 幼儿探索的社会环境、自然环境和物质世界都是课程资源，也就是说，幼儿的学习不仅是幼儿获取知识的过程，也是幼儿与各种课程资源互动的过程。课程资源使幼儿的自主、探究式学习成为可能，幼儿园的课程资源

---

① 李季湄，冯晓霞.《3—6 岁儿童学习与发展指南》解读[M].北京：人民教育出版社，2013.

来自幼儿的现实生活,是幼儿喜欢的,也是幼儿现实发展所需要的。教师及幼儿对生活中各种资源的兴趣和探究是课程内容不断产生和充实的关键。将课程资源与幼儿的需要和兴趣及相应的活动、经验关联起来,形成体系,也就形成了课程资源库与课程内容体系。

幼儿园内的自然资源就是产生课程内容的宝库。与大街上、公园里的花草树木不同,幼儿园里的一草一木有着特殊的意义。对幼儿而言,这些自然资源形成了他们学习和发展的重要环境。幼儿每天处于这些自然环境中,他们与草木产生联系、发生故事,由此特别容易产生课程内容。如大班"幼儿园的小竹林"主题的开展就是源于园内的一片小竹林。

幼儿每天在户外锻炼、散步时都喜欢徜徉于竹林间,与竹子做伴,观察、嬉戏。春天时,竹林里冒出竹笋,雨后春笋节节攀升的生命力激发起幼儿的好奇心和探索兴趣。接下来,他们与竹笋共同成长,围绕着竹笋生长中的变化开展了一系列的活动:和竹笋做朋友,了解竹笋的内外结构,测量竹笋长了多高,趴在地面听竹笋生长的声音,挖开泥土发现竹笋的根,坚持不断地做有关竹笋的观察记录,为生病的竹笋担忧,开展护笋行动,毕业时与长大的竹子朋友告别……

在这个主题活动里,自然资源的利用自始至终贯穿其中,小竹林是"现场",给幼儿提供了开放的、不断变化的材料,如竹笋、虫子、泥土等,激发幼儿自主探究。教师通过挖掘和利用自然资源,将幼儿的兴趣和问题作为主题活动展开和深入的导向,让幼儿"行动",让他们有事可做,让他们做有意义的事,以实现幼儿经验的生长。

2. 课程资源影响课程实践的走向和发展

课程资源的种类、数量直接影响幼儿的活动走向,影响幼儿获得什么样的经验,最终影响课程质量及幼儿的发展。开放性的田野课程资源,让幼儿在田野课程实施中跨越了幼儿园的围墙,更多地看到、听到、接触到"外面精彩的世界"。国庆阅兵仪式后,两个大班随着孩子的兴趣都开展了"小小解放军"的田野主题活动。随着主题活动的深入发展,课程实践的走向发生了变化:大一班有"在部队工作的家长"这一资源,于是孩子们走进军营,对解放军的军事训练产生了兴趣,他们也邀请部队教官来到班级,教孩子们"实战"练习，解答孩子们感兴趣的问题；大二班有家长提供了"参观兵器博物馆"这一资源，于是孩子们走进博物馆，对各式各样的兵器产生了兴趣，回到班级创立了兵器研究项目小组，针对制造各类兵器开展探究。由此可见，同一个主题活动中，资源不同，课程实践的走向也是不同的。在郑和公园主题活动的初始阶段，孩子们对郑和公园地面上的航海图产生了兴趣，开始研究航海图上的符号与数字。他们在调查相关资料的基础上，又走进了郑和纪念馆，对纪念馆里巨大的宝船模型产生了浓厚的兴趣。回到班级，他们决定制作一艘宝船，于是生发出项目活动，成立了船身组、船帆组、人物组等项目小组。在研究宝船的过程中，孩子们还多次走进郑和纪念馆细致地观察宝船，以解决自己"工作"中遇到的问题。在这个项目研究过程中，郑和公园的郑和纪念馆资源为课程活动的进一步发展提供了支持。

3. 课程资源拓展幼儿的活动空间

课程资源的丰富性、适宜性和针对性是衡量幼儿学习环境的重要标准。这些丰富、适宜的课程资源为幼儿的学习提供了多样化的通道，使得他们可以在不同的活动空间中实践、探索。如，我们对社会机构类的资源加以开发和利用，生成了中、大班的"去购物""地铁""消防"等主题活动。幼儿走出幼儿园大门，走进超市、商店、乘坐地铁，走进消防局，每一个真实的社会生活空间都是他们学习的"现场"，他们在社会环境及文化环境中了解并学会遵守社会行为规则，不断发展适应生活的能力。此外，大班开展的"南京的城墙""我爱南京"等主题活动，则是利用了南京名胜古迹这类文化艺术资源，它们吸引幼儿走出幼儿园，爬上明城墙，走进夫子庙、中山陵，感受人文历史，激发爱家乡的情感。而"春暖花开""丰收的季节"等主题活动，又让幼儿走进公园、山林、稻田、农场，感受四季的变化，将自然界中的花草、果实、农作物带回幼儿园，带入课程。幼儿由此产生对季节和自然的热爱，亲身体验四季变换对动植物和人类的影响。

## （二）建设基于规范性文件的课程资源体系

我们继续坚持在建设课程资源体系的过程中，既要着眼于幼儿内在经验的连续性，又要关注幼儿内部经验和客观环境的互动性，把重心放在为幼儿学习构筑一个生态化学习环境之中，为幼儿的学习进程提供显性和隐性的资源支持。《纲要》《指南》等规范性文件为我们建设课程资源体系提供了指引。

1. 梳理课程资源类型

《纲要》中提出，"幼儿园应为幼儿提供健康、丰富的生活和活动环境"，"环境是重要的教育资源，应通过环境的创设和利用，有效地促进幼儿的发展"。因此，我们要关注幼儿园特有的资源，满足幼儿多方面发展的需求，使他们在快乐的童年生活中获得有益于身心发展的经验。随着教师课程意识、资源意识、经验意识的不断增强，田野课程资源已不仅仅局限于人力资源、动植物资源、材料资源、信息资源、综合性资源这五大类，与幼儿生活息息相关的自然现象、节日、节气等也都成为重要的课程资源。基于此，我们把幼儿园的课程资源重新梳理，分为以下七类：

自然物或自然现象——自然界中的砂、土、石、山林、水系、动植物、天气等。在种植园地中，幼儿种植的植物品种在不断丰富，除了常见的玉米、西红柿、麦子、山芋等农作物，甘蔗、菱角等种植方式较为特殊的农作物也成了课程资源，由此生发出了各种以种植为关键经验的主题活动。在自然现象中，除了季节转换，天气变化，对光、影、空气等资源的利用也拓展了幼儿的经验。

人造物品——加工后的各类物质材料，如各种日常生活用品以及可利用的废旧材料等。如：生活中余留的卷纸芯、空玻璃瓶、食品盒等废旧材料可再次利用；幼儿园周边的服装厂、裁缝店里剩余的边角布料，木材厂里剩余的大小木块、木条等也都是课程资源。

社会机构——学校、商店、医院、公安局、公园等教育机构、公共卫生机构、公共文化服务机构和社会福利机构等。幼儿园与这些机构定点合作，保证课程资源的多样性和稳定性。

电子信息——网络可联机存取的各类数据库，单独发行的磁带、磁盘、光盘等。幼儿园有专门的网站和空间存取这些资源，方便幼儿和教师查阅、调取使用。

社会事件——在社会中引起关注和讨论的，具有时代性的热点话题，如火箭升空、垃圾分类、光盘行动等。

专门人才——在某个领域具有专长的各类人员，包括教育专家、社区人员、民间手工艺人、舞蹈家等。幼儿园设立人才资源储备库，班级教师也熟悉自己班级的家长资源。

文化艺术——节日节气、民间习俗、地方戏剧、影视剧、音乐、绘画、雕塑、建筑等。除了传统节日,教师还能抓住二十四节气的特征和价值,让节气引发的活动伴随幼儿的一日生活、三餐四季:如春分时和幼儿一起立蛋、小雪腌菜、大雪腌肉、冬至包饺子等。南京特色的"白局"走进了班级;名著《西游记》生成"真假美猴王"主题活动;幼儿园的"小石桥"引出了一段关于城墙的传奇过往……

在田野课程中,各种类型的课程资源不是独立存在的,而是相互补充的,幼儿通过活动获得完整的经验。

2. 优化课程资源体系

《指南》以"为幼儿后继学习和终身发展奠定良好素质基础为目标,以促进幼儿体、智、德、美各方面的协调发展为核心",提出了一整套幼儿学习与发展的目标体系,是指导教师明确各年龄段关键经验的重要指引,也是我们建设课程资源体系的指挥棒。教师需要有目标意识,对资源中蕴含的关键经验敏感,通过与《指南》目标对照,审视课程资源建设中哪些资源是已有的,哪些是不足的、需要进行加工的。教师应明确和完善各年龄段的课程内容,整合所需的经验,与可利用的资源相结合,形成完善的课程资源体系。

我们根据《指南》中健康领域的目标,对幼儿园的运动场地和现有资源进行了调整和优化,使得资源更加具有层次性,符合每一个幼儿的需要。《指南》中健康领域指出:3—4岁幼儿"能沿地面直线或在较窄的低矮物体上走一段距离";4—5岁幼儿"能在较窄的低矮物体上平稳地走一段距离";"能以匍匐、膝盖悬空等多种方式钻爬";5—6岁幼儿"能在斜坡、荡桥和有一定间隔的物体上较平稳地行走","能以手脚并用的方式安全地爬攀登架、网等"。为了达成以上目标,幼儿园更换了新的大型运动器械,将不同高度的窄桥、荡桥,攀爬架,滑道绳索,旋转滑梯等综合在一起;将品种单一的矮灌木丛打造成了平板路、凹凸不平的奇石路,幼儿可以根据自己的需要挑战不同的小路;此外,幼儿园在围墙边打造了一条不同材质的小路,既有细窄的镂空石块路,也有突出地面的不同粗细的木头桩路,幼儿在走走玩玩中,体验走在不同材质的小路的感觉是不一样的,同时也锻炼了平衡能力。基于优化后的活动场地,我们开展了许多有趣的体育游戏,如"龟兔赛跑""好玩的绳梯""我是小军人(匍匐爬)""障碍跑"等。幼儿园还外聘了专业的体育教师,通过开展体育集体教学保证幼儿各种动作技能的全面发展。课程资源的层次性充分尊重了幼儿的个体差异。

同时,对资源的挖掘和利用不能仅局限于园内已有的优质资源,对园所环境进行评估与改造,转化、改变劣势资源,更能给课程带来新的思路,丰富课程的资源体系。

### (三)人人参与课程资源建设

在田野课程中,人人都是课程资源的建设者,人人都参与课程资源建设。"人人参与"源自太幼的文化传统,即"我就是我们,我们就是我"。这是极具田野特质的课程资源建设模式。这里的人人是指资源室的专职教师、班级教师、幼儿、家长、幼儿园的其他人员以及一些社区专业人员。在太幼,课程资源建设绝不仅仅是部分教育专职人员的事,而是所有人齐心协力去做的事业。

课程需要丰富、适宜的资源作为支撑,将课程资源的挖掘和利用纳入幼儿园的制度体系是建设与《指南》对应的课程资源体系的关键。我园的课程建设制度中,不但有课程资源挖掘和利用的主体,还有资源范围、使用空间、储备和更新要求、评价指标。所有教职工会在良好的研究氛围和园所文化的影响下共同做好这项工作。每个人都认同自身在课程资源建设中的重要性,通过分层培训、教研活动、经验分享等多种形式,加深对《纲要》《指南》的学习理解与贯彻,帮助大家形成资源意识,通过管理层面的鼓励和促进,形成了积极主动参与课程资源建设的氛围。在参与课程资源建设的人群中,大家都依据自己所在岗位的特点或自身的兴趣、特长、经验,从不同角度,为课程建设发挥着重要作用。

资源室教师是课程资源建设的统筹者与管理者。他们明确幼儿园的课程规划,能根据需要及时开发、补充、改造资源和协调管理。他们要通过多种活动引导和组织教师、幼儿、家长参与资源的开发与利用。

班级教师是课程资源的主要建设者。班级教师更加了解幼儿的兴趣和需要及家长的特点。他们会根据课程的实际需求,不间断地寻找、收集、制作、整理各类资源。所有班级在课程实施中获得的有益经验及活动中所形成的方案、图片、作品、影像资料等都会成为课程资源。

幼儿与家长均是课程资源建设的重要参与者。幼儿是课程资源的重要规划者、提供者和使用者,他们有自己的活动意愿和期待,也有着收集、使用资源的兴趣和能力。规划、收集、使用、呈现资源的过程本身就是幼儿学习的过程。家长在课程资源建设中所发挥的作用是巨大的。他们自身所在的不同行业、教育经历和生活经验,都可以纳入课程资源。

幼儿园的其他人员以及一些社区专业人员也是课程资源建设的参与者。他们会根据课程需要随时提供人力与物质的支持。例如,我园有一支由园内外人员组成的资源教师队伍,包括保健医生、炊事人员、手工艺人、消防干警、各领域专家等;我园还有一支种植研究团队,由分管后勤的负责人、各年级组部分教师和精通植物种植的人员组成,他们是重要的人力资源,为课程中种植活动的实施提供源源不断的支持。

## 二、共绘课程资源地图

为了让所有人员明晰幼儿园内外可利用的各类资源,让课程资源使用效益最大化,我们需要对资源开展调查与分析,并在此基础上制作课程资源地图。

### (一)开展资源调查与分析

1. 开展资源调查的目的和意义

开展资源调查就是实地考察幼儿园周边可利用资源的分布情况。通过资源调查,教师可以有效地利用各种资源,为幼儿园课程的实施提供资源保证。我园对园内外自然资源、专门人才资源、社会机构、文化场馆等现有资源进行了调查和整理。

(1)开展资源调查是幼儿活动的需要

资源决定幼儿的活动,没有资源,幼儿的活动将无法开展。开展资源调查后,将可利用的资源纳入资源库,教师可以根据幼儿的兴趣、年龄段特征等,开展相关的活动。如春天的时候,所有班级都会开展许多与春天有关的活动,在幼儿园里找春天:春天的植物、春天的动物、春天人们的活动……教师和幼儿一起调查幼儿园里哪些花儿开了,哪些植物长出来了,哪里有蜗牛、蝴蝶、西瓜虫。

除了幼儿园内部的自然资源,教师和幼儿还要去调查幼儿园周边社区的相关资源,根据幼儿的经验和需要,选取适合幼儿的资源。如幼儿通过调查发现小区里也有柿子树,但小区里的柿子树和幼儿园内的柿子树种类不同,结果时间也不同。在园内开展收柿子活动后,教师和幼儿一起又去小区里采摘了柿子进行对比,拓展了幼儿的经验。

（2）开展资源调查是建立课程资源库的需要

我们身边有各种各样的资源,通过调查可以将这些资源及时地纳入课程资源库。以自然资源为例,幼儿园对园内外可利用的树木进行统计,标注树木的种类、数量、地点以及每个年龄段可开展的相应活动,丰富资源库的相关内容。

生活中有些资源是动态变化的,因此课程资源库的资源需要不断更新,这也意味着我们需要定期开展资源调查。幼儿园每年都有毕业生,相应的家长资源也会流失,而每年的新生入园后,也会带来新的家长资源。幼儿园会通过调查,及时更新课程资源库的相关内容。

2. 开展资源调查的形式

（1）问卷式

问卷式调查是一种结构化的文字交流方式,调查结果便于统计处理与分析,因此适用于对家长开展的调查。如每一届新生入园时,我们都会对新生家长进行"可提供资源"的调查,这些资源包括自己的职业、擅长的领域、可为幼儿活动提供的支持等。对每一届新生家长进行资源问卷调查,可以最大限度地开发与利用家长资源。

表5-1　家长资源问卷调查(举例)

| 幼儿姓名 | 班级 | 家长姓名 | 职业 | 关系 | 擅长的领域 | 可提供的支持与资源 |
|---|---|---|---|---|---|---|
| 李×× | 小一班 | 李× | 牙科医生 | 父子 | 卫生与保健,生物学知识 | 参观牙科诊所;开展爱牙活动讲座 |

（2）走访式

对于园外的课程资源,特别是社会机构、公共空间资源,可通过走访、实地观察,列出可利用的资源。走访式调查的优势是调查者能够在实地直接感知客观对象,所获得的是直接的、生动的、具体的感性认识,能掌握大量的第一手资料。如幼儿园周边可利用资源有:夫子庙景点、郑和公园、江苏省戏剧学校、中国银行、地铁三号线、太平商场、科巷菜场、八一医院、秦淮区公安局等。

表 5-2　关于夫子庙景点的资源调查

| 建筑 | 徽派建筑、牌坊、贡院、孔子庙、中国科举博物馆等 |
| --- | --- |
| 人物 | 景点工作人员、小吃店工作人员、游客等 |
| 历史文化 | 与南京有关的古诗、科举制度、金陵十二钗等 |
| 名小吃 | 鸭血粉丝、莲湖赤豆元宵、臭豆腐、梅花糕、小笼包等 |

（3）网络搜索式

由于各种原因,不能进行走访式调查,实地调查不能完整凸显所有资源时,我们可以采用网络搜索式资源调查。如对夫子庙的显性资源开展实地调查后,还可以通过网络搜索,对夫子庙的历史文化资源进行深入细致的调查。还有,对动植物资源开展调查时,我们也常常借助网络,可以随时随地了解到关于动植物的各方面信息。如发现幼儿对小花园里的昆虫感兴趣,幼儿园专门设置了"昆虫旅馆"。可教师因所学知识有限,有时无法解答幼儿关于昆虫的提问,怎么办呢? 这就需要针对每一种昆虫进行定向的网络搜索,借助网络上的文字、照片、视频等进行解释,加上实物观察,让幼儿直接感知,获得经验。

以上三种基本的调查方式常常会交叉运用在各种类型的资源调查中。

3. 参与或实施资源调查的相关人员

资源调查主要由教师、幼儿、家长共同完成。教师开展资源调查可以从课程资源管理的过程中寻找更多互补性资源,丰富课程资源,也可以从课程实施过程中收集与教学活动和教学形式相关的课程资源,实现资源调查的有用性;幼儿开展资源调查可以从自身的兴趣出发,以当前的认知能力为基础,实现课程资源的针对性;家长开展资源调查可以基于自身对幼儿需求和幼儿教育的认知与理解,以支持者、引导者、参与者的身份,彰显课程资源的丰富性。

4. 资源调查后的分析

对于通过不同方式调查得到的资源,我们会进行分析,以了解资源可带来哪些活动,适合哪个年龄段的幼儿,幼儿可获得哪方面的经验等。如在对园内树资源进行调查时,我们发现银杏树有雄树和雌树两种,小班可以开展认识银杏树、玩落叶的活动;中班可以写生银杏树,收获银杏果并制作美食;大班可以细致观察银杏叶,对比观察雄银杏树与雌银杏树的不同,并拓展到园外空间,开展参访、归纳的工作。下面以大班幼儿活动为例,分析银杏树相关活动可为幼儿带来的经验:通过对比、观察、分析,发现两种银杏树的相同与不同;用图画、符号等方式记录自己的发现;制订简单的调查计划并收集整理信息等。

对于走访与网络搜索调查得到的社区及公共空间资源,我们可以在获得并运用这些资源的基础上绘制资源地图,根据资源类型或可开展的活动内容分类纳入课程资源库,以便有需要的教师在活动实施时能较快查询和了解相匹配的资源的具体内容和使用建议。

**(二)绘制课程资源地图**

课程资源地图为使用资源提供了索引,它呈现的方式是多样的。在绘制课程资源地图的过程中,教师之间互相协商,家长、幼儿共同参与。

1. 什么是课程资源地图

在幼儿园课程资源的开发过程中,利用各种方式对资源进行整合和分类,分析幼儿各年龄段可获得的经验,并对可开展的活动、可利用的方式提供操作建议,在此基础上就形成了课程资源地图。课程资源地图直观形象地标识出教师可以利用的自然物、社会机构、专门人才等课程资源。

2. 绘制资源地图的价值

资源地图可以为教师使用资源提供指引。它可以帮助教师清晰地了解幼儿园周边的资源分布,不同资源可开展的活动及幼儿可获得的经验,为幼儿的全面发展提供强有力的保证。当教师的脑海中存储了这样的资源地图后,在与幼儿的沟通、交流中,在观察幼儿言行的基础上,随时可以产生一些有价值的活动,它能够为教师寻找和利用资源提供帮助。

资源地图可以提增资源的使用效益。资源地图中涵盖大量的内容,教师通过资源地图可以不断地筛选可能产生的教育线索,规划课程资源的内容,从而形成不同年龄段幼儿需要的经验、活动,促使幼儿更好地与资源互动,提增资源使用效益。

3. 资源地图呈现的方式

资源地图虽名为地图,但是又与一般常见的地图有所区别。我们需要将资源以指示地图的方式呈现,也要对其中部分内容进行加工,提供方向性的索引。根据资源地图呈现的方式不同,我们将资源地图分为图画式资源地图、表格式资源地图及电子资源地图三大类。

(1)图画式资源地图

在早期,图画式资源地图以手绘为主。教师对幼儿园一定范围内的资源进行细致调查,对可利用资源进行分析、筛选后,将关键地点用手绘的方式呈现,突出资源调查者对资源的理解和经验。教师以清新的风格,手绘出幼儿园及周边的相关资源,但是制作图画式资源地图耗时比较长,且对绘图者的要求也比较高。

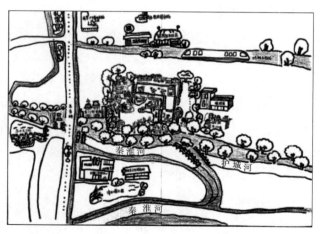

图 5-1　太平巷幼儿园京门府分园图画式资源地图

(2)表格式资源地图

表格式资源地图能一目了然地展示出某个地方蕴含的各类资源及可开展的相关活动、幼儿的关键经验等。此类地图制作方法简单,便于师幼快速地发现了解信息,有利于针对性地锁定相应地点和位置。表格式资源地图常使用在对一些范围较小的社区机构或自然环境的调查中。表5-3以东水关遗址公园为例,呈现表格式资源地图。

**表5-3　东水关遗址公园资源地图**

| 资源分类 | | 资源名称 | 经验线索 | 《指南》主要经验对照 | 活动规划 |
|---|---|---|---|---|---|
| 自然 | 花 | 黄秋英、紫茉莉、枸骨、蒲苇、五色梅、黄金菊、百日菊、大花金鸡菊、大吴风草、海棠花、喇叭花、鼠尾草、沿阶草、红叶石榴、秀丽火把花、紫荆花、杜鹃花等 | • 了解东水关遗址公园里花的种类<br>• 认识各种花的外形、茎和叶,并用各种方式表现<br>• 初步了解各种花的生长方式与生长环境<br>• 各种花的比较观察<br>• 花的用途及与人的关系 | 3—4岁<br>• 喜欢接触大自然,对周围的很多事物和现象感兴趣<br>• 认识常见的动植物,能注意并发现周围的动植物是多种多样的,初步了解和体会动植物和人们生活的关系<br>• 喜欢观看花草树木、日月星空等大自然中美的事物<br>• 对感兴趣的事物能仔细观察,发现其明显特征。能用多种感官去探索物体,关注动作所产生的结果 | • 调查、观察、记录、比较、欣赏、绘画、美工 |
| | 树 | 柳树、红枫树、樱花树、松树、银杏树、香樟树、梧桐树、黄杨树、桂花树、水杉、梧桐树等 | • 了解东水关遗址公园树的种类<br>• 认识各种树的树叶、树枝、树干的特征,并用各种方式表现<br>• 测量树<br>• 松树、梧桐树的文化内涵 | | • 调查、观察、记录、比较、测量、欣赏、绘画、美工 |

（3）电子资源地图

随着时代的发展,现代化电子手段越来越发达,手绘式资源地图逐渐被电子资源地图所代替。电子资源地图可以非常方便地对普通地图的内容进行任意形式的要素组合、拼接，形成新的地图，大大提高工作效率。我们借助"兰图绘"这一软件，制作了新的电子资源地图。

在电子资源地图中，我们以幼儿园为中心，根据不同范围设置了三种"资源圈"，用不同的颜色标注各类资源，当教师点击相应的资源时，可以查阅相关信息。

三种"资源圈"的设置方式为：首先，以幼儿园为中心半径 3 000 米，画一个红色的圆，以步行半小时可达为基准，作为便于开展田野课程的"半小时生活资源圈"，这也是幼儿日常生活最常涉及的范围。之后，以半径 1 500 米画一个蓝色的圈，作为幼儿徒步可到达的"十五分钟学习资源圈"，在此圈内幼儿可与教师进行徒步参访。此圈内详细标出幼儿园周边的各类机构设施，如小区、小学、公园、商场、银行、公安局、消防站等，这些是最贴近幼儿实际生活的场所。当有教师想带幼儿参观离幼儿园最近的郑和公园时，在"十五分钟学习资源圈"中点击相应定位点，即可出现前往该公园的路线图，公园外部实景与内部实景，往届幼儿开展活动的照片、方案等信息，这为教师开展活动提供了资源支持。最后，以半径 6 000 米画一个绿色的圈，作为推荐可进行亲子活动的"一小时活动资源圈"。电子资源地图还可以扩展到全城。

图 5-2　太平巷幼儿园电子资源地图

图5-3 电子资源地图上的郑和公园内景　图5-4 郑和公园可开展的活动举例

4. 资源地图与活动库紧密结合

资源地图与活动库相结合,指借助资源地图产生活动进而补充活动库内容;或根据幼儿兴趣,从活动库中寻找相应可开展的活动,在资源地图上找相应的资源。

幼儿的学习与发展离不开周围的环境,要注重利用园内、园外的自然环境、社会环境、人际环境、文化环境、信息环境等,使之成为综合实践活动的场所和资源。资源地图以外显的方式呈现出适宜课程实施的场所与资源,同时也需要各类与之匹配的活动作为支撑才能真正发挥效益。我们的活动库主要包含主题活动库和领域活动库,涵盖了各领域的资源包。活动库里的内容是经过许多届的教师和幼儿亲身实践后形成的,是对资源不断运用积累的宝贵经验。"图库结合"的方式能够方便教师在主题实施时提取资源信息和预设课程,了解各类资源在各项活动中的适宜性,能够围绕幼儿的兴趣和需求,为他们提供更多的学习机会与挑战。

资源地图以《指南》为指针,立足幼儿的整体发展,捕捉、观察幼儿在课程活动中的表现,正确解读幼儿的行为,追随幼儿的学习与发展需求,不断深化和完善,从而有效地支持幼儿的学习。资源地图制作的目的是为课程服务。因此,幼儿园打开资源地图传递的通道,每当有新的资源地图制作出来,我们会第一时间告知全园教师,鼓励教师和幼儿去提取使用,鼓励幼儿和家长一起持续对资源开展调查,不断丰富和拓展资源地图包含的内容。我们应有效地利用好课程资源地图,并积极进行园内外课程资源的开发,优化幼儿园课程资源的结构,促进幼儿园课程建设,让幼儿园资源地图真正属于课程,属于教师与幼儿。

## 三、课程资源库

课程资源库既是课程实施所需要的各类资源的总和,也是存放资源的"仓库",是幼儿园用来整理、加工、存放和传递课程资源的功能性空间。这个"仓库"有实体的,也有虚拟的。只有将课程资源库建设好、管理好,才能使课程资源发挥最大效益。

### (一)课程资源库的建设

在课程资源体系建设的进程中,"课程资源库的建立应从幼儿学习特点出发、以满足幼儿的发展需要为宗旨,为教师工作的有效性和专业性提供支持"①。

1. 课程资源库建设的重要性

课程资源库的建设状况会影响教师的课程决策及行动,进而影响幼儿的发展。简单来说,建设课程资源库有利于"物尽其用",这里的"物"指的就是课程资源。以教学具和操作材料为例,建设课程资源库能为教师提供稳定的教学支持,为幼儿提供必要的材料支持,从而提高课程质量,同时也有效减少教学具年年制作,年年丢弃所造成的人力、物力和财力的浪费。建设课程资源库还有利于整合全园课程资源,提高课程资源的利用率,增加课程内容的来源和课程设计的自由度;可以拓宽教师的资源视野和专业视野,帮助其提高教学能力。

2. 课程资源库建设方法及路径

我园将课程资源库的建设纳入幼儿园的整体规划和决策中,设立专项经费,保障课程资源库的建设。课程资源库建设离不开专业的人员。幼儿园各

---

① 张晖.关于幼儿园课程资源库建设的思考与实践路径[J].早期教育(教育科研),2017(5).

园部根据园所规模、课程建设需要配置了专职资源管理员,也称资源教师。资源教师均来自一线,具有丰富的课程实践经验和较强的课程意识,同时责任心强、工作细致认真且富有创意。资源教师参与教研活动,了解教育教学和当前研究的需求,能主动为一线教师提供专业的资源服务。

我园课程资源库建设的实施路径包括:课程资源收集、加工、整理与归类。这是一个长期建设、不断发展的动态过程。因此,建设课程资源库需要全体教师积极投入其中,展开深度的资源调查,收集、储存自然物材料、人造物品、文化艺术材料、教师工作材料等各种课程资源,将物质资源与信息资源进行加工、梳理,按照不同类别和形式将课程资源进行分类整合,从而建设出合理有效的具有田野特色的课程资源库。在信息化的时代,建立数字化的田野课程资源库是未来田野课程资源建设的重要方向。

**（二）课程资源库的管理**

课程资源库的存在方式根据其体量大小、功能和特点有不同的形式,按等级与空间可分为班级资源箱和园级课程资源室。课程资源库的管理,是为了对幼儿园所能支配的资源进行有效配置,并调动参与课程资源建设所有人员的力量以达成课程目标,本质在于为课程建设服务,整合资源和提高资源利用成效。

1. 班级资源箱

我园每个班级室内或走廊都有班级资源箱,它服务于幼儿的一日生活,是一个方便幼儿和教师随时使用材料的小型实物材料库。它一般由玩具柜或整理箱组成。幼儿和教师将收集来的各类材料分门别类地放置在班级资源箱里,这些材料大部分是自然物以及生活中的废旧材料等。此类物质资源的收集方式基本以随机收集为主,有时也会根据班级活动的具体需求进行专门收集。

班级资源箱的管理,教师会有意识地"放权"给幼儿,包括定期让幼儿自己整理资源箱内的物品,将带来的新材料分类收纳、清洁资源箱和里面的材料、为材料设计分类标签等。教师通过让幼儿亲身参与资源的管理,培养幼儿的资源收集意识,同时锻炼他们的生活能力。

班级资源箱是需要持续更新的,因为对材料的运用是随着幼儿的生活、活动、兴趣和需要而产生的。资源箱的持续更新会增加幼儿自主选择材料的动力，促使他们主动去使用其中的资源。通过与各类材料的互动，幼儿会发现生活中的废旧物品是可以再利用的，如各类瓶瓶罐罐、大小不一的纸盒等，他们会不定时地主动从家里带来这些材料，将材料投放到资源箱里，等到开展活动时，他们会自然地想起资源箱里的材料并自主加以利用，这样可以形成良性循环，培养幼儿较好的课程资源敏感度和自觉收集课程资源的好习惯。

2. 园级课程资源室

园级课程资源室是一个专用场地，它是存放大量不同类别课程资源的场所，也是田野课程资源库的管理中心。它既能弥补班级资源箱的不足，实现班级资源和园级资源的双向补给，又能统筹、协调、配置全园乃至园部之间的资源，扩大资源流通和共享的渠道。

课程资源库根据存放资源的属性来分，包括物质资源的管理和电子资源的管理。在田野课程发展的过程中，我们认为课程资源库的完善是一个"需求—供给—平衡—缺失—需求—供给"不断循环的动态过程。这就决定了课程资源库的管理既要有灵活性还要有动态性。我园在管理方式上遵循"共建共享共管"的原则，具体从以下四个方面入手，实现课程资源库的动态管理。

（1）从制度入手，全园参与

制定制度、建立规则是规范管理的保障，课程资源库的管理需要资源管理规章制度，如《资源借用和归还制度》《资源共建制度》《资源成本管理制度》等。以《资源共建制度》为例，我园在每学期结束时，会分年级组对本年龄段的纸质教具进行整理、修补或重新制作；平时每位教师都会有意识地收集新活动的电子教具或视频、PPT，学期结束时，资源室管理员统一收集，将新增的电子资源分领域上传至网站。教师在网站搜索引擎输入关键字，如"蚂蚁"，就会出现与蚂蚁有关的教案、视频、PPT、教学录像等，教师可以根据自己的需要进行下载。

（2）加强对资源的收集、整理与归档

其一，资源的收集。课程资源收集分为定向收集和随机收集。定向收集是指有目的、有计划地开展资源普查或在某一特定时间内对特有资源进行收集。如秋天时收集各种各样的果实、农作物；国庆节收集祖国各地的特产；新年时收集具有传统民俗文化的装饰物，如虎年收集的虎头帽、虎头鞋。随机收集是指资源管理员、教师、幼儿及家长在生活中随时随地地收集资源。

其二，资源的整理与归档。幼儿园资源库的材料种类繁多，有成品、半成品，有教师使用的，也有幼儿使用的。为了便于取放，我们对所有的材料进行了分类整理，并根据实际情况灵活设定分类标准。我园每一层置物架上都有细致明确的标示、图片、材料的使用说明和建议，帮助教师分类摆放、快速查找材料。如：绘本类图书按照书名的第一个字进行字母编号，按照 A—Z 的顺序摆放；主题类图书分类放在贴有主题名称的大篓子里。有些光盘或杂志则按年份进行整理、归档，教师查阅归档目录，即可快速找到自己需要的材料，也便于归还原位。当年的教师专业书籍或杂志会放在最显眼的位置，往年的则用文件夹进行归类，放在另一个柜子里。

图 5-5　课程资源室的材料分类摆放　　图 5-6　幼儿在课程资源室寻找材料

幼儿园的课程资源库不仅是为成人服务的，也是为幼儿服务的。当幼儿有需要时，可以随时来到园级课程资源室，与资源室的老师互动，表达自己的需要，寻找适合的材料。我们会将幼儿常用的材料放在置物架低层，并用透明的整理箱摆放，方便幼儿寻找、拿取；整理箱的外部用幼儿能看懂的图片和实物做标记，帮助幼儿快速查找和归还材料；在置物架旁，投放了一些小推车，给幼儿提供方便。

（3）科学管理电子资源库

在推进教育信息化发展的进程中，电子资源库是实现资源共享的一种高效手段。它打破了空间的限制，能快速满足教师和幼儿对课程资源的需求，具有简单快捷、环保节约、可重复使用以及便于实行个别化学习的特点。我园科学管理电子资源库，建立资源与活动的深度联系。

• 建立科学的电子资源库目录，并设立子目录。按年份或年龄段类型，设置领域课件库、教案库、主题资源库、计划总结库、活动照片库等，由资源教师定期面向全园教师收集、上传和更新。

• 成立电子资源库共享小组，由各园部的资源教师统一协调工作，明确分工，分解任务，商讨相关问题，实现优质资源互补互惠。

• 以年级组和学科教研组为单位，做好针对各领域经典活动、新开发的教学活动、主题活动等的教学资料的积累，创建各类"资源包"。

• 向教师和家长发放调查问卷，整理出较为详尽的人力资源汇总表。对周边资源进行调查和梳理，协助教师绘制出幼儿园电子资源地图。

• 采用集中培训和自我学习的形式，利用业务学习时间加强对教师的培训，使教师掌握搜索、上传资源，设计制作电子课件等常用的基本方法，让人人都参与到电子资源库的管理中来。

（4）实现课程资源库的实时更新与补充

课程资源室中的资源应活动开展的需要，一直处于动态变化的状态，当资源缺少时，需要资源管理员及时补充或更新，否则会影响课程活动的开展。资源管理员每周会查看各种易消耗资源的数量，如纸张、颜料、废旧纸盒等，当物品数量不足时，会及时购买或收集。当某些季节或特定节日来临前，资源管理员会根据往年活动的经验主动准备一定数量的资源，如春天会多准备绿色系的材料，秋天多准备黄色系的材料，新年时多准备红色系的材料……当相同领域的活动出现多份教具时，管理员会将材料进行替换，更新成最新的版本。在课程实施过程中会产生很多新的内容和信息，每学期，教师会在各类活动开展过程中注意收集保存活动课件、活动场景、材料、幼儿活动过程、环境的照片或视频，并加以文字说明，标明活动内容、时间、地点、年龄段，学期末做好汇总并形成新的活动资源包补充进课程资源库，不断丰富其内容。同时，教师也要严格遵守资源管理制度，避免关键资源的流失。

随着对课程资源理解的不断深入和对课程实践的不断推进，大家对课程资源库的认识和利用也在不断发生变化。我们应对课程资源库进行定期评估，建立课程资源的有效评估和动态调整机制。教师对资源的实际使用效果进行自我评估,根据评估结果决定是否保留某些资源或改进资源使用方案。资源的管理者和使用者都要保持开放的眼光,从而实现课程资源库的可持续更新。

**（三）课程资源的利用和延伸**

课程资源的价值在于对资源的统整和利用。只有让课程资源真正进入班级和具体活动,将其转化为课程的要素,才能发挥资源的效益,为课程实施提供条件保障。

1. 课程资源利用的原则

（1）人人了解并使用课程资源

课程资源的利用者是与课程相关的所有人,人人都要对课程资源熟悉,成为课程资源库的建设者和受益者。因此,课程资源库对幼儿园里的每一个人开放。每一位教职工及幼儿都能方便地进入课程资源库,了解资源信息,拿取和利用各类资源。如:教师和幼儿都能查看资源地图;幼儿能随时从班级资源箱中拿取材料,也能在教师的带领下去幼儿园课程资源室寻找材料,并使用幼儿版物品领用表登记领取所需材料。同时资源教师通过"短信平台""资源海报""理论摘要""好书推荐""资源清单""信息通报"等各种方式主动向教师通报课程资源储存与更新情况,减少教师准备课程资源的时间,拓展教师的视野。

（2）对资源进行重组和创造

资源本身是动态变化的,它可以被发现和被改造。资源使用者要充分挖掘课程资源库中的资源,通过组合创新的方法,对资源进行再加工,要重视资源的再利用,努力挖掘现有资源蕴含的教育价值和使用方法,实现一物多用。如:各班在进行过主题活动后,都会留存一些幼儿的作品和班级主题环创展板,资源教师收集后,由环创小组的教师对这些资源进行组合、再加工,创设成蕴含更高审美体验的公共环境装饰材料。当幼儿看到自己的作品被展示在公共环境中,都会驻足观看,也会对其他作品产生兴趣。经过重组和创造后的资源发挥出了更多的教育价值。还有一些与季节、节日有关的环境创设和电子资源只要妥善保管,第二年只需做调整组合就能再次使用,避免了资源的浪费。

（3）不同园部资源共享

一所幼儿园的课程资源总是有限的,为了让课程资源的整体效益最大化,保证课程实施的有效性,我园坚持不同园部间的课程资源共享。各园部在充分掌握现有的课程资源的基础上,不断实现园内、园际、幼儿园与社区之间资源的优化配置。总园与分部、分园通过科学的课程管理建立起课程资源的协调与共享机制,特别是教学信息资源的共享,如:各园部开展的教科研活动,教研组教师参与各领域教研活动时拍摄的照片、视频上传到电子资源库,可以与其他园部的教师共享,让全体教师能从电子资源库中了解最新的教育资讯,观摩各类经典活动,引领教师多通道地学习与反思,从而促进专业成长。此外,课程资源库中的人力资源和材料资源也时常按课程需要进行共享,如总园对种植有经验的后勤人员会去其他园部指导教师开展种植活动;教师进行对外观摩或研讨活动时,其他园部开展过此活动的教学参考资料、教学具等也能共享,实现"1+1>2"的资源利用效果。

2. 课程资源的延伸

课程资源不仅仅存在于课程资源库中,有了积累资源的意识和发现资源的眼光,处处皆是资源,每处环境、每个人员、每个事件都可能是课程资源。在这样的意识形态下,课程资源库的概念也会扩展,从有限的资源库扩大到更广阔的空间,乃至到无形的资源库。

我们将幼儿身边的主要生活场所纳入课程资源库,如公园、超市、图书馆、消防站等,建立"社区—幼儿园—个人"三级课程资源库,科学管理,实现资源开发和有效共享。要统整利用多种资源,教师首先要有开发利用课程资源的意识,其次要深入研究课程实施中动态生成的课程资源。教师和幼儿不同的生活经历、经验、感受、兴趣、专长,以及活动中动态生成的知识、技能、感受、问题、情感、态度等方面的成果,这些资源看似无形,却都是园内课程资源的重要组成部分。此外,教师要对已有的资源合理配置,重视社区资源建设,开辟活动基地,得到社区的支持,达到幼儿园与社区资源共享,实现园内外课程资源的整合,实现资源的优化组合以及利用效益的最大化。

幼儿园与一些社区场所建立长期、稳定的联系,建立实践基地,既有关于科普知识的,如土壤研究所,也有让幼儿亲近自然的生活教育基地,如我们与江宁的锦荷农庄合作,建立实践基地。教师利用植树节,带领幼儿和家长走进真实的田野,亲身体验种树。有些班级还利用此机会,将去农庄种树生发成田野课程主题活动。我们会尽可能地将资源用好、用足。

幼儿园与社区单位建立协作关系,不定期地与协作单位召开座谈会,彼此交流协作经验,鼓励协作单位积极参与到幼儿园课程中来。如每年的 11 月 9 日,幼儿园都与社区内的消防站合作,消防员开着消防车来到幼儿园,对全园幼儿介绍消防知识,展示消防设备,进行防火防灾的安全教育。社区内的银行、企业、小区管委会的工作人员也会在一些传统节日来到幼儿园,作为嘉宾参与幼儿的庆祝活动,同时利用自身的专业特长,与幼儿及家长一起开展一些社会实践活动,如"认识钱币""垃圾分类"等。

幼儿家长来自各行各业,拥有不同的知识背景。一些家长有着专业领域的资源,他们根据课程需求,带领幼儿、教师走进博物馆、科技馆、工厂、部队、高校……社区资源、家长资源拓宽了课程资源的利用渠道,充分发挥出各类资源在课程中的重要作用。

在网络飞速发展的时代,我们逐渐认识到信息网络资源对幼儿园课程的影响是深刻的、长远的、划时代的。基于互联网的新技术,幼儿园与家庭、社区乃至整个社会的互动成为可能。数字化的课程资源库将体现出尊重每个幼儿的特点、爱好、兴趣的儿童观,有助于构建符合每个幼儿特点的独特课程体系。教师专业能力和技能的发展、知识结构的拓展与优化、教学方式的改变,也能在此过程中得到体现,这也是我们未来的课程资源库建设要持续努力的重要方向。

## 四、从资源到经验

### (一) 课程资源意味着什么

课程资源意味着可以产生活动,幼儿可以在活动中获得适宜的、有益的经验。对于田野课程来说,课程资源既是肥沃土壤,孕育田野万物生长,又是源头活水,滋养灌溉田野,是构建"现场、行动、生长"的田野课程的重中之重。

随着教师的儿童观、知识观、学习观、课程观的更新与变化,幼儿的学习早已不再是被动接受的过程,课程更不是确定的、静止的、不可变化的预成方案,而是教师与幼儿在平等对话中不断建构的过程,也是预成与生成有机结合的过程。幼儿的学习是主动的、活泼的、生动的,我们必须把资源用足、用好,把幼儿的主动性、积极性充分调动起来,让幼儿成为学习的主体。为了让课程真正有效地促进幼儿的发展,"物质"形态的课程必须最终转化为"精神"形态的幼儿经验,就是要引导幼儿利用资源"学习"起来。① 只要充分利用课程资源,就能产生活动,让幼儿在资源中"学习"、在资源中"行动"。

幼儿的学习是主动探索周围客观世界的过程,而经验就产生于幼儿与外部世界的相互作用中。教师只有支持幼儿利用资源去"做事",在活动中才能将课程资源转化为幼儿的经验。活动会给幼儿带来挑战,带来相应的学习与发展。我们需要理解儿童经验建构的脉络,在多样化的学习活动中帮助他们实现经验的层层递进、深化和拓展。② 因此,面对课程资源,教师要尽可能与幼儿一起商量,鼓励幼儿参与计划"这个资源可以做什么? 可以怎么玩? 我想怎么做?"对幼儿有意义和有价值的经验就蕴含在这些问题和他们的探索过程中。在田野课程的理念下,对待身边的各种课程资源,首先,教师要坚定地与幼儿站在一起,成为他们研究、探索资源道路上的伙伴,当教师的视线和幼儿的视线汇聚,就能看到资源的价值,也能发现学习的"现场";其次,在"现场"活动中和幼儿一起"行动",珍视探索资源过程中的每一次讨论与实践,就能不断积累经验;再次,在活动后及时反思,与其他教师共同讨论,厘清思路,指导幼儿下一步的探究,以实现经验的生长。

**(二)资源、活动与经验**

要让幼儿利用课程资源进行学习,将所学知识最终转化为经验,需要通过适宜的活动给予落实。我们认为资源、活动与经验三者之间的关系是:从资源出发,结合幼儿兴趣和已有经验产生活动,形成新的经验。从资源引发活动,由活动形成经验,让经验体现发展。

落实"课程资源—幼儿活动—幼儿经验"路径的方法为:梳理资源,生成活动,支持幼儿行动;利用资源,推动活动,引发经验获得;再现资源,回顾活动,积累幼儿经验。我们知道资源在幼儿的生活里,经验在幼儿的活动中。教师通过梳理幼儿生活中具有生命气息的各类课程资源,让幼儿置身其中,与资源充分互动,生成各类活动;将幼儿的生活与学习融合渗透,把握幼儿重

---

① 虞永平,张斌.从课程资源到儿童经验丛书[M].南京:南京师范大学出版社,2020.
② 宋奕婷."从课程资源到儿童经验"的认识与实践[J].好家长,2021(5).

要成长节点,让不同类型的课程资源相互补充。教师通过挖掘资源中幼儿感兴趣的内容,帮助幼儿在解决具体问题的过程中,通过观察、探究、表征不断建构有益经验,积累学习方法,体验积极的情感,实现从资源到经验的转化。

将课程资源转化为幼儿经验的主要策略是体现在活动过程中的。首先,教师需要在活动中激发幼儿的主动性。陈鹤琴说过:"但凡是孩子自己能做的事情,就让他自己做。"幼儿要想做事,去做事,边做边反思,再做事,再反思,经历这一段过程,幼儿获得了满足,获得了知识,课程资源才能转化为幼儿的经验。其次,教师应在幼儿需要时给予支持和引导。维果茨基指出,"儿童的发展,特别是高级心理机能的发展,是通过与成人或同伴的社会交往实现的"。幼儿将课程资源转化为经验的过程,需要教师的支持与引导。面对课程资源,教师要"心中有数",将资源放在课程的背景下,有目的、有计划地预设活动网络,同时也要根据幼儿的实际行动,支持幼儿生成活动,帮助幼儿形成经验的生长。再次,教师要心中有《指南》,贯彻落实《指南》的学习与发展目标,这是课程资源转化为幼儿经验的保证。教师熟练掌握《指南》后,才能觉察出资源可以为幼儿带来哪些发展,从而为幼儿提供有效的支持和引导,同时提升自己的专业水平,不断增强将资源转化为经验的能力。

**案例:幼儿园里的堆肥箱**

一天,大班小朋友在种植园地散步,发现了一个奇怪的桶。孩子们七嘴八舌地议论着:"它很像垃圾桶哎,但不是垃圾桶""多了一些开关"……他们对这个桶充满好奇,当得知这是一个可以让小朋友自己制作肥料的堆肥箱后,孩子们兴奋地喊道:"我们可以自己做肥料啦!"孩子们立刻行动起来。

首先,孩子们要知道这个大大的箱子该如何使用。他们找来了使用说明书,会看说明书也是一个很重要的本领呢!在资源教师朱老师的帮助下,孩子们一边看图,一边匹配堆肥箱上的相应部位。朱老师还现场给孩子们介绍了堆肥箱的使用方法及堆肥箱外圆形温度计的作用。看懂了之后,孩子们又再次进行了讨论,准备收集

图5-7　幼儿向堆肥箱倒入果皮

一些厨余垃圾——生活中最易得到的果皮,因为小朋友每天吃水果时都会产生果皮。于是孩子们分头行动,准备在全园收集果皮。他们分工合作:有的负责制作宣传画,有的负责到各班宣传,有的负责制订计划,后来大家还轮流去收集果皮并放入堆肥箱制肥。制肥经历了漫长的过程,但是孩子们能够坚持关注并耐心等待,每天都会去观察堆肥箱的温度计指针有没有变化。两个月后,当打开底部小门,出现黑色的肥料时,他们激动地欢呼:"成功啦! 成功啦!"

他们看到了果皮神奇地变成了肥料:有点黑,有点软。他们开心地将肥料倒在自己种植的植物根部,激动地说:"我的芋头宝宝一定可以长得很高、很大!"

果皮是怎么变成肥料的呢? 没有堆肥箱能制作肥料吗? 通过调查,孩子们了解到,生活中其实还有很多智慧的方法可以制作肥料呢。于是他们开始了新的尝试,找来了适合的材料:蔬菜、水果皮、叶子……一个个别具特色的堆肥箱出现啦!

图 5-8　幼儿取肥　　　　图 5-9　树叶堆肥　　　　图 5-10　菜叶堆肥

在田野课程的发展过程中,班级教师普遍具备了良好的课程开发意识、资源意识及经验意识,能敏锐地发现课程资源的价值,也能及时把握幼儿对资源产生的兴趣,利用新资源引发新活动,产生新经验。

堆肥箱激发了幼儿制造肥料的兴趣。为了实现自己的想法,他们研究了解制肥的方法,收集各种果皮,尝试制作肥料。在这个过程中,幼儿与堆肥箱、同伴、资源教师产生互动,在计划、行动、交流、自主探究中获得经验:了解堆肥箱的基本结构及功能,体验制肥的有趣过程,感受科技给生活带来的帮助;在活动中愿意出主意,想办法,并努力行动;与他人分工合作,大胆探究并解决问题;了解生活与环境的关系,知道要保护环境……

在利用资源开展的活动中,教师不但要擅于抓住身边的各类资源,还要敏锐而专业地"制造"幼儿学习的挑战,创设问题情境,引起幼儿的经验冲突,激发幼儿的学习动机。教师要通过支持幼儿拿资源"做事",让幼儿"行动",将课程资源转化为幼儿经验。

幼儿园课程资源的利用不是对生活的简单复制,它永远呼唤着超越生活发展诉求。① 田野课程是生活化的,教育的使命使得课程资源应依据幼儿需求不断变换,教师需要发现这些同质异态的资源的丰富价值,从而帮助幼儿在直接经验的基础上生成更加上位、升华的心理品质。

---

① 虞永平,张斌.幼儿园课程资源丛书[M].南京:南京师范大学出版社,2014.

# 第六章　田野课程实施

　　课程实施是将课程内容和课程目标转化为行动的过程,是实现课程目标的具体实践。田野课程实施在"现场、行动、生长"的田野课程理念指导下,在充分了解幼儿发展水平、学习特点、兴趣需要等各方面的基础上,合理利用各种课程资源,针对不同的内容与目标选择适宜的实施途径。在课程实施过程中,教师通过对幼儿活动情况的观察,思考活动的有效性,并根据现实情况与需要,对活动进行灵活调整,以促成目标的达成与幼儿经验的获得。

　　田野课程实施包含了诸多因素之间的相互协调、配合与支持,是一个复杂动态的过程。

## 一、课程实施理念

　　从"真实、参与、现场、开阔、清新"到"现场、行动、生长",田野课程的实践者们在实践中不断地学习、思考、总结,推动课程理念的更新。田野课程的理念是关注幼儿在鲜活、生动的现场中,以多样化的行动方式进行学习,支持幼儿、教师、课程在动态发展过程中实现持续生长。

　　在田野课程理念指导下,课程实施要求教师从课程目标出发,既关注幼儿个体,也关注幼儿所处的群体、家庭、社区;既关注幼儿生活的自然环境,也关注幼儿所处的社会环境与文化环境;既关注幼儿当前的生活、经验、兴趣、需要,也关注幼儿未来的发展与需求。

### (一)课程实施不只是教学

　　田野课程的实施形式主要包括:项目活动、集体教学、区域活动、亲子活动、游戏活动、日常生活。六种实施形式之间相互联系、相互支持、相互补充,为幼儿提供了多样化的学习通道,满足了不同幼儿个体发展的需要;推动了教师多途径、全方位地与幼儿互动,支持了幼儿个性化的学习;推进了幼儿园、家庭、社区全员育人、协同育人,实现了教育资源的高效利用和教育效果的优化。

针对不同的课程内容与目标,教师支持幼儿选择适合自己的方式,通过多种途径获得经验的丰富与完善。教师通常会以一种课程实施形式为主,辅以另外一种或几种形式,满足不同幼儿的学习特点、发展水平与速度;也会在一种形式的基础上,生发出另一种形式,满足幼儿的需求,为他们提供经验的支持。因此,课程实施不只是简单的教学,而是用最符合幼儿需要的、符合课程内容需要的、最佳的达成课程目标的实施形式来完成的。

**(二)课程实施主体不只是教师**

1. 课程实施的主体

田野课程关注全员育人,幼儿园、家庭、社区在幼儿教育中分别承担着不同的角色与责任,发挥着不同的作用。幼儿、教师、家长、幼儿园的其他工作人员、社区人员、各行业的专家等,都是课程实施的主体,他们以不同的身份参与到课程实施中,相互交流、协同配合,发挥教育的合力作用。

2. 不同主体在课程实施中的作用、地位

教师在课程实施中起着极其重要的作用,教师对课程方案的理解及参与课程实施的主动性与积极性,将直接影响课程实施的效果。任何课程方案的实施都离不开教师的理解、参与、调整与转化,只有教师充分理解、积极参与、灵活调整,课程方案才能得以有效落实,实现从文本到实践的转化。

幼儿是课程实施的重要参与者,所有的课程实施最终都是指向幼儿,指向幼儿的经验获得。幼儿的兴趣、经验、行为、想法、意见等将直接影响课程实施的形式、时间、地点、进程及其他。有时,幼儿作为某项活动的发起者,在教师的支持和帮助下开展课程实施。

家长作为幼儿最重要的养育者,有责任、有义务参与到幼儿园的教育中来,实现家园双向互动,在课程实施中发挥其不可替代的作用。同时,家长作为幼儿教育的共同参与者,能够完善课程实施的资源系统,发挥教育的合力作用,促进课程目标的实现。

幼儿园的其他工作人员包括园长和其他岗位工作人员。园长对课程实施进行全面管理,统筹规划全园课程实施;制定课程实施的制度,如给予教师自主决策的权利和弹性实施的时间;为课程实施提供精神与物质上的支持,通过各种方式激发、调动教师进行课程实施的积极性，为课程实施提供设备、材料、时间、空间等方面的支持，为课程实施提供专业的指导，组织课程审议、研讨，解决教师在课程实施中遇到的问题。幼儿园的其他工作人员，在课程需要时也会一同参与到课程实施中来。如在"健康的身体"主题活动中，保健老师是重要的课程实施参与者；在烹饪活动中，厨房老师则是重要的课程实施参与者。基于活动内容的需要，班级教师会提前和相关的工作人员商量、讨论，建议与指导他们参与课程实施。

社区人员、行业专家是幼儿园课程的重要资源，他们和幼儿园的其他工作人员一样，在需要时参与到课程实施中来。

**（三）打破时空的界限**

课程理念的提升让课程实施形式更加符合幼儿的发展，主体的多元化，也带来了课程实施时间和场域的变化。在田野课程实施中，活动时间不是固定不变的，教师可以根据幼儿的活动状态和活动的实际需要弹性安排、灵活调整。一个主题活动根据其内容可以开展一两个星期、一两个月甚至更长时间，而当幼儿在某一个活动中投入地研究、解决问题时，教师会在进行价值判断后调整其他的活动，以支持幼儿当下活动的继续开展。

"大自然、大社会是活教材"，田野里、马路上、博物馆中、城墙边蕴含了无数的课程资源，课程方案涉及了幼儿生活的方方面面，课程实施打破了传统的时空界限。我们带着幼儿走进自然，走进社会：在博物馆里，在明城墙边，与古人对话；在菜场、超市里，体验真实的买卖；在公园、田野里，感受人与自然的和谐。只要是蕴含发展意义的空间，都可以成为课程实施的选择对象。

**二、项目活动的开展**

项目活动是田野课程的重要实施方式。项目活动为幼儿提供了多种探索、操作、表现、表达的机会，支持幼儿围绕一个核心话题，提出自己的想法，进行持续、深入的探究。

项目活动通常以小组的方式进行，幼儿与同伴进行分工、合作、交流、规划，在探究中思考、争论、协商、表现、表达，经历失败与调整，体验主动学习、同伴合作学习的乐趣和成功的喜悦。而当个别幼儿对某项活动特别感兴趣时，教师也会同样关注他的需求、问题，判断其价值，给予有针对性的、符合该幼儿需要的支持，给予其在集体中表达、求助、分享的机会。

### （一）项目活动的产生

幼儿的兴趣、需要是项目活动产生的前提。在幼儿的各项活动和日常生活中，教师要善于创造机会、抓住契机、理性思考，发现幼儿感兴趣的事物中隐含的发展价值，促进项目活动的产生。

例如，在班级语言区里有一套儿童版《西游记》非常受幼儿喜爱，幼儿因阅读《西游记》自发产生了表演的兴趣，教师鼓励幼儿在表演区进行表演，却发现随着幼儿表演热情的高涨，无论是空间、表演时间，还是人员数量和表演道具等都不能满足幼儿的表演需求，且大部分幼儿主要还是在运用自己的原有经验进行表演。于是教师和幼儿

图6-1　区域里的《西游记》绘本

进行交流，进一步了解幼儿的想法，在此基础上生成了项目活动"真假美猴王"。

这是一个由区域活动生成的项目活动，教师因关注到现有的区域活动不能满足幼儿的需求，而项目活动无论是在表演时间、空间，还是表演道具、表演技巧等方面均更能满足幼儿的表演需求和发展需要，支持幼儿获得新的经验。于是，教师抓住契机，支持幼儿生成了项目活动"真假美猴王"。

当然，一方面，教师除了要善于发现幼儿的真实需要和感兴趣的事物中隐含的教育价值，对适合进行持续探究、能够促进幼儿经验发展的兴趣与问题加以引导，支持幼儿以项目活动的形式开展活动；另一方面，也要以敏锐的眼光、经验的意识关注幼儿的生活，创设机会让幼儿多接触自然、社会，与不同的人、事、物互动交流，引导幼儿发现、表达，激发幼儿广泛的兴趣与好奇心。

1. 项目活动的来源

项目活动的来源有很多，幼儿在园的各类活动，如主题活动、区域活动、游戏活动等，以及与幼儿相关的日常生活都有可能成为项目活动的来源。

项目活动是田野主题活动实施的重要途径之一。在主题背景下，幼儿可

以对主题中感兴趣的问题以项目活动的形式进行持续、深入的探究。此类项目活动通常会结合主题中的其他活动形式,如集体教学活动、区域活动、游戏活动等联合开展。

在来源于田野主题活动的项目活动"你好,小蚂蚁"中,幼儿对小蚂蚁有了初步的认识与了解,并与之建立了一定的情感。一天,幼儿在户外发现了一只受伤的小蚂蚁,他们决定将受伤的小蚂蚁带回教室,说要给小蚂蚁造一个家,让孵化出的蚂蚁宝宝来照顾受伤的小蚂蚁。在此主题背景下,项目活动"蚂蚁的家"产生了。

有时候,区域活动、游戏活动、日常生活中幼儿感兴趣的事物、话题、事件等,都可以成为项目活动的来源。

来源于区域活动的项目活动:树枝作为一种开放性的材料,在班级区域中得到了广泛的应用。幼儿用树枝进行各种创意拼摆、搭建,目前小型搭建已经不能满足孩子的需求了。一天,两名幼儿提出想搭一辆可以坐进去的超大汽车。这样的汽车会是什么样子的呢?需要什么材料?怎么搭?两名幼儿的想法吸引了一帮孩子的兴趣,孩子们开始进行规划、设计,一个原本在区域进行的拼搭活动演变成了一个持续两个多月、汽车类型不断改变、场景不断丰富的项目活动"一辆宝马车的诞生"。

来源于游戏活动的项目活动:幼儿园里有一片小山坡,男孩们喜欢在那儿上上下下追逐嬉戏,还会捡起地上的树枝当作枪支玩打仗游戏。"老师,我爸爸是解放军,我也是解放军。"也许每个男孩心中都装着一个军人梦,不如来做一回真正的解放军吧。在了解孩子兴趣和已有经验的基础上,在解放军爸爸的大力支持下,一场由幼儿的自发游戏产生的"小小解放军"项目活动如火如荼地展开了。

来源于节日活动的项目活动:新年快要来了,我们可以怎样庆祝新年呢?有孩子说:"我们来一次新年长跑吧!"这个建议得到了大多数孩子的赞同。可是在哪里跑,路线如何规划,需要做哪些准备,这些都是需要幼儿自己去思考的。于是一场由孩子们的日常生活生发的项目活动"新年长跑"开始了。

来源于生活活动的项目活动:幼儿园里安装了新的洗手池,幼儿很喜欢,同时,幼儿在洗手时也发现新的洗手池前方没有镜子,且水溅到外面容易导致洗手池很脏。幼儿开始讨论如何让新的洗手池用起来更方便,同时更易清洁。教师抓住了幼儿这一关注点,并对其做出价值判断,在此基础上生成了项目活动"新的洗手池"。

来源于幼儿园重大事件的项目活动:幼儿园里的旧滑梯拆走了,我们即将安装一套新滑梯作为新年礼物送给孩子们。新滑梯会是什么样的呢? 新滑梯怎么来到幼儿园,怎么安装? 孩子们可以做些什么呢? 教师捕捉到其中隐含的价值,和幼儿共同生成了项目活动"超棒的新年礼物——大滑梯"。

来源于社会热点事件的项目活动:神舟十三号载人飞船成功发射是全国人民关注的大事,教师也带着孩子们观看了这一令人激动的直播。孩子们一起倒数着"五,四,三,二,一,发射",整个教室都沸腾了。接下来的几天,孩子们聊天时都离不开这个话题,而且特别喜欢倒数。基于幼儿的兴趣,"星辰大海"项目活动应运而生。

表 6-1 呈现了部分不同来源的项目活动。

表 6-1　不同来源的项目活动

| 项目活动来源 | 项目活动名称 | | |
| --- | --- | --- | --- |
| | 小班 | 中班 | 大班 |
| 主题活动 | 一群小鱼游进来 | 蚂蚁的家 | 一起踢球吧 |
| | 我们的幼儿园 | 球球游乐场 | 探秘小竹林 |
| | | 蚂蚁的地下世界 | 郑和宝船 |
| | | 郑和公园 | 健康的身体 |
| | | 蜗牛的家 | 运动会 |
| | | 地铁 | 长江大桥 |
| | | 消防车 | 我是小戏迷 |
| | | 夫子庙 | 博物馆 |
| | | 蝌蚪的家 | 石拱桥 |
| | | 梦想花田 | 我们爱运动 |
| | | 桂花树生病了 | 西游记 |
| | | 清理小池塘 | 树叶博物馆 |
| | | 我们的度假村 | 春天诗歌会 |

| 项目活动来源 | 项目活动名称 | | |
|---|---|---|---|
| | 小班 | 中班 | 大班 |
| 主题活动 | | | 庆丰收 |
| | | | 纸张博物馆 |
| | | | 太空探秘 |
| 游戏活动 | 有趣的管子 | 小小解放军 | 一场足球赛 |
| | | 有趣的影子 | |
| 区域活动 | 蝴蝶，如此耐心 | 一辆宝马车的诞生 | 南京的明城墙 |
| | 建构小花坛 | | 真假美猴王 |
| 日常生活 | 有趣的菖蒲 | 我们的运动会 | 超棒的新年礼物——大滑梯 |
| | 幼儿园的小池塘 | 逃家小兔 | 新滑梯的路线图 |
| | | 香泡树 | 星辰大海 |
| | | 桂花树生病了 | 保护甘蔗地 |
| | | 鸭鸭特别行动队 | 神奇的蘑菇 |
| | | 清理小池塘 | 齐老师结婚啦 |
| | | 小蜗牛的家 | 和甘蔗一起长大 |
| | | 小石桥的故事 | 长江大桥 |
| | | 冬日温暖行动 | 新年长跑 |
| | | | 我们的城市 |
| | | | 多彩的城市 |
| | | | 借用小菜地 |
| 其他活动 | | 乐趣端午节 | 爱心树 |
| | | | 中秋诗词大会 |
| | | | 亲子运动会 |

2. 项目活动选择的依据

教师永远也无法确定哪些项目活动一定会取得成功。有些教师预期幼儿会很感兴趣的内容却无法吸引幼儿,而有些教师以为幼儿可能不会感兴趣的内容,却有很好的发展。因此,幼儿的兴趣是项目活动选择的前提和重点,但要注意的是,并非幼儿所有的兴趣都值得他们花费时间和精力,以项目活动的形式开展。教师在衡量一项内容是否适合以项目活动的形式进行时,一般来说,可以对照以下几点进行思考与判断。

其一,活动是否包含了对幼儿有益的新经验,且新经验能与幼儿的原有经验产生关联,活动的过程中幼儿能否运用自己的原有经验解决问题,获得新经验。

教师在选择项目活动时,应分析该项目活动可能包含了哪些对幼儿有益的经验,这些经验中哪些是幼儿已经具备的,哪些是幼儿通过该项目活动可以获得的,新旧经验间可以怎样建立联结。如果教师能充分思考幼儿已经具备的知识、概念、技能,鼓励幼儿运用符合他们年龄的技能或技术呈现他们的所知所学,项目活动会变得十分丰富。如果幼儿可以利用他们的经验,通过建构、绘画、表演等来呈现他们的想法,创造大型的、可以玩的物品等,将会对幼儿的持续探究有很大的激励作用。

其二,活动是否有支持幼儿持续探究的空间,能让幼儿在最大限度地脱离成人协助时也可以自主进行探究。探究的过程能否帮助幼儿更精确、更充分地了解自身的经验及环境。

项目活动中幼儿新经验的获得来源于幼儿不断面对新的挑战,解决新的问题。当项目活动蕴含了持续探究的空间,幼儿能利用自己原有经验,通过与同伴合作,在适宜的支持下,解决新问题,幼儿自主探究的积极性和有效性将大大提高。相反,如果幼儿的探究更多依赖成人经验,幼儿容易处于被动、消极状态,通常不太容易投入到探究工作之中。

其三,活动的开展是否有可以利用的物质资源、环境资源、人力资源等,在幼儿需要时能给予幼儿适宜的支持。

当项目活动的内容比较具体,幼儿可以调动自己的已有经验,教师能将充分的第一手材料、具体实物提供给幼儿操作,或项目活动中有便利的参观场所支持幼儿在项目活动进行中重复参观,或开展项目活动时,有专业人士、家长参与,这样的项目活动就很有可能成功。

幼儿饲养了鸭宝宝一段时间之后,随着鸭宝宝渐渐长大,幼儿决定给鸭宝宝造一个大房子。幼儿和鸭宝宝建立了深厚的情感,对鸭宝宝的生活习性和如何照料鸭宝宝也积累了一定的经验,加上幼儿有用积木进行建构的经验,有原先鸭宝宝住的小房子做参考,以及有专门搞房屋设计的幼儿家长的积极支持,幼儿积极投入到给鸭宝宝造新家的项目活动中。

其四,活动能否给幼儿提供大量与环境、材料及各种人员充分互动的机会。

幼儿在与环境、材料和各种人员的充分互动中不断地发现问题,寻找解决问题的办法,了解材料的特性、人与环境的关系,学习与他人合作、协商,学习等待、坚持。当活动能为幼儿提供充分的与环境、材料、人员互动的机会时,幼儿就有机会获得上述经验。

在"我是小戏迷"项目活动中,幼儿参观京剧博物馆,和爸爸妈妈一起去剧院听戏,去戏曲学校看大哥哥、大姐姐练武功,向专业的戏曲老师学习,和同伴一起编排戏曲,准备舞台服装道具,筹划演出需要做的一切准备。这样的项目活动给了幼儿与环境、材料和各种人员充分互动的机会,支持了项目活动的深入开展和幼儿的深度学习。

## (二)项目活动的启动

项目活动的启动代表着项目活动的正式开始。为了项目活动的顺利开展,在项目活动的启动阶段,幼儿需要在一起围绕项目活动的话题进行初期的经验分享,使得更多幼儿对即将开展的项目活动有更多的了解。在此基础上,幼儿根据自己的兴趣自主选择不同的项目小组,和小组成员一起进行初期规划,收集、准备活动材料,寻找空间场所等。

### 1. 分享初期经验

项目活动通常由部分幼儿提出,其他幼儿因同样感兴趣而选择参与。由于每个幼儿的性格特点、兴趣爱好、原有经验各不相同,因此,在项目活动正式开始之前,通过集体讨论与分享、材料的投放、相关知识经验的回顾等方式,帮助幼儿建立更多关于该项目的经验基础,这对于幼儿确定是否加入该项目活动、加入哪个项目小组有很大的帮助。

如"一起踢球吧"项目活动,该活动由几个对足球非常感兴趣的男孩提出。但是在这个项目活动中,孩子们除了踢球,还可以做些什么呢?不喜欢或不擅长踢球的孩子是不是就不能参加这个项目活动呢？通过前期的集体分享和观看视频，孩子们了解到原来一场足球赛中，除了有踢球的球员，还有啦啦队、裁判员、记分员、解说员，大家还要做宣传、准备服装、队徽等，有了这些经验，幼儿选择的空间就会更大，目标更明确。

2. 形成项目小组

项目活动通常以小组形式开展，依据活动内容，形成不同的项目小组。在项目活动产生初期，师幼围绕项目活动可能的开展线索，幼儿可能遇到的问题、需要，可以利用的资源，共同讨论、规划，在此基础上幼儿根据自己的兴趣，自主选择不同的项目小组。

在"齐老师结婚啦"项目活动中，幼儿了解到齐老师想要一场中式婚礼。于是他们通过参观民俗博物馆、查阅相关书籍和网络资料、询问爸爸妈妈等方式对中式婚礼有了初步的了解，知道了中式婚礼的环节和需要的物品。在此基础上，他们讨论齐老师举办的婚礼包括哪些环节、哪些材料，并确定了"婚床""轿子""马"三个项目小组。幼儿根据各自喜好选择了不同的项目小组。这时芃芃提出他不想加入这三个小组，他觉得这三个小组的工作难度都比较大，他想要多一个做"喜烛"的小组，芃芃的建议得到了朵朵、左左、小白的赞同，于是这四个孩子又成立了一个"喜烛"项目小组。

项目小组成员的构成对项目活动的开展有着重要的影响。幼儿因性格特点、性别特征、能力发展、兴趣爱好和原有经验的不同，在项目活动中会呈现出很大的差异性，因此，项目小组的形成以幼儿自主选择为主，教师在综合考虑各方面因素、尊重幼儿个人意愿的基础上，可以对小组成员进行适当调整。一般来说，一个小组里出现一到两个核心人物带领小组成员进行活动更有利于活动的开展。在活动开展过程中，要允许幼儿调换、退出或加入不同的项目小组，教师也可以根据实际活动的情况，在征求幼儿意见的基础上，对小组成员进行适当的调整。

在"一起踢球吧"项目活动中，幼儿分成了足球队（红队、蓝队）、啦啦操队和宣传队三个项目小组。苗苗、小宝、嘉霖都是红队的队员，教师观察后发现这四个孩子个性都比较强，在活动中常常为谁当队长、谁当守门员、谁发球发生争执，而蓝队的队员则普遍性格比较温和，于是教师在和孩子们商量之后将队员进行了调整,小宝主动申请调到了蓝队,红队的冲突减少了,蓝队队员在小宝的带领下,活跃度也提高了。而星榕一开始因为喜欢啦啦操队的闪亮的服装而选择了啦啦操队,可是过了一段时间之后,她发现自己更喜欢踢足球,刚好有时候足球队会因个别队员生病缺席导致两队队员人数不均衡,于是星榕就申请退出啦啦操队,加入了足球队。

在田野课程的项目活动中,不仅有同班幼儿参与的项目活动,有时因幼儿共同的兴趣、幼儿经验互补的需要、活动的复杂程度等,不同班级、不同年龄段的幼儿会加入同一个项目活动。在进行项目活动小组划分的时候,不仅要考虑上述的一些因素,还要考虑不同班级、幼儿年龄等因素,从而促进幼儿交往机会的丰富和经验的互补。

3. 进行初期规划

当幼儿真正开始项目活动时,通常小组成员首先要集中在一起对本小组即将开展的工作进行讨论、规划,以保证活动的有序开展。针对不同的活动内容,幼儿所做的初期规划也各不相同,通常包含调查、参访、查找资料、确定需要做的工作、需要准备的材料、人员的分工等。

在"南京的明城墙"项目活动中,"城墙搭建"组的孩子们首先聚在一起对他们的工作进行了规划:第一步,先去实地参观考察明城墙;第二步,设计即将要搭建的明城墙的图纸;第三步,根据图纸制定搭建方案,收集、准备工具、材料等。

4. 收集准备材料、规划活动场所

材料是项目活动中必不可少的因素,对项目活动的顺利开展起着非常重要的作用。材料的获得有两个途径:一个是幼儿园原有的储备,如纸盒、木棒、布片、各种罐子等废旧材料,树枝、树皮、木片等自然材料,音乐、图片、视频、书籍等材料,以及各种纸张、胶带等工具性材料;另一个就是针对即将开展的项目活动有针对性地收集的各种材料,如相关的书籍、图片、模型、资料等。材料的收集不应仅仅局限于项目活动的启动阶段,而是要依据活动的实际进展与需要贯穿于项目活动的全过程之中。教师要善于发动幼儿和家长共同参与到材料的收集中来。

项目活动的开展需要一定的空间场所,尤其是涉及一些大型制作活动、表演活动等,会需要较大的活动空间,有时还会需要用到室外空间、幼儿园公共空间。项目活动通常需要持续数周甚至数月,要尽量保证在这段时间内幼儿的活动现场不频繁移动且不影响幼儿的其他日常活动,这就需要在活动初期师幼共同选择并确定适宜的场所。当活动场所定在本班教室,师幼通常会共同对班级原有格局进行调整;当活动涉及其他班级或幼儿园公共空间时,师幼需要和相关人员进行沟通、协调,获得活动的空间。

**(三) 项目活动的推进**

项目活动的推进是指在项目活动开展过程中幼儿围绕核心话题进行持续、深入的探究,推动项目活动不断向前发展。项目活动的推进离不开成人尤其是教师的支持。通过聚焦活动中问题的解决过程,对活动的过程,活动中的问题、发现、感受等进行记录、分析、分享,师幼共同推动项目活动持续向前发展。

1. 聚焦活动中的问题解决

在项目活动中,因幼儿能力和发展水平的限制及各种因素的影响,项目活动在开展过程中不可避免地会遇到各种问题。这些问题会导致活动停滞不前、无意义重复或幼儿失去兴趣等。这就需要教师通过观察、倾听,对问题进行思考与判断,了解幼儿已经达到什么程度,哪些方面还需要提供进一步支持,从而发挥支架作用,推进项目活动持续开展。

项目活动在推进过程中,通常会遇到以下一些问题影响其进展。

① 幼儿原有的知识、经验不足以支持活动的持续开展。

② 现有的材料和工具不能满足幼儿的需要。

③ 空间、时间分配不合理,影响了活动的顺利开展。

④ 项目小组人员分工不合理,合作不融洽,幼儿间交流沟通不顺畅。

⑤ 实际工作情况或效果未达到幼儿预期,幼儿积极性受到打击。

针对各种不同的问题,教师会采用不同的策略给予幼儿积极的回应,支持项目活动的推进。有些问题需要教师交给幼儿自己去解决;有些问题需要教师间接地进行引导、支持;有些问题则需要教师及时介入进行调整或直接指导。具体表现为以下几点。

① 引导幼儿进行交流、讨论,帮助幼儿聚焦核心问题,达成一致观点。

② 鼓励幼儿通过查阅资料、实地考察、调查采访等,丰富相关知识、经验。

③ 引进家长、专家等资源加入幼儿的活动,为幼儿活动提供知识、经验、技能、情感等支持。

④ 根据活动需要调整、丰富活动材料和工具,引导幼儿与材料充分互动、学习正确使用工具。

⑤ 针对幼儿操作中的某些问题进行直接示范、指导,或用实物实例进行说明,帮助幼儿获得直观感受与理解。

⑥ 调整活动时间、空间,给予活动适宜、充足的时间、空间。

⑦ 调整人员安排,教给幼儿必要的交流与合作技巧,促进幼儿间的分工与合作。

⑧ 通过鼓励、赞赏、信任、激励等给予幼儿情感上的支持,增强幼儿完成工作的动机。

在"真假美猴王"项目活动中,一开始孩子们想借用语言区的那套图书作为剧本,尝试的过程中他们发现故事情节太过丰富,表演难度很大。于是,他们决定参照绘本创作剧本。可是持续两天的剧本创作,孩子们仅仅画出了故事中的一些角色,情节顺序、台词、空间站位、动作等问题都没有解决。这时候,教师播放了 1998 年版的动画片,和孩子们一起观赏。每当更换场景和角色的时候,教师就会停下来,和孩子们总结讨论这段有哪些人物,发生了什么事情。教师通过和孩子们一起描述和提炼,最后整理出了十九幕故事梗概。结合前期的记录经验,孩子们用图加文的方式创作出了属于自己的剧本。十九幕戏加上封面,全部由孩子们创作完成,生动又形象。

图 6-2　第八幕剧本

第八幕:
假悟空休息(躺在酒泉旁)、偷看(躲到旁边的草丛里)
八戒(连喝了两大碗酒泉的水)
八戒:师父啊,师父啊,你也太认真了!那猴头说没杀人,你又没看见,也就算了。猴头一走,我看这西天怎么去。这嘴不饶人的猴头,走了也好,我看早点散伙算了。本来嘛,为几本经跑那么远的路,我看是吃饱撑得。
八戒(端着水转身往回走)
假悟空(扔小石头)
八戒(摔倒、睡觉)

第九幕：

唐僧一直没等到八戒回来。

唐僧：八戒去了这么久，怎么还不回来啊？

沙僧：师父，你在这等着，我这就去找他。

假悟空（双手捧着水果，面对唐僧）：师父，俺老孙不在，你可感到寂寞呀！

唐僧：你还回来干吗？

假悟空：给你送吃的呀！

唐僧：你别老缠着我，我不吃你的东西。快给我走开！

假悟空（砸掉手里的水果，一拳打倒唐僧）：我要让你知道，俺老孙不是好欺负的。

白龙马（抬起前蹄踢假悟空）

假悟空（踢白龙马、得意地笑，拿起唐僧的包裹下场）

图 6-3　第九幕剧本

在这个项目活动中，教师针对幼儿创作剧本的困难，挑选了合适的动画片给幼儿欣赏，帮助幼儿建立直观经验；同时和幼儿共同讨论，利用集体智慧丰富剧本内容，最终诞生了完全由幼儿自主创作的剧本，使得项目活动得以持续推进。

下面将通过表 6-2 呈现更多影响项目活动推进的具体问题与情境，以及教师提供的支持。

表 6-2　项目活动推进中的问题与情境及教师支持

| 项目活动名称 | 问题与情境 | 问题与情境分析 | 教师支持 |
|---|---|---|---|
| 探秘小竹林 | 幼儿想要锯出两节一样长的竹子做竹飞机，可是怎么也锯不好。 | 因幼儿不会正确使用工具（锯子），项目活动停滞不前。 | 直接指导、示范，演示锯子的使用方法。 |
| 超棒的新年礼物——大滑梯 | 幼儿用两根尺子接起来测量每一块场地的尺寸，将麻绳剪成一截一截的，速度非常慢，幼儿有点没耐心了。 | 幼儿没有想到量好一块场地后可以用麻绳"比一比"，确定其他场地的尺寸。但是实际上幼儿是有相关经验的，只是不会迁移。 | 语言提示："想想当初做床是怎样确定四根柱子一样高的。"教师引导幼儿进行经验的迁移。 |
| 一起搭管道 | 受传染病影响，大一班被隔离，不能和大二班一起继续工作。 | 因部分幼儿不能正常参加活动，导致工作无法正常进行。 | 提供新的交流方式——线上交流，使得大二班幼儿在了解大一班幼儿的想法后继续开展工作。 |

| 项目活动名称 | 问题与情境 | 问题与情境分析 | 教师支持 |
|---|---|---|---|
| 一起踢球吧 | 幼儿总是进不了球，不免有些泄气。 | 材料问题：球门太小，易守难攻。 | 更换大一些的球门，增加进球机会，提高幼儿兴趣。 |
| 一辆宝马车的诞生 | 用麻绳怎么也无法将三根树枝绑成垂直的角，毛莨绕得又很松，手一松就散了。 | 材料问题：用麻绳和毛莨操作，难度太大。 | 鼓励幼儿寻找新材料，如捆扎带、管子接头等，又方便操作，连接又牢固。 |
| 郑和公园 | 树枝搭建的亭子总是歪歪扭扭的，不牢固。 | 知识经验欠缺：三角形最稳固。 | 引导幼儿了解三角形结构的特征并在建构中加以运用。 |
| 真假美猴王 | 用椅子当作"莲花台"，椅子的椅面面积太小，幼儿在表演过程中身体不能移动。 | 一张椅子的椅面面积小，幼儿盘坐在上面没有转身的空间。 | 结合莲花图片和观看的视频，引导幼儿发现增加椅子的椅面面积，盘坐在上面可以自由转身。 |

2. 关注项目活动中的记录

记录在项目活动持续开展过程中发挥着重要的作用。在项目活动中，教师和幼儿是记录的主体。教师观察幼儿的活动，通过多种方式记录活动的进展、幼儿在活动中的表现，并对此进行分析。记录能帮助教师了解幼儿和活动，在此基础上为幼儿提供适宜的支持，支持活动持续开展，并为评价幼儿的发展、活动的适宜性、活动的价值，反思自己的教育行为积累信息。幼儿作为记录的另一主体，通常通过图片、符号、简单的文字等方式进行记录。活动的规划、过程、收获、问题，以及一切幼儿想要记录下来的东西都可以成为幼儿记录的内容。在需要的时候，教师可以对幼儿的记录进行注释。这种记录可以帮助幼儿明晰自己的任务和目标，发现自己解决的问题和遇到的困难，支持幼儿和同伴将项目进行下去。

图 6-4 幼儿种甘蔗记录

3. 重视项目活动中的分享

项目活动开展过程中,教师和幼儿就活动开展情况、遇到的问题、取得的收获与发现等相互分享,有如下几个方面的作用。

(1) 共享经验

在项目活动开展过程中,不同幼儿或不同小组在进行探究时会遇到一些相似的问题,同伴间的相互分享可以促进幼儿间经验的共享,支持幼儿在同伴经验的基础上进行进一步的探究,或对同伴的经验进行验证,发现相同问题可能有不同的解决方法。

在"和甘蔗一起长大"项目活动中,第一组幼儿在挖沟时发现很难挖出一条直直的沟,而且大家挤在一起不好挖。他们在尝试了多种方法与材料之后,发现用两根麻绳先拉出两条线,再分散开沿着麻绳挖,就能挖出一条直直的沟。第一组幼儿回来和其他幼儿分享了他们的经验。第二组幼儿开始挖沟后没有直接采纳第一组幼儿的经验,而是先采用了他们自己想到的方法,在几种方法都失败后,他们发现确实是第一组的方法最好用。

图 6-5　和同伴分享用麻绳拉线的方法　　图 6-6　用麻绳拉出线辅助挖沟

第一组幼儿的经验分享不仅给第二组幼儿带来了在实践中"检验真理"的机会,也提高了第二组幼儿挖沟的速度,使得他们有更多的时间和精力将沟挖深,进而有了很多新的发现与挑战。

（2）解决问题

在项目活动开展过程中，幼儿会遇到各种各样的问题，有时这些问题无法解决就会影响小组活动的进展，甚至影响幼儿持续探究的热情。幼儿通过将遇到的问题与大家分享，寻求集体的智慧支持，往往能使问题得以解决，活动得以继续。

图6-7　幼儿用支架将船身立起来

在制作郑和宝船的项目活动中，船身组的幼儿在建造船体框架时遇到了一个比较困难的问题：如何将两个侧面立起来呢？幼儿将他们的问题分享给了班上其他幼儿，大家纷纷出谋划策，觉得一定要有个东西将两片船身撑起来，用什么呢？奶粉罐、椅子、纸盒？这些好像都不合适。最后小美说："我家里有帐篷，帐篷的支架能立起来，而且很结实。"第二天小美带来了帐篷的支架，成功让两片船身立起来了。

（3）产生新的兴趣，生成新活动

一些幼儿将他们的发现、问题与其他幼儿进行分享，有可能会引发其他幼儿的兴趣，并在此基础上产生新的活动。

幼儿园里安装了新滑梯，因为之前有中班弟弟在滑梯上感到害怕，不敢滑下来，大一班的几名幼儿提出为大家设计滑梯路线图，这样不同的孩子可以选择不同的路线玩。当那几名幼儿兴致勃勃地带着他们设计的滑梯路线图向几个同伴介绍时，同伴对滑梯路线图提出了种种质疑，他们感到失望、难过。后来他们将这件事和全班幼儿进行了分享，有幼儿提出可以做个滑梯模型，可以用油泥做个滑梯，也可以在长长的纸上画出滑梯的样子，就这样，几个孩子的问题变成全班幼儿的兴趣，并产生了不同的项目小组：立体地图组、油泥地图组、平面地图组。

（4）锻炼能力，满足情感，增强自信心

幼儿将自己的记录和大家分享，带来的不仅仅是促进项目活动的持续开展，对幼儿个体来说，表达能力、在集体面前展现自我的能力都得到了锻炼。

幼儿的分享或得到了大家的认可,或给别人带来了帮助,幼儿的自信心得以增强,自我价值也得以实现。同时,相互之间的分享让幼儿感受到了集体的力量,感受到了同伴间的相互帮助、相互学习,这样的认识必将对幼儿今后的学习与生活带来积极的影响。

### (四) 项目活动的高潮

随着项目活动的一步步推进,通常会迎来项目活动的高潮。因活动内容不同,项目活动的高潮也会各不相同:有的是一项作品展示,如郑和宝船、长江大桥、神舟十三号、我们的博物馆;有的是举办一场活动,如一场表演、一个庆典活动、一场足球赛、一场诗会、一场婚礼;有的是改善或装饰一处环境,如清澈的小池塘、满园的鲜花。

项目活动的高潮部分往往是孩子们最激动的时刻,能给孩子们带来高峰体验,留下深刻的印象。和小伙伴们一起在球场上挥洒汗水,为同伴高呼加油;向观众们骄傲地展示自己所扮演的角色,用精妙的语言和美丽的肢体动作展现出自己对每个角色的理解;看着鱼儿在清澈的池水里畅游,闻着满园的芬芳……孩子们体验坚持与付出带来的成功与喜悦,收获自信,也学会面对,享受被关怀,也懂得感恩……

历时两个多月,"真假美猴王"项目活动进入了高潮,孩子们自己制作参演的儿童剧"真假美猴王"在幼儿园礼堂正式上演了。演出当天,检票、引导找座、维持会场秩序等都由孩子们自己独立、有序地完成。演出中孩子们全心投入、默契配合,将自己最努力、最完美的状态呈现给观众。三十分钟的演出赢得了大、小观

图 6-8 "真假美猴王"剧照

众们持久不断的掌声,中、小班弟弟妹妹们热情而崇拜地给哥哥姐姐献上了鲜花。

鲜花与掌声不仅表明了剧目的演出非常成功,更是对孩子们两个月以来的努力与坚持的肯定与赞赏。这群从零开始的孩子们在进行这个项目的过

程中,体验到了成功时的喜悦,也感受过失败时的落寞。他们能齐心协力、团结一致地解决各种问题,也会有各执己见、互不相让的争执。在这个完整的过程中,他们收获到的不仅仅是掌声和赞扬,更多的是这次经历带给他们的丰富而难忘的、或许会让他们终身受益的经验,还有许多年后回想起来仍然很感触的那份童年的执着。

### (五)项目活动的尾声

随着工作任务的结束,项目活动走向尾声,但这并不代表项目活动的终结。项目活动的作品成为孩子们游戏的材料,成为幼儿园环境的一部分,孩子们常常会去看一看、说一说、玩一玩。活动中的点点滴滴,开心的、难忘的、惊喜的、失落的,都成为孩子们常常谈论的话题,或许哪一天又会成为另一个项目活动的引子。在项目活动中的种种体验与收获更是成了孩子们的一部分,融入了他们的身体,伴随着他们今后的成长。

随着毕业季的来临,孩子们即将离开生活了三年的幼儿园。格格说:"我好想从小班开始再上一次幼儿园啊!"格格的想法得到了很多孩子的回应。三年的幼儿园生活给孩子们留下了无限美好的回忆。我们来想想一起经历了哪些有趣的事情吧。"收柿子,种甘蔗,给齐老师举办婚礼,迎接新滑梯的到来,自主规划毕业季的活动……"一件件有趣的事情从孩子那里脱口而出。这些不都是我们做过的项目活动吗?它们都深深地留在了孩子们的心里。孩子们脱口而出的语言是那么美,编在一起便是一首优美而爱意浓浓的诗。孩子们还给这首诗取了一个好听的名字《我骄傲,我是太幼娃》,并用再现当时项目活动场景的方式在毕业典礼上将这首诗演绎出来,作为送给幼儿园的告别礼物。

孩子们上小学了,可是在幼儿园里种下的甘蔗还没有收获呢。当他们再次回到幼儿园收获甘蔗时,他们自发地开始合作,对收获的甘蔗进行测量、记录,项目活动的精神已深深融入孩子们的内心。孩子们不自觉地又一次念起了《我骄傲,我是太幼娃》。

### (六)项目活动中的师幼关系

师幼关系是影响项目活动开展的重要因素之一。亲密、和谐、富有支持性的师幼关系有利于激发幼儿积极探究的愿望,提高幼儿持续探究的能力,促进师幼双方在互动中相互成就、共同成长。

1. 建立亲密情感

在项目活动开展过程中,师幼之间应建立一种亲密的积极关系:和谐、平等、相互喜欢、相互关爱、相互依赖、相互尊重、相互信任、相互支持。这样的关系会让幼儿和教师感到很舒服、很自在。这既有助于幼儿在心理上产生安全感、对教师的信任感和自信心,又能促使幼儿放心地去探索、实验,对自己的行为充满期待与信心,也有利于教师用欣赏的眼光去看待幼儿和幼儿的活动,进一步了解幼儿,享受和幼儿共同生活的美好时光。

2. 成为合作伙伴

在项目活动中,教师和幼儿为了一个共同的目标,一起参与到项目活动中,成为合作的伙伴。教师真正理解并支持幼儿的活动,对幼儿的活动表现出极大的兴趣与热情并为此真正付出努力。教师在项目活动中既尊重幼儿的兴趣、想法,提供最大的机会与空间让幼儿按照他们的方式行动、自主解决问题、练习社会技能、实现他们的想法;也会在活动遇到困难、幼儿需要帮助时,像好朋友一样和幼儿一起讨论,沟通彼此的想法,积极寻求解决问题的途径。教师在幼儿需要时给予情感、知识、技能、资源等各方面的支持,和幼儿共同将项目活动向前推进。

3. 彼此成就,共同成长

师幼关系是一个持续的过程,从幼儿和教师相遇的那一刻,甚至在相遇之前就已开始,随着教师与幼儿的相处持续发展,这个过程不会一蹴而就,也没有终结一说。在项目活动的开展过程中,师幼之间建立了一种亲密的、相互支持、相互陪伴的积极关系,这样的关系建立在师幼长期和谐相处的基础之上。面对不同的幼儿、不同的项目活动,师幼互动的方式与偏向有所不同,师幼在长期的相处中灵活调整、相互适应,彼此相互成就。

**案例:小班项目活动"蝴蝶,如此耐心"**

春天万物复苏,班级的饲养角也因为热心家长带来的"毛毛虫"变得热闹起来。

"这些毛毛虫是什么样子的呀?"教师加入其中。

"有红点。""有点黑也有点白,就像斑马。""它在爬。""我能摸摸吗? 它们好可爱呀!"话一说完,宁宁伸出小手指轻轻碰了一下毛毛虫。教师站在一旁微笑着看孩子们讨论。

"毛毛虫会变吗?"教师试探性地追问。

"他们会变成大毛毛虫。""不对,它们会变成蝴蝶。""它们会变成美丽的蝴蝶。"……

接下来的几天,孩子们探索观察的兴趣一直在持续。教师决定陪伴孩子们共同见证毛毛虫蜕变成蝴蝶的过程。

### 片段1:半途而废的"毛毛虫"日记

为了方便幼儿观察毛毛虫不同的爬行轨迹,教师将毛毛虫放在了一个摆有叶子和树枝,模拟毛毛虫生活环境的透明箱子里。刚开始的两天,在饲养角观察的小朋友很多,渐渐的,参与的人员越来越少,毛毛虫被冷落在了一旁。为了激发和延续孩子们对毛毛虫的热情,受绘本《蝴蝶的日记》的启发,教师抱着试一试的想法向孩子们介绍了什么叫作"日记",可以怎样记日记,并询问孩子们:"你们愿意帮毛毛虫来记日记吗?""我愿意!""我来记!"显然,"日记"这个新鲜的词语和"记日记"这种有趣的方式引起了幼儿的兴趣。

可是,事情的发展并没有预想的那样美好。有的孩子可以自主或在教师的帮助下将观察到的毛毛虫的状态、特征记录下来,而有的孩子却很难完成。这使得日记的连续性变得困难起来,也让教师再次思考小班孩子在表征、记录方面的发展水平。于是,帮"毛毛虫"记日记的事情被暂时搁置。

### 片段2:成功的"蛹"日记

两周后,毛毛虫陆续开始结蛹,这一周是教师和孩子们最激动的一周,上午还是毛毛虫下午就结成蛹的变化,给教师和孩子们带来了太多的惊喜。孩子们时不时地去看看它们,围着箱子边看边讨论。孩子们发现毛毛虫结的"蛹"的位置各不相同,有的挂在树枝上,有的在箱壁上,有的吊在箱顶的纱上,还有一只在箱底,非常有趣。

可是,当所有的毛毛虫结蛹后,一切又归于平静。毛毛虫从蛹里出来大概要14天,之前的"毛毛虫日记"经验告诉教师,这14天时间,想要孩子们去观察这个静态的蛹,可能比吸引他们去观察毛毛虫还要困难。有了上次孩子单独记录的失败经验,这次教师决定引导幼儿以小组合作的形式来进行"蛹日记"的记录,几个孩子认领一个蛹做朋友,每天一起观察,记录蛹的变化。

经过大家的自主选择,9个蛹都有了各自的小主人。孩子们给自己组的蛹朋友取了不同的名字,约定时间一起来观察并记录。大概十几天过去了,日记纸上出现了很多类似椭圆形的蛹。孩子们会去看自己组的蛹,还会给同来观察的其他孩子介绍哪个蛹是自己组的,它有什么变化。

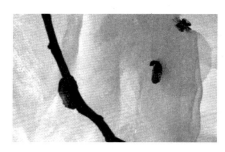

图6-9 毛毛虫结蛹了

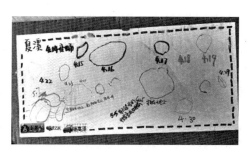

图6-10 幼儿的"蛹日记"

### 片段3:化蛹成蝶,和蝴蝶说再见

又是两周时间过去了,星期一的早上孩子们来园时,惊喜地发现有蝴蝶在箱子里不停地扇动翅膀。孩子们依据前期了解到的信息,知道必须在蝴蝶出生24小时内将其放飞。孩子们和教师商议后,决定为这些蝴蝶举行一次盛大的放飞仪式。

于是,孩子们和教师一起用轻纱做了一个很大的纱屋,在纱屋里摆上各种各样的花,这样可以更好地观察蝴蝶。可是孩子们发现有一只大帛斑蝶出来后一直在花朵上不肯飞走。馨雅轻轻拉开纱屋的轻纱,大帛斑蝶扇了两下翅膀,飞向空中。同一周里,毛毛虫们陆续"化蛹成蝶",回到大自然,孩子们既惊喜又不舍。

图6-11 刚孵化出的大帛斑蝶

### 片段4:从"毛毛虫"到"蝴蝶"的表演游戏

孩子们的蝴蝶朋友飞回大自然了。馨雅说:"我好想我的小蝴蝶呀!"教师说:"那我们一起去小菜地看看吧。也许它们会回到小菜地呢!"正是这个建议开启了孩子们的蝴蝶表演之旅。在小菜地,孩子们真的看到了两只翩翩飞舞的小蝴蝶。馨雅上下挥动着手臂说："老师,你看,我也是一只小蝴蝶。"在接下来的日子里,孩子们用自己的方式演绎着对小蝴蝶的理解与喜爱。柠檬全身贴着地面边爬边说："我还是一只毛毛虫,还没有变成小蝴蝶呢!"喜宝紧紧抱着树干将身体吊在树上"享用"美味的树叶。要下雨了,"小蝴蝶们"都跟着"蝴蝶妈妈"回家了,乐乐却还在执着地做一只挂在树上的"蛹",因为他说他要到明天才能孵化成蝴蝶!就这样,一天又一天,孩子们就像真的小蝴蝶一样,慢慢长大,快乐飞舞,互相学习,收获更多的经验与成长。

图 6-12　柠檬学毛毛虫在地上爬　　　　图 6-13　喜宝挂在树上"吃"树叶

图 6-14　裹在纱里继续孵化的乐乐

这是一个由自然角里的观察活动发展而成的小班项目活动。从鼓励幼儿在区域里进行观察,到调整记录方式引导幼儿持续关注,再到带领幼儿去户外放生,支持幼儿自发的模仿、表演。教师根据幼儿活动情况,灵活调整活动组织形式,以使活动更加适合小班幼儿。同时,在活动过程中,师幼之间积极互动,共同促进活动的开展与幼儿经验的获得。

在项目活动中,教师与幼儿之间建立了一种亲密的关系。面对新出现的事物,孩子们既好奇,想探究,又有点担心与害怕,教师用微笑和亲切的话语鼓励幼儿放心探究。对于幼儿,教师既是活动的支持者、引导者,又是活动中的伙伴。教师以饱满的热情参与到活动当中,和幼儿一样对毛毛虫、蝴蝶充满兴趣和期待,同时根据幼儿的活动情况适时地提出问题或给出建议,给予幼儿策略、材料、情感上的支持,推进项目活动的持续开展。教师陪伴幼儿阅读绘本,观看毛毛虫变蝴蝶的影视资料,去小菜地寻找小蝴蝶,丰富幼儿关于毛毛虫、蝴蝶的经验;和幼儿一起扮演小蝴蝶,用游戏、表演的方式表达、表现对蝴蝶的喜爱与了解。在和幼儿互动的过程中,教师从幼儿的年龄特点和兴趣能力出发,用欣赏、包容的态度观察幼儿,调整步调与方法,使项目活动适应幼儿的能力、兴趣,推动项目活动不断向前发展。

从被冷落的"毛毛虫日记"到充满童趣的"蛹日记",教师思考到底怎样的记录方式才更适合小班幼儿。从和孩子们一起怀着不舍的心情为小蝴蝶举行盛大的放飞仪式,到和孩子们一起变身美丽的蝴蝶,在大自然中自由自在地飞舞,师幼共同体验发自内心的快乐。当其他小蝴蝶都跟着蝴蝶妈妈飞回教室时,有一只裹在纱巾里的"蛹"依然执着地挂在树上,一句"我要到明天才能孵化成蝴蝶"让教师感受到了幼儿的真情投入与经验获得。师幼在积极的互动中相互成就,共获成长。

### 三、集体教学中的学与教

#### (一)集体教学是课程实施的重要形式

田野课程中的集体教学活动是指为达成一定教育目标,以某一具体内容为主要依托,综合考虑幼儿的年龄特点、发展需要和兴趣,借助适宜的教育资源和多样化的教育手段,在某一相对固定的单位时间内,以集体形式在教师引导下组织与开展的教育活动。

集体教学在田野课程实施中不可或缺。学科领域的核心经验、幼儿发展中的真实问题与需要是集体教学活动的主要来源。与其他活动相比,集体教学活动的学习目标和内容更加明确,它是依据幼儿的发展路径和实际需要产生的,旨在帮助幼儿掌握某一方面的核心知识、经验,或解决某一具体问题。

如在小班"我爱红黄蓝"主题活动中,教师以集体活动的形式引导幼儿欣赏大师蒙德里安的作品《红、黄、蓝的构成》,并在区域中进行个性化的表现。这让幼儿在感受自然、生活中的美的同时,也有机会接触、欣赏优秀的艺术作品呈现的艺术美。

集体教学活动对幼儿有着重要的意义。

第一,不同领域有各自不同的学科特点与经验体系。集体教学活动有利于幼儿较为系统地掌握某一领域核心经验,保证幼儿经验获得的连续性;同时可以弥补幼儿在其他活动中出现的某一个或某几个领域经验相对欠缺的问题,保证幼儿不同领域间经验的平衡。

第二,集体教学活动为教师和幼儿提供了相互倾听与回应的机会。在集体活动中,每个幼儿都有机会倾听教师与同伴的讲话,并与教师、同伴进行互动。教师也有机会在一段有限的时间内听到更多幼儿的想法,并即时地给予回应,支持幼儿经验的获得。同时,集体教学活动有利于幼儿直观地进行自我评价或评价他人,也有利于教师及时发现幼儿的学习,直观地对幼儿的学习与发展做出评价,从而反思自己的教学行为,做出调整。

第三,基于幼儿的问题与需要生成的集体教学活动通过教师有目的、有计划、有准备的精心设计与组织,能够帮助幼儿将从生活、游戏中获得的零散经验进行整理、重组和改造,从而超越原有认知,形成新的经验,解决真实问题或激发新的兴趣和探究。

图6-15 幼儿在测量走廊的高度

在"太空探秘"项目活动中,幼儿决定将走廊的高度作为火箭模型的高度。可是走廊有多高呢?幼儿开始测量走廊高度。测量情况如下:①幼儿将标尺贴着墙面竖直摆放。②发现标尺不够长,幼儿拿起桌上的笔,在大家的配合下,一个接着一个往上摆。③发现自己不够高,幼儿将自己坐的椅子一起搬来累加,站到椅子上测量。④依然不能够到顶部时,幼儿拿来一根蓝色长管,终于成功从底部连接到了顶部。

面对幼儿的自主尝试,教师给予了幼

足够的时间和空间,支持幼儿积极探究、合作解决问题,并给予了安全保障。同时,教师也发现了幼儿在使用工具进行测量方面经验的欠缺。而这些经验和能力不仅是当前项目活动需要的,后期工作以及其他活动中也都会需要,而且这方面的问题不只存在于这几个幼儿身上,在该年龄段的幼儿身上亦普遍发生。考虑到这方面的经验是该年龄段的幼儿都可以掌握的,教师对测量高度问题进行了分析和拆分,从长度到高度,测量由易到难,生成了连续三次的集体教学活动。

**活动一:书本有多长(长度测量)**

活动准备:绘本(长与宽都在尺子刻度范围内)、直尺、记录纸、笔。

活动目标:

1. 认识厘米尺,理解尺子上的数字和符号所表示的含义。

2. 尝试用尺子测量绘本的长度和宽度,掌握正确的测量方法,并运用自己的方法记录测量结果。

**活动二:桌子有多长(长度测量)**

活动准备:桌子,直尺,积木、管子等用于测量的非标准工具,记录纸,笔。

活动目标:

1. 自主选择生活中合适的材料测量桌子的长度和宽度,知道要使用工具沿着桌边首尾相接连续测量。

2. 运用直尺测量出每一个测量物的长度并进行累加,在教师协助下算出总长。

图 6-16　幼儿测量桌子的长度

图 6-17　幼儿测量橱柜的高度

**活动三:橱柜有多高(高度测量)**

活动准备:橱柜,直尺,积木、管子等用于测量的非标准工具,记录纸,笔。

活动目标:

1. 探索测量高度的正确方法,知道测量高度时测量材料要与地面垂直。

2. 用合适的方法记录测量结果。

针对幼儿在项目活动中遇到的问题,教师进行分析与思考,基于幼儿需要,生成有关测量的集体教学活动。从测量长度在尺子刻度范围内的物品到测量长度超出尺子刻度范围的物品,再到测量高度超出尺子刻度范围的物品。连续三次的集体教学活动,有效帮助幼儿掌握了非标准测量工具首尾相接的测量方法、尺子的测量方法,以及非标准测量工具和标准测量工具之间的转换。有了这样的经验,幼儿顺利解决了测量走廊高度的问题,使得项目活动得以继续开展。

## (二)集体教学中的学

### 1. 集体教学中的学是幼儿多感官参与的学

所有的学习都始于感知——看、听、摸、尝、闻。当幼儿能将所有感官都用上时,学习成效是最好的。[1] 幼儿学习的本质就是运用多种感官,与周围的事物发生相互作用,在相互作用的过程中,调用原有的经验,不断去获得新经验。因此,集体教学中的学绝不是纯粹的幼儿听,而是强调幼儿在活动中多感官参与,通过直接感知、实际操作和亲身体验获得经验。

深秋时节,银杏树的叶子开始变黄,枝头挂满了金黄的银杏果。教师带着幼儿来到银杏树下开展了一节"认识银杏树"的集体教学活动。幼儿亲手触摸树皮,感受树皮的粗糙;和同伴一起用各种材料进行测量,发现树干的高大与粗壮;抬头仰望树冠,感受银杏树的枝繁叶茂;捡拾银杏叶、银杏果,感受银杏叶特别的外形特征和银杏果独特的气味。

相比于幼儿坐在教室里从电子屏幕上看银杏树的图片,这样的活动给幼儿提供了真实的现场和丰富的活动机会,支持幼儿多感官参与和主动探究,丰富了幼儿的真实体验。

---

① 玛乔丽·J.科斯泰尼克,安妮·K.索德曼,艾丽斯·菲普斯·惠仁,等.发展适宜性实践:学前教育活动的组织与评价[M].郑福明,等译.北京:教育科学出版社,2021.

2. 集体教学中的学是幼儿积极主动的学

在集体教学中,幼儿在教师的引导与支持下,充分调用已有经验,通过与教师、同伴、材料的积极互动,在新旧知识间建立联系,逐步获得新的认知。

在集体教学活动"蛋娃娃的秘密"中,幼儿知道了椭圆形的物体不容易站立,可又提出了新的疑问:为什么有些蛋娃娃却能站起来呢? 幼儿尝试将各种他们认为重的物品放进蛋壳里,蛋娃娃真的站起来了。 可是不小心一碰,蛋娃娃又倒了。 怎样才能让蛋娃娃成为真正的不倒娃娃呢? 问题的升级,引发了幼儿继续探究的欲望,幼儿通过观察不倒娃娃,与自己做的蛋娃娃进行比较、分析,猜测问题所在并反复试验,终于发现要将重的物品固定在蛋娃娃的底部才能保证蛋娃娃真正不倒。

进入大班,不少幼儿进入了换牙期。 一天吃饭的时候,小逸突然捂着嘴巴说牙疼,教师查看后发现是乳牙还未掉,恒牙已经从后面长出来了。 面对换牙,孩子在心理上多少会有一点紧张与困惑,也会有一些不正确的处理方式,如常用舌头舔、用手摸等。 基于这样的现状,教师觉得有必要开展一次有关换牙的集体活动,帮助幼儿缓解换牙期紧张的心理,了解换牙期基本的卫生常识。

第一次的设计思路是:

1. 由小逸的问题引入话题。

2. 幼儿交流关于换牙的经历、故事、问题及了解的知识。

3. 观看保护牙齿的动画片,进一步了解有关换牙的卫生常识。

反思这样的集体活动,虽然是基于幼儿的问题生发的,但是整个活动中教师占主导,对于尚未换牙的幼儿来说,获得经验的主要通道就是"听"——听同伴说,听教师说,听视频里说,幼儿完全处于被动接受状态。 活动没有真正发挥幼儿的主体性,也不够自然、有趣。 而实际上,幼儿才是换牙事件真正的主角,他们自己有很多的经验、感受、知识、问题可以和同伴分享。 而且由同伴来解答幼儿的问题可能会比教师的解答更容易被幼儿理解与接受。 教师要做的是要创造机会与宽松的环境让幼儿之间能就自己感兴趣的话题做自然的交流,支持幼儿通过多渠道了解换牙这件事。 于是,教师对第一次的设计做了较大的调整。

**案例：**

活动名称：谈谈换牙的那些事

活动目标：

1. 通过同伴交流、直接观察、与专家互动等途径，了解换牙的相关知识。

2. 知道换牙是成长过程中一件正常的事情，懂得正确面对换牙这件事。

3. 能积极参与讨论活动，大胆清楚地表达自己的想法。

活动过程：

1. 由小逸遇到的问题引入讨论话题，激发讨论兴趣。

2. 幼儿分组交流。

幼儿分成两组并围成两个圈，换牙的幼儿在一起交流自己换牙的故事、感受、经验；没换牙的幼儿在一起交流自己想要了解的一些关于换牙的问题。

图6-18　幼儿分组交流

图6-19　师幼集体交流

3. 师幼集体交流。

（1）幼儿互动交流、问答。

幼儿交流自己换牙的经历、感受等。幼儿间相互提问、解答各种关于换牙的问题。

（2）没换牙的幼儿亲眼看看已经换牙的幼儿嘴巴里面牙齿的样子，并向同伴提问。

（3）结合换牙幼儿给没换牙幼儿的提醒，集体交流正确对待换牙的卫生保健常识。

4. 与专家互动。

保健老师借助牙齿模型给幼儿介绍换牙期的卫生保健常识，鼓励幼儿养成良好的卫生习惯，正确对待换牙现象。

活动延伸：

继续查找、了解其他有关换牙问题的答案，并在区域里鼓励大家将讨论、了解的换牙知识制作成一本属于他们自己的有关换牙的书,可以经常去看一看、读一读。

　　这是一个源于幼儿现实生活的集体教学活动。面对幼儿生理发展过程中的自然现象与问题,教师采用集体教学的形式,充分发挥幼儿、专家的作用,支持幼儿多感官参与学习、主动学习、同伴间相互学习。幼儿通过同伴间的相互交流产生情感上的共鸣,紧张的心理得到一定程度的缓解。同伴的亲身经历、自己的亲眼所见,不仅更易于被幼儿理解与接受,也增加了幼儿的直观感受,满足了幼儿好奇心。专家的参与则帮助幼儿对原有经验和活动中获得的新经验进行整理与提升,从而获得较为完整的经验。同时,在集体活动基础上,相关内容在生活活动与区域活动中得以继续延伸,多种活动相互配合,共同促进幼儿经验的获得。

　　**(三)集体教学中的教**

　　集体教学中的教绝不是纯粹的教师说,而是教师通过多样化的方式与手段引发幼儿去做适宜的事,多感官地参与到活动中来,积极主动地学。教师的教需要多方面的支撑。

　　1. 方法的支撑

　　教无定法,教师怎样教取决于幼儿怎样学。教师的教要基于幼儿的原有经验和学习特点,结合学科特征、现实条件等,采取适宜的教学方法,激发幼儿主动学习的兴趣。同时,教师的教要根据幼儿的学灵活应变,随机调整。如班级里消失的螃蟹引发了幼儿的热议,教师引导幼儿一起讨论螃蟹消失的可能原因,有的幼儿认为螃蟹自己逃跑了,有的幼儿认为螃蟹被猫抓走了,幼儿争论不休。教师抓住时机灵活调整,开展了一场关于"螃蟹去哪了"的辩论赛,帮助幼儿了解什么是辩论赛,并亲身体验在辩论赛中如何陈述自己的观点、反驳对方的观点。

　　2. 知识的支撑

　　为了更有质量地教,教师不仅要具备相应的学科知识、专业知识,还要具备一定的教育学、心理学知识和一定的通识性知识,才能从容应对活动中幼儿提出的各种问题,同时激发幼儿积极思考、大胆提问。

3. 条件的支撑

教不是单纯的讲解,教需要借助一定的资源、环境与方式引发幼儿与环境、材料的充分互动,引导幼儿在看、听、做中获得经验。因此,必要的物质支持、适宜的环境与空间支持是有效教的基本保证。如:春天到了,教师想带领幼儿认识柳树,可是幼儿园里及周边一棵柳树也没有,教师只能对着电脑讲,这样的效果一定没有在有柳树的现场教得好。

4. 氛围的支撑

平等、接纳的态度,自由、愉悦的氛围,鼓励与支持性的环境,真实或游戏化的情境更能吸引幼儿积极参与的愿望,激发幼儿主动学习,让教更加有效。小班幼儿学习 5 以内的数量,教师通过创设各种游戏情境,如请小动物吃好吃的,给小朋友分点心等,吸引了幼儿积极参与,帮助他们在愉快的游戏中感受数与量的对应关系。

**案例:**

活动名称:你好,小蚂蚁(大班,科学)

活动目标:

1. 通过观察实物、利用 PAD 自主拼图以及观看视频,了解蚂蚁的基本结构及主要特征、习性。

2. 利用 3D 图片及实物细致观察蚂蚁,大胆表达自己的发现。

3. 初步萌发对蚂蚁的探究兴趣。

活动准备:

触摸屏电视、PAD、C30 蚂蚁课件、实物蚂蚁、观察盒、书袋。

活动过程:

1. 幼儿初步表达对蚂蚁的已有认知。

(1)话题讨论,激发兴趣。

(2)幼儿利用 PAD 自选拼图的方式表现对蚂蚁的已有认知。

2. 细致观察、讨论,了解蚂蚁的基本结构及主要特征。

(1)观察讨论,了解蚂蚁的基本结构。

① 利用观察盒自主观察,交流讨论。

② 再次玩拼图游戏,自主核对验证。

（2）利用 3D 图片及实物,进一步细致观察蚂蚁的主要特征。

（3）师幼共同小结。

3. 以问题为导向,引导幼儿了解蚂蚁的基本生活习性。

（1）了解幼儿关于蚂蚁的问题。

（2）依据幼儿的问题,组织幼儿观看视频,帮他们了解蚂蚁的基本生活习性。

4. 经验拓展,了解不同种类的蚂蚁。

这是在中班田野主题活动"你好,小蚂蚁"中进行的一个集体教学活动,目的在于帮助幼儿更加细致全面地了解蚂蚁的外形特征和基本生活习性。活动中,教师运用现代信息技术,借助幼儿喜爱的拼图游戏,一方面掌握了幼儿对蚂蚁外形特征的了解程度,另一方面增加了幼儿活动的兴趣并支持幼儿进行自我检查与调整。观察盒使得幼儿能够和小蚂蚁亲密接触,获得直观经验;3D 图片和视频则弥补了幼儿在现场通过肉眼无法直接观察到的信息,帮助幼儿拓展了经验。所有这些方法、条件及愉悦的氛围支撑了教师有效地教。

**（四）教与学的互动**

教与学实质是同一个过程的两个方面,紧密联系且不可分割。教不是教师单方面地教,学也不是幼儿单方面地学,教与学在双向互动中,相互影响、相互制约、相互促进,最终实现教学相长。

1. 教指向学,学引导教

教师的教始终指向幼儿的学,教学内容的确定、方法的选择都要基于幼儿的学,幼儿的原有经验、发展水平、学习特点与现实需求是教师教的根本依据,教师的教要根据幼儿的实际情况灵活调整,以支持幼儿的学。

2. 教促进学,学改进教

教师的教学行为能促进幼儿之间以及幼儿与成人之间的相互交流,促进幼儿与环境、材料的充分互动,进而激发幼儿主动学习的愿望,帮助幼儿在新旧经验间建立联系,对原有经验进行整理与提升,从而获得新经验并产生新的学习愿望或探究兴趣。同时,幼儿学的状况能促使教师对自己的教学行为进行反思,发现亮点与不足,分析原因,做出调整与改进。教师有效地教能激发幼儿学习的愿望,促进幼儿主动地学;反之,幼儿有效地学又能激发教师教学的热情,不断改进自己的教学,从而更加有效地教。

### 四、区域中的经验获得

田野区域活动是在一定空间内进行,依据幼儿兴趣、学习特点和关键经验发展需要预设活动内容,教师与幼儿共同准备适宜的、多样化的活动材料,明确活动规则,幼儿自主选择并通过与材料、同伴、成人和环境积极互动获得个性化发展的活动形式。

#### (一)材料决定经验

材料是区域活动开展的重要基础和条件,材料蕴含着经验,隐含着特定的教育目的,材料的投放直接关系区域活动的有效开展和幼儿经验的获得。新颖、有趣且富有挑战性的材料能激发幼儿活动的兴趣和持续探究的欲望;富有层次性、开放性的材料可满足不同发展水平幼儿的需要,支持幼儿自主选择适合自己发展水平的材料,与材料进行个性化的互动,促进每一个幼儿在各自原有基础上,建构新经验,获得新发展。同时,材料本身所蕴含的教育价值也是教师指导幼儿的一个媒介。因此,材料在区域活动中具有举足轻重的作用,可以说,在一定程度上,材料是否适宜直接决定了幼儿能否获得新的经验。

#### (二)材料的特性

1. 材料的丰富性

丰富多样的材料不仅能激发幼儿活动的兴趣,而且蕴含了多样的经验,能满足幼儿不同的需要,支持幼儿持续、充分的探究行为。材料的丰富性既要保证种类上的丰富多样,也要保证同种材料数量上的充足,如建构区中既要有各种形状的积木作为基本材料,以及牛奶罐、木板、花草树木等作为辅助材料,也要保证每种形状的积木有足够的数量,才能支持幼儿充分搭建。

材料的丰富性中隐含了材料的开放性:开放性材料没有明确的操作指南,幼儿可以用各种方式对材料进行组合、设计、排列、拆分等。材料可以单独使用,也可以与其他材料结合在一起使用,如树枝、树叶、石头、贝壳等各种自然物,旧布、毛线、卷纸芯等废旧物品,以及纸张、黏土、毛茛、吸管、积木等。

开放性的材料给予幼儿更大的选择空间和更多的操作可能,支持幼儿依据自身经验和兴趣与材料进行个性化的互动。

2. 材料的层次性

幼儿的经验发展是持续、渐进的过程,呈现出一定的发展顺序与阶梯。同时,幼儿的发展具有个体差异性,在各个领域的发展会呈现出一定的层次性。因此,区域活动作为幼儿个性化学习的重要途径之一,教师在投放材料时不能一刀切,应根据幼儿的发展水平与需要,提供不同层次的材料,由浅入深、由易到难,分解出操作层次,并构成系统性,以满足不同幼儿的需求,让幼儿有机会选择适宜自己经验发展水平的材料,按照自己的方式与材料进行互动,应对不同的挑战。富有层次性的材料不仅支持幼儿在某一方面的经验获得持续的发展与提升,也支持不同发展水平的幼儿在自己原有经验的基础上获得发展。材料的层次性反映在不同年龄段间的层次性和同一年龄段间的层次性。

(1)不同年龄段间的材料层次性

从不同年龄段幼儿的特点、经验、发展水平出发,在相同的区域里,材料要体现出层次性,以适合不同年龄段幼儿的需求。比如,从小班到大班的语言区,无论是图书的种类、数量,环境的创设,还是记录材料与记录方式的支持都会体现出明显的层次性。

**语言区中不同年龄段材料的提供**

小班:提供适合小班幼儿阅读的图书,故事情节比较简单,文字较少或没有文字,如"鼠小弟"系列。针对小班幼儿刚入园的特点,情感类的图书占比可以多一些,如"小兔子"系列。语言区环境温馨,提供了软软的地垫、可爱的毛绒玩具,幼儿可以坐在地垫上抱着毛绒玩具阅读。教师可以创设故事场景,提供幼儿可以操作的手偶、指偶,鼓励幼儿说说玩玩,让幼儿想说、敢说、喜欢说;还可以提供纸笔,供幼儿自由地涂涂画画。

图 6-20 小班语言区

中班:中班幼儿一方面在情感上仍需教师较多的关注,另一方面部分幼儿已经表现出更大的求知欲、表达与书写的欲望。语言区材料的提供也要关注到这方面。一方面要继续满足幼儿情感的需求,另一方面满足幼儿发展的需要,投放故事情节较为复杂的图书,也可以提供一些播放设备,鼓励幼儿跟着故事录音自主阅读绘本。同时可提供故事盒、纸笔、小标贴,如小爱心、小问号、小箭头等,引导幼儿用小爱心标出最喜欢的页面,用小箭头按照一定的顺序讲述,给幼儿一些策略和方法的支持,为幼儿的清楚完整表达和前书写搭好支架。

图 6-21　中班语言区

图 6-22　大班语言区

大班:图书的数量和种类增多,书中故事情节复杂、矛盾冲突明显。科普类图书增多,满足幼儿探究的欲望。针对大班幼儿即将入小学,提供与幼小衔接相关的书籍,如《人体百科全书》《大卫上学去》,揭秘系列图书等。在区域里提供纸和笔,悬挂书写读书笔记、书信的提示,引导幼儿在阅读的基础上做读书笔记、给朋友写信、自制图书等。

(2)同一年龄段间的材料层次性

只有当学习内容处于幼儿最近发展区内时,它们才能引起幼儿探究的兴趣并帮助幼儿获得经验的生长。幼儿因兴趣爱好、成长背景、个性特质的不同,相同年龄幼儿在不同领域的发展水平和发展速度上会呈现出较大的差异。因此,区域材料的投放要富有层次性,以满足不同发展水平幼儿的需要。幼儿可以根据自己的兴趣和能力选择适合自己的材料进行操作。同时,富有层次性的材料,也有助于幼儿就某一项内容进行持续、深入的探究,获得连续的经验。

### 小班科学区:响罐游戏

层次一:现成的响罐(薯片罐里装有不同材质的物品)、与响罐相匹配的图片。幼儿摇晃响罐,听声音后与相应的图片进行匹配。

层次二:自制响罐,提供空的薯片罐和用来放进薯片罐里的不同材质的物品(软木塞、塑料纽扣、小石子、鹅卵石、棉花、米、黄豆、铁夹子、小积木等)。幼儿自主选择不同的物品放进薯片罐里制成响罐。

层次三:自制响罐,提供不同材质、瓶口大小不同的瓶子或罐子(塑料瓶、玻璃瓶、铁罐、纸罐),瓶罐上盖好盖子,用来放进瓶罐里的不同材质的物品(软木塞、塑料纽扣、小石子、鹅卵石、棉花、米、黄豆、铁夹子、小积木等)。幼儿将不同的物品放进不同的瓶子或罐子里,感受不同物品在不同瓶罐里发出的各种不同的声音。

层次四:自制响罐,提供不同材质、瓶口大小和打开方式不同的瓶子或罐子(塑料瓶、玻璃瓶、铁罐、纸罐),盖子和瓶子分开放(瓶盖有的拧、有的按),用来放进瓶罐里的不同材质的物品,漏斗、小扫把、小簸箕。幼儿选择不同的物品放进不同的瓶子里,并找到与瓶子匹配的盖子盖上。

四个不同的层次,材料逐层丰富,活动的复杂性也逐层提高,满足了不同发展水平幼儿的需求,也支持了幼儿经验的不断丰富与提升。

### (三) 材料的选择性

皮亚杰说:"知识在本原上既不是从客体发生,也不是从主体发生的,而是从主体和客体之间的相互作用(最初便是纠缠得不可分开的)中发生的。"[1]幼儿自主选择不同的区域、材料,使用自己的方式,在与材料、同伴、教师的充分互动中,获得对客体的认识,不断丰富原有经验、获得新经验。因此,区域中的材料对于幼儿来说一定要具备可选择性。幼儿可以根据自己的兴趣、需要自主选择材料,以及与材料互动的方式。

(1) 自主选择感兴趣的材料

材料蕴含着经验与挑战,不同的材料蕴含着不同的目标与特定的信息。区域里的材料具备可选择性,可以支持幼儿自主选择不同的材料进行操作,

---

[1]　皮亚杰.儿童的心理发展(心理学研究文选)[M].傅统先,译.济南:山东教育出版社,1982.

一方面,能满足幼儿不同的需求,吸引幼儿持续探究,丰富相关经验;另一方面,幼儿在操作过程中,根据自己的操作情况灵活调整、更换活动材料,既有助于幼儿有机会体验成功,也有助于幼儿认识不同的材料、认识自己,对自己的操作活动做出评价。

（2）自主选择与材料互动的方式

区域活动中,教师可以根据具体活动内容和幼儿发展情况,在需要时通过图片说明、集体讲解等给幼儿提供基本的操作方法或操作流程的支持,在此基础上,鼓励幼儿用自己的方式自主与材料进行互动。材料的可选择性满足了不同幼儿以不同的方式与材料互动,拓展了活动的内容与探究的空间,给幼儿带来了更多获得新经验的机会与可能。

在幼儿园里,树枝是一种常见的开放性材料,树枝的特性赋予了树枝多样的玩法。教师可以将树枝按照长短、粗细、造型分类,投放在教室的不同区域,同时提供树叶、干花、果实等各种自然物,纽扣、做手工用的眼睛、黏土、毛线、布条等辅助材料,以及颜料、水粉笔、麻绳、毛茛、捆扎带等工具性材料。幼儿可以自主选择不同的材料、不同的方式与树枝进行互动。

如幼儿可以给树枝涂色,在树枝上绘画,用毛线、布条等对树枝进行缠绕、包裹;可以用麻绳、捆扎带等将树枝连接,用毛线、布条等进行编织;可以用树枝和其他材料组合进行平面或立体造型;也可以将各种元素进行组合,创造出一个丰富的场景,如游乐场;还可以和同伴合作进行大型的搭建活动,如一座大型的房子、一辆可以坐进去的汽车。

### 一辆"宝马车"的诞生

小皮蛋和苗苗正在区域里用捆扎带对树枝进行连接,看到我过来了,小皮蛋说:"我们要搭一辆能坐进去的大汽车!""哇,这个想法真的很棒!我很期待哦!"我的话吸引了一旁的壮壮。"好厉害啊!我可以和你们一起搭吗?""可以呀!"渐渐地,加入汽车搭建的人越来越多。因为汽车比较大,孩子们自发地进行分工合作,有的扶树枝,有的负责捆扎,有人用麻绳捆扎,有人用捆扎带捆扎,有人用毛茛拧,幼儿自主选择不同的材料。可是,有一天,小皮蛋遇到了一个问题,有根树枝太粗,捆扎带不够长,麻绳、毛茛捆不紧,这下怎么办呢?小皮蛋向我求助。我说:"去玩具柜找找,看有没有什么能帮忙的,看看树枝和我们平常玩的什么玩具比较相似。"小皮蛋来到玩具柜边看了一会儿,突然激动地说道:"我知道了,可以用管子接头连接!"于是,平常的玩具此刻成了一种重要的连接材料。孩子们在用管子接头连接树枝的基础上,又用胶带和捆扎带进行了加固,对几种连接材料进行了综合使用。

图 6-23 用管子接头连接树枝

图 6-24 月饼盒做的汽车轮胎

汽车框架搭好了,孩子们想要用真实的轮胎做汽车轮子,并一起到操场上搬来了四个轮胎,结果他们发现想把轮胎装上去是个很大的难题。另外,如果按照他们的想法装上去之后,汽车会被整体抬高,他们就没办法进入汽车玩了。孩子们开始寻找其他的替代方案,有的说画个轮胎,有的说用玩具汽车的轮胎,有的说用

图 6-25 一辆"宝马车"

圆形的东西来当轮胎。最后,孩子们在班级资源箱找到了四个圆形的月饼盒装在汽车上,用黑色黏土进行装饰,还贴上了宝马车的标志。接下来,孩子们对汽车进行了进一步的完善与装饰,安装仪表盘、后备厢,设计粘贴车标、车牌,用光盘做后视镜,用树枝做车钥匙、雨刮器,用积木做门把手,一辆私人定制的宝马车完美呈现!

在玩汽车的日子里,孩子们发现需要有红绿灯,就用纸板制作了红绿灯。可是一直举着红绿灯很累呀,于是,他们将一根树枝插在奶粉罐里,将红绿灯固定在了汽车前,还用毛莨进行连接,表示红绿灯的电线。紧接着又有幼儿

发现只有给汽车看的红绿灯,没有给行人看的,于是又画了两个小人形状的红绿灯,剪下来安放在汽车前方。又过了几天,有幼儿突然想起来他爸爸的汽车上还有手机架呢,于是用纸板做了个手机,用毛茛做了个手机架装在汽车上。

图6-26　宝马车被改装成了吊车

一个周末,淼淼参加了一场婚礼,回来后,她和好朋友开始在汽车上缠绕彩色的布条、叶子,她们将汽车改造成了一辆婚车。又过了几天,小皮蛋在汽车的前面装上一根树枝,装上拉绳,下面装上车斗,婚车变成了吊车。一直到学期结束,孩子们自主选择不同的材料,不断地对汽车进行改造,一直玩得不亦乐乎。

区域活动为幼儿提供了丰富的材料,以及与材料充分互动的机会与条件,支持幼儿个性化地自主学习。幼儿按照自己的兴趣与想法与现有材料进行互动,同时,根据活动需要自主寻找、选择新的材料,创造新的玩法。丰富的活动材料、开放的活动方式给幼儿提供了更多的选择性,支持幼儿深度学习。

**（四）区域的调整**

儿童的学习动力来自不断地接触新事物,应对新挑战并获得成功。因此,区域活动要保持灵活和可调节,不能一成不变。

1. 基于教师的观察

观察是教师了解区域活动开展情况、幼儿活动情况的重要手段。在区域活动中,教师有目的、有计划、有针对性地对幼儿的活动进行观察,基于观察进行分析,评估幼儿的发展情况和区域的适宜性,从而做出是否需要给予幼儿支持、如何支持,以及区域是否需要调整、如何调整的决定。

有目的的观察可以帮助教师更好地收集信息。因此,教师要提前思考在区域活动中观察什么、怎样观察。

（1）观察什么

幼儿对区域的选择:哪些区域或区域中的哪些内容是幼儿普遍比较感兴

趣的,哪些比较冷门,幼儿较少选择。某个特定的幼儿对区域的选择是否有比较明显的偏好,如总是选择固定的一两个区域活动,其他区域很少去。

区域的空间划分:区域空间划分是否合理,单个区域的位置、大小是否合适,是否考虑到光线、水源等问题;不同区域之间是否会相互干扰;材料摆放的位置是否便于幼儿拿取和方便幼儿活动等。

区域活动规则:区域活动规则是能支持幼儿投入、充分地在区域里进行活动,还是会遏制幼儿自主学习的兴趣,变主动学习为被动学习或无效学习。

幼儿的活动情况:区域内容设置和目标设定是否适合该年龄段幼儿的发展需求,是否考虑到不同发展水平幼儿和个别特殊幼儿的需要,活动前后幼儿在某方面的经验是否得到发展和提升。区域材料的提供、情境的创设是否有利于幼儿投入有意义的活动当中,幼儿使用哪些材料的频率较高,幼儿是否具备使用某种材料的技巧和规则,有无创造性地使用材料。活动中幼儿与同伴是否产生交流互动,互动的内容包括哪些,他们是如何互动的,互动双方或多方是怎样的关系,互动是否促进了幼儿的学习等。

（2）怎样观察

明晰观察目的:每一次的观察都应该有它的教育意义,观察前教师需要确定自己观察的目的,即为什么要观察。明晰观察目的有利于教师提前思考,有针对性地选择观察对象与观察方法进行观察,收集更多有效信息。

定人观察:在某段时间内集中观察某个或几个幼儿的活动情况。定人观察能详细记录幼儿个体在特定情境中的具体行为,便于教师详细了解个别幼儿的发展情况,提供有针对性的支持与引导,同时也能照顾到一些特殊幼儿的发展需要。

定点观察:一个教室里会有多个活动区域同时开放,教师很难在同一时间兼顾到每一个区域。这时教师可以依据某个观察要点选择一个或多个区域重点观察,了解该区域中幼儿整体的活动情况,反思该区域内容、材料、空间设置、教师支持等是否合适。教师可以连续一段时间对这些区域进行持续观察,也可以每天选择不同的区域观察,在一段时间内循环往复。无论采用哪种形式,教师都要尽量在一段较长的时间内观察每一名幼儿和每一个区域。

全局观察:定人、定点观察主要指向的是个体或小部分群体以及部分区域,全局观察则指向了整体。教师对班级区域进行观察,了解各区域的分布情况、相关联区域布局是否合理、幼儿在各个区域的活动状态等,有利于从整体上把握班级区域的设置与开展情况,做出相应的判断与调整。

2. 区域材料的调整

区域调整包括内容、材料、活动时间、空间布局、活动规则、教师支持等各方面的调整。随着幼儿经验发展、主题开展、季节变化,或遇到节日节气、突发事件等,区域活动的内容也会随之调整。通过观察,幼儿在区域活动中对材料的使用情况、活动投入的状态、与同伴的互动等,教师判断是否需要对区域进行调整。同时,针对不同发展水平的幼儿、不同的活动内容,教师反思自己的支持行为,对提供的支持策略与程度也会进行调整。

对区域材料进行调整是区域调整的重要内容。通常情况下,教师会基于以下几个方面的考虑对区域材料进行调整。

其一,现有的活动材料不能很好地支持幼儿自主探究,甚至会影响幼儿自主学习。

其二,为了促使幼儿的经验在区域和区域之间产生关联。

其三,随着幼儿自主学习的深入,幼儿经验得以延续与丰富。

下面,我们通过表6-3呈现在区域活动开展过程中教师基于观察对区域材料进行的调整。需要说明的是,因内容和区域特点的不同,每项区域活动持续的时间也会有所不同,表格里所呈现的只是某一个区域在某一个阶段的一部分调整,并不代表这个区域从开始至结束的所有调整。在这之前或之后,有可能存在其他调整,不一一列举。

3. 区域调整的基本原则

通常情况下,区域调整应遵循以下几项基本原则。

(1)目的性

区域调整不能为了调整而调整,要有明确的目的性。通常来说,调整是为了区域活动更加适应幼儿发展的需要、适应课程发展的需要,从幼儿实际情况出发、从现实条件出发、从课程发展需要出发而进行调整。

表 6 - 3　区域中的材料调整

| 区域活动介绍 | 原先的区域材料 | 教师的观察发现 | 教师的思考 | 调整后的区域材料 |
|---|---|---|---|---|
| 小班科学区：响罐<br><br>幼儿在区域里玩罐或用成品响罐，用以和响罐进行匹配的图片；各种不同材质的材料，如小石子、棉花、纸片、塑料玩具等不同类型的瓶子，如塑料自制响罐。 | 成品响罐，用以和响罐进行匹配的图片；各种不同材质的材料，如小石子、棉花、纸片、塑料玩具等不同类型的瓶子，如塑料瓶、玻璃瓶、铁罐子等。 | 有些瓶口太小，幼儿在实际操作过程中容易将米、小石子等撒得满桌、满地都是，既影响活动开展，清理起来也很不方便。 | 1. 增加漏斗，让幼儿在实际操作中感受漏斗的作用，同时发展小肌肉动作。<br>2. 提供小扫把、小簸箕，鼓励幼儿尝试自己清理桌面。 | 增加了卡纸、鸡蛋托、纸杯自制的漏斗，以及适合幼儿用的扫把、小簸箕。 |
| 中班种植区：种植蚕豆、豌豆等<br><br>幼儿在区域观察植物的生长变化，照料自己种植的植物，记录自己的发现。 | 种植的蚕豆、豌豆。<br>观察材料：观察盒。<br>记录材料：纸，记号笔，油画棒。<br>展示材料：作品展示墙面。 | 1. 豌豆长高的速度很快，经常会听到幼儿说："豌豆又长高啦！"可豌豆长高了，中体现不出豌豆长高了多少。<br>2. 豌豆开的花很小，幼儿想细致观察豌豆花的形态，但是观察盒只能看着洛下来的花。<br>3. 幼儿在观察豌豆的过程中，发现了一些枯死的叶子和花，想用手摘掉，结果连根拔起，将豌豆连根拔起，导致整株豌豆苗死亡。 | 1. 提供便签本和夹子。每隔几天，幼儿发现豌豆长到新高度时，用夹子夹在相应尺杆的高绳子上，教师在便签本上记录下日期和幼儿的发现。同时将幼儿的记录与他们的发现夹在一起，幼儿可以直观感受到豌豆的生长及变化。<br>2. 增加两个放大镜，用于幼儿观察一些小的对象，如豌豆花。<br>3. 提供幼儿专用剪刀，引导幼儿修剪豌豆枯死部位，更好地照料植物。 | 增加了幼儿专用剪刀、夹子，便签本，放大镜。 |

续表

| 区域活动介绍 | 原先的区域材料 | 教师的观察发现 | 教师的思考 | 调整后的区域材料 |
|---|---|---|---|---|
| 小班美工区：春天的小草（撕贴、泥塑、线条绘画、点彩）幼儿在区域中选择自己喜欢的方式表现春天的及不同形态的小草。 | 水粉笔、深浅不一的绿色颜料、胶棒、薄厚不同的绿色系纸张、深绿浅绿草土等。油泥、纸黏土等集体涂鸦的背景纸。 | 1. 幼儿对于纸黏土的操作方法还不是太熟悉，撕纸也不够大胆。2. 幼儿现阶段水粉绘画的小草基本是竖向上表现的，没有更多的表现形式。 | 1. 将新材料（纸黏土）和幼儿已经熟悉的材料分开摆放，给予幼儿无分探索新材料的时间和空间。2. 继续在户外活动中观察、感知幼儿园中不同形态的小草，丰富幼儿对于各样小草的认知。同时将区域中摆放不同的植物（铜钱草、含羞草等）供幼儿直观感受与观察。3. 结合季节和班级正在进行的自然角种植，可以将部分水粉画内容迁移至户外班级平台种植区，提供颜料引导幼儿在画板作画。 | 纸黏土和其他绘画材料分开摆放，增加了小草的盆栽，将部分材料移至户外。 |
| 大班语言区阅读 幼儿自主阅读，并尝试用图画或简单的符号记录自己对阅读文本的理解或想法。 | 适合大班幼儿阅读的绘本，教师设计好记录单，笔。 | 1. 教师设计的记录单限制幼儿记录的内容，同时简单地画出绘本中的内容，对于已经有一定记录经验的幼儿未必适，挑战和意义都不大。2. 一张张叠在一起的记录单不利于幼儿之间相互分享。 | 1. 和幼儿共同讨论读书笔记可以怎么记，给幼儿一定的经验支持。在此基础上给幼儿提供空白的记录单，鼓励幼儿按照自己的想法和方式进行记录，给幼儿自主的空间。2. 将书橱里的每一层图书进行编号，幼儿的读书笔记按图书编号分类放在相应的文件夹里，方便幼儿根据自己的 | |

续表

| 区域活动介绍 | 原先的区域材料 | 教师的观察发现 | 教师的思考 | 调整后的区域材料 |
|---|---|---|---|---|
| | | | 喜好选取并翻阅。 |  增加了"读书笔记怎么写"的图示和供幼儿分类摆放读书笔记的文件夹。 |

（2）发展性

区域活动首先要以促进幼儿经验发展为原则,保证活动内容、活动材料与幼儿的发展水平和兴趣相适应。活动内容如果过于简单,则对幼儿没有挑战性;如果太难,则幼儿难以获得成功。两者都不利于区域活动的开展和幼儿经验的获得。教师要根据区域开展情况和幼儿实际活动情况及时地进行调整。

（3）适度性

区域活动内容、材料等方面的调整要适度,如果长期不变,幼儿会失去兴趣,或经验重复;如果频繁更换,则不利于幼儿对一项内容进行持续深入的思考与探究,不利于幼儿良好学习习惯的养成,也会大大增加教师的工作量。调整的适度性还体现在区域更换时可以按部分更换,而不必全盘更换,如新主题开展时,应继续保留原有区域中幼儿感兴趣的、仍对幼儿有发展价值的内容,适当增加与主题经验相关的内容,或通过对原有活动中材料、方法的调整支持幼儿与主题经验间建立联系。

（4）针对性

区域调整既要关注班级幼儿整体的兴趣与发展需求,也要关注到每一个幼儿的需要,关注有特殊需要的幼儿的个别化教育需要。

（5）连续性

幼儿的经验是连续的,新经验的获得要以幼儿原有的认知、技能、情感为基础,因此教师在进行区域调整时,要关注幼儿前后经验间的联系,支持幼儿在原有经验的基础上不断获得新的发展。

（6）关联性与多样性

幼儿的经验是完整的,不同领域之间的经验实质是相互关联的,所以在进行区域调整时,教师要关注区域经验的多样性和各区域之间经验的相互关联。尤其是进入新主题后需要对区域进行调整时,要避免所有区域全部围绕新主题开展,造成某一领域经验过分突出或重复,其他领域经验明显欠缺的现象。

（7）灵活性

教师可以有计划、有目的地对区域进行调整,但不代表教师必须完全按照计划执行,在区域活动开展过程中,教师应根据幼儿的实际活动情况、突发事件等灵活调整,不拘泥于计划的限制。

### 五、亲子活动中的互动

亲子活动是家园共育的重要途径,是幼儿园与家庭共同建构的教育活动,以家长、幼儿、教师为互动主体。作为田野课程的实施途径之一,亲子活动引导家长了解、理解幼儿,感受幼儿的学习特点和学习方式;关注幼儿的身心发展需要,助力亲子之间的情感建立和深入;帮助家长建立正确的儿童观。

田野课程中的亲子活动具有动态的、发展的特点,根据不同的活动主题和活动需要,围绕某项内容,以多种形式引导家长和教师、幼儿共同参与到课程的实施中来。三者在活动中积极互动、相互影响,发挥各自应有的且不可替代的作用。

#### (一)亲子活动的来源

田野课程中亲子活动来源丰富,形式多样。常见的有亲子参访调查、亲子郊游、亲子展示、亲子游戏、亲子制作、亲子探究等,都是亲子活动的不同形式。我们会根据课程发展的需要开展不同形式的亲子活动,一个亲子活动中也会有几种形式同时出现。课程开展过程中,有的内容会产生一个亲子活动,也有的内容会根据活动的进程和需要产生多个不同形式的亲子活动。这些亲子活动的出现是推进课程活动发展的有效组成部分。

表6-4　不同来源的亲子活动

| 产生依据 | 亲子活动内容 | 亲子活动名称 | 亲子活动形式 |
|---|---|---|---|
| 主题活动 | 古老的南京 | 城墙的秘密 | 亲子参访调查<br>亲子郊游<br>亲子展示<br>亲子探究<br>亲子游戏<br>亲子制作<br>(一个亲子活动内容可能采用多种活动形式开展) |
| | | 探访明孝陵 | |
| | | 参观六朝博物馆 | |
| | | 舌尖上的南京 | |
| | | 参观南京博物院 | |
| | | 中国汉服秀 | |
| | 走进快乐园 | 小手牵大手 | |
| | 我和动物朋友 | 我和考拉有个约会 | |

| 产生依据 | 亲子活动内容 | 亲子活动名称 | 亲子活动形式 |
|---|---|---|---|
| 传统节日 | 重阳节 | 爷爷奶奶的节日 | |
| | 新年 | 欢欢喜喜过新年 | |
| | 中秋节 | 中秋月儿圆 | |
| | 父亲节 | 爸爸本领大 | |
| | 妇女节（母亲节） | 我爱妈妈 | |
| | 端午节 | 粽叶飘香 | |
| 自然季节 | 春天 | 郁金香 | |
| | | 放风筝 | |
| | | 植树 | |
| | | 春暖花开 | |
| | 秋天 | 树叶时装秀 | |
| | | 美丽的菊花 | |
| 重大事件 | 庆祝中国共产党成立100周年 | 童心向党·走进国防园 | |
| | 运动会（奥运会） | 一起运动吧 | |
| 生活资源 | 参观交管中心 | 小小交通警察 | |
| | 参观警犬研究所 | 狗狗本领大 | |
| | 参观农科院 | 蔬菜的秘密 | |
| | 参观南京林业大学实验基地 | 树朋友的本领多 | |
| | 参观自来水厂 | 自来水的旅程 | |

## （二）亲子活动中互动的角色

亲子活动参与的主体通常是家长、幼儿和教师。根据不同的活动内容，三者分别承担着不同的角色：活动的发起者、策划者、支持者、参与者、合作者、观察者、研究者、反思者。在田野课程的亲子活动中，幼儿、教师和家长承担的角色并不是固定的、单一的，而是会根据亲子活动性质、内容、意义的不同发生转换,亦会出现家长、教师或幼儿在某个亲子活动中同时承担多种角色的情况。

亲子活动"树叶时装秀"中,家长与幼儿一起来到植物园,开展丰富的游戏活动,并利用前期收集的各种树叶在衣服上进行组合拼贴,走秀展示。

这个活动中,家长同时承担了活动参与者、合作者两种角色,但角色并没有出现转换。

亲子活动"欢欢喜喜过新年"推进的过程中,幼儿产生了和教师、家长在一起共同庆祝新年的愿望。首先,由幼儿向家长发出邀请,家长在收到幼儿的邀请后自发地在班级群里讨论当天庆祝活动的相关准备,并自发地进行分工合作。随后,家长代表把班级群里的讨论和教师沟通,教师将情况转述给班级幼儿,引导幼儿也可以根据自己的想法分组参与准备活动,直至活动开展的当天共同参与活动。

这个活动中家长、幼儿及教师都承担了多重角色,不再只是活动中简单的参与者。随着活动的推进,家长的角色由前期的参与者变成了活动的策划者、合作者和支持者。幼儿则是由活动的发起者变为了活动的合作者、研究者。教师在整个活动中作为活动的支持者、观察者、反思者和研究者,始终站在家长和幼儿的身后,根据活动的发展和需要适时地介入并引导推动,帮助家长和幼儿在活动中获得更为丰富的体验。

我们发现在亲子活动中当某一个主体承担多种角色时,活动的价值会最大化。田野课程中的亲子活动能让每一个活动的主体在参与的过程中获得最大的收获和发展,也能让不同主体之间的联系变得更加深入和丰富,在整个过程中相互合作和共同成长。

**(三) 亲子活动中互动方式和互动策略**

亲子活动中家长、幼儿和教师之间的互动就是寻找各种机会,寻求不同的方式加强家长与孩子之间、家长与家长之间、家长与教师之间的联系,通过采用多次、多种的互动方式让家长了解开展活动的真正意义、教育目标和价值。

1. 互动方式

（1）游戏式互动

游戏式互动是常见的互动方式,就是以各种形式的游戏活动进行亲子互动。

小班亲子活动"爸爸本领大"中,幼儿和家长合作共同开展了多个游戏活动。

(2)项目式互动

项目式互动是以开展项目活动的方式,分为多个项目组,推进亲子活动的开展。

中班"中秋月儿圆"亲子活动中,家长和幼儿自发分为道具组、后勤组、演出组、环境组等多个小组,为开展活动做准备。

(3)区域式互动

区域式互动围绕一个主题内容,分区域同时开展多个与主题相关的活动。

大班"欢欢喜喜过新年"亲子活动中,活动室里包括包饺子、做春卷、做汤圆、剪生肖、写春联等多个活动区域,家长和幼儿可以根据喜好参与不同的活动。

(4)日常交流式互动

日常交流式互动是指由教学活动、主题活动、话题引发的活动等前期的亲子调查、亲子参访、亲子制作等。

"香甜的水果"主题中家长和幼儿一起对于不同的水果进行的前期调查;"古老的南京"主题中家长陪同幼儿一起对南京的历史景点、传统美食等进行探访。

亲子活动的互动方式并不是单一存在的,几种互动方式可以在一个亲子活动中同时出现,让亲子活动更加深入和有意义。

2. 互动策略

亲子活动中,因互动方式不同,互动策略也会不同。

(1)亲子一对一的互动策略

亲子一对一的互动策略指一个家长面对一个幼儿的方式,这样的互动有利于增加幼儿与家长之间的情感,帮助家长更加有效地关注幼儿个体水平的发展。

(2)少数对全体的互动策略

少数对全体的互动策略有两种:一种是家长志愿者代表对全体幼儿,一种是少数幼儿对全体家长。这样的互动策略可以让幼儿和家长代表充分交流，表达自己的想法，家长代表则可以聚焦幼儿对于某个内容的兴趣和问题；同时引发家长之间形成的交流，帮助他们在理解幼儿、关注幼儿方面达成共识，丰富教育理念，从而达到"以点带面"提升活动的效果。

（3）成人互动策略

家长之间的互动往往是由幼儿的互动引发的，家长们在班级群中围绕班级中的某一事件或问题展开各种讨论和策划，也有家长们在现场活动中的互动。这样的互动可以增进家长之间的情感交流，了解彼此孩子的发展，从而更加关注自己孩子的发展；也可以增进全体家长的团队精神，积极地参与活动。

（4）"网络线上"互动策略

"网络线上"互动策略多数会出现在家长与家长之间、家长与教师之间。教师通常会帮助家长明确活动的目标，引导家长了解幼儿在活动中的需要，在与家长的讨论和交流中及时帮助家长分析问题，抓住讨论中的关键之处和符合幼儿发展的观念，并加以鼓励和肯定，同时发现家长讨论中有违背幼儿身心发展规律的观点时，也提出合适的建议。

**案例：亲子活动"童年的游戏"**

中班孩子入园时被大班哥哥姐姐晨间锻炼中的"踢毽子"游戏所吸引，教师鼓励他们去尝试一下，试过之后，孩子们纷纷表示"踢毽子"游戏很有趣。教师就孩子们对于"踢毽子"游戏产生兴趣一事向家长反馈，并把他们晨间参与游戏的照片发在班级群里给家长观看，部分家长表达了对于自己童年的各种游戏的怀念，引发了大部分家长的共鸣，大家纷纷表示自己童年玩的各种游戏好玩又有趣。有家长提议可以把自己童年玩的游戏展示并教授给孩子。教师借此机会和家长们商议，准备开展一次关于"童年的游戏"的亲子活动。

家长们在班级群里热烈讨论，很快确定了将踢毽子、跳皮筋、滚铁环、打弹珠、跳方格、扔沙包、跳长绳、老鹰抓小鸡、城门城门几丈高等有趣的游戏作为活动当天的游戏，并自发地结对，负责不同的游戏、准备材料。

亲子活动当天，家长们早早地来到幼儿园，先规划幼儿园一楼户外的场地，将其划分成多个游戏区域，并利用准备好的材料和器械进行布置。

亲子活动正式开始后，先由负责每个游戏区域的家长分别展示游戏项目的材料、玩法,并讲解规则。随后,孩子们根据自己的兴趣自主地选择参与不同的游戏,可以和家长一起,也可以和同伴一起。最后由家长和孩子们投票选出最有趣的游戏项目。有的游戏成了晨间锻炼中的新项目,有的游戏则成为户外活动时孩子喜欢的体育游戏。

亲子活动结束后,家长们纷纷在班级群中表达自己以及孩子对于此次活动的感受,和教师一起交流彼此的想法。

案例中的亲子活动的内容是家长童年的游戏,活动让家长重温了自己童年的快乐,让幼儿了解了爸爸妈妈童年的快乐生活。活动通过亲子调查、亲子游戏等多种形式,采用了"区域式"的互动方式和多种互动策略,通过家长、幼儿和教师三者之间多次的交流、互动,家长和幼儿能够从活动的参与者变为活动的发起者、策划者、研究者与反思者。教师则是起了"穿针引线"的作用,推进着亲子活动的生发和进行。亲子活动的开展不仅增进了亲子之间的情感和交流的话题,增加了家长和家长、家长和幼儿(自己孩子、其他孩子)、家长和教师之间的互动机会,更重要的意义是体现了一种"传承"的精神,传承了各种民间游戏,传承了童年的快乐,传承了民族文化。

田野课程的亲子活动让家长、幼儿和教师成为一个力量强大的集体,三者携手向前,迈向共同的目标。

## 六、游戏与新经验

### (一)游戏中存在新经验

游戏是幼儿的天性,是幼儿探究世界、主动学习以及与他人建立联系的首要方式。幼儿在游戏中是自由、自主的,思维活跃且富有创造性。游戏能给幼儿带来愉悦的体验,同时,游戏中蕴藏着发展的需要和教育的契机。随着幼儿年龄的增长,游戏场所不断扩大、内容材料不断丰富,游戏的玩伴也在不断变化,这些变化不仅给幼儿带来新的挑战,也带来获得新经验的机会与可能。

游戏融合了幼儿多方面的发展潜能,蕴含其中的经验是全方位的、整合性的。

1. 情绪情感发展

幼儿在游戏中了解、体验不同的情绪、感受,发现自己喜欢的和不喜欢的各种事物。游戏中幼儿可以成为自己想要成为的角色,做自己想要做而在现实生活中却无法做成的事情。幼儿可以通过游戏实现自己的愿望,获得情感的满足;也可以通过游戏克服和解决现实生活中遇到的挫折、内在冲突,在游戏中释放焦虑,学习如何应对。

2. 认知发展

幼儿的学习和发展依赖于认知结构,而认知结构的本身和连续发展的过程是极为复杂的,游戏被看作幼儿在完成任务的过程中试图运用某些结构或组织系统,对其所处的世界产生感觉,并能持续不断地进行这样的认知过程。[①] 在游戏中,幼儿在脑海中创造关于故事或行动的画面,并用行动表现出来。他们大胆地想象、创造,发现材料的不同用途与玩法,积极实验、尝试不同的行为,运用想象力创造性地解决问题,在反复经历观察、辨别、模仿、探索、研究、归纳、分类、假设、做出选择与决定等过程中,不断提高思考、学习、理解的能力和解决问题的能力。

3. 动作发展

幼儿在游戏中不停地运动。他们不停地搬运材料、拼插搭建、"烧火做饭"、"灭火急救";他们大量的走动、奔跑、旋转、跳跃,体能、大肌肉动作、动作的协调性与灵敏性得到发展;他们进行书写、烹饪、建构、装饰,精细动作也得到了锻炼。

4. 语言表达

语言是幼儿在游戏中理解、分享经验的工具。游戏中,幼儿通过语言和同伴交流,表达自己的想法、倾听同伴的意见,和大家一起商量角色,一起探究他们听到、看到的故事或一起创编故事。他们尝试用图画、符号、简单的文字规划游戏、绘制游戏单、记录游戏故事。幼儿在游戏中运用语言、发展语言并体会语言表达的功能和作用。

5. 社会交往

游戏为幼儿提供了丰富的交往机会,幼儿在游戏中使用不同的身份与不同的人交流,体验不同角色的社会意义。幼儿在游戏中学习与同伴合作、交

---

① 朱家雄.幼儿园课程[M].上海:华东师范大学出版社,2003.

换意见、解决纠纷、维持友谊,学习坚持与退让、调整与协商,交往能力在不断发展。幼儿在与他人的交流中,发展自我意识,对自己的生理、心理特征及在集体中的地位有初步的认识,并逐渐加深对他人、对集体、对规则的了解。随着游戏内容的扩展,幼儿还了解了社区、国家、世界等概念,了解了一些文化内容,也了解了基本的社交礼仪。

多多的妈妈是位聋哑人,多多主要由奶奶照顾。多多在幼儿园并没有表现出与其他幼儿明显的不同之处。可是在游戏中,多多一直热衷于扮演妈妈,给宝宝烧饭、带宝宝逛超市,不停地和宝宝说话。游戏不仅给多多提供了体验妈妈角色的机会,使多多与妈妈正常交流的愿望得以实现、内心深处的情感得到满足,也让多多的语言表达与同伴交往能力得到了发展。

图6-27　奇奇和同伴搭建房子

在户外游戏中,奇奇和小伙伴们想要搭建一个"真正"的家,他们分工运来不同形状的积木,讨论如何设计房屋、如何搭建,哪里是房间、哪里是厨房,用什么做电视、用什么做沙发。他们在纸上画出设计图,在搭建的过程中根据实际情况进行调整,向同伴学习,向教师求助。游戏为幼儿的认知、动作、表达、交往合作等各方面的经验和能力提供了发展的机会。

## (二) 游戏中发展新经验

游戏中存在新经验,但不是所有的游戏都能带来新经验。游戏不是简单玩玩而已,而是要能给幼儿带来挑战,幼儿在游戏当中,运用原有经验,不断使用多样化的材料,尤其是新材料,结识新玩伴,承担新任务,解决新问题,才有可能获得新经验。

在田野课程实施过程中,教师一般通过如下几个方面的考虑,帮助、支持幼儿在游戏中获得新的经验与成长。

### 1. 充足的游戏时间

充足的时间对游戏的开展非常重要。在田野课程实施中,我们将幼儿一日生活的时间安排进行优化，化零为整，以保证幼儿有充分的时间来计划和开展游戏。幼儿往往需要一些时间来设置游戏、安排角色、处理冲突、邀请其他幼儿参与游戏。如果游戏时间太短，幼儿可能会选择简单的游戏形式，这样会导致游戏开展不充分，幼儿不能获得多方面的锻炼。因此，为了给幼儿充分的游戏时间，让他们能按照自己的想法开展游戏，我们将多个活动时间合并形成一个大的时间段，如将生活盥洗、喝水环节和角色游戏合并成一个大的时间段，实现了中、大班由原来的40分钟游戏时间变为至少一个小时的时间，给幼儿充分的时间与环境、材料互动，保障幼儿游戏情节的深入和持续发展。大班每周设置一次"游戏日"，满足大班幼儿对长时间游戏的需要，并为扩大交往面、增加创造性提供可能。

2. 适宜的游戏空间

狭小的游戏空间会限制幼儿游戏的开展，而充足适宜的游戏空间不仅能支持幼儿充分游戏，还能给幼儿带来更多创新游戏的机会和挑战。在游戏开展过程中，我们打通室内外界限，充分利用室内、走廊及户外的空间开展游戏，尤其是对户外空间的规划与利用，增加了游戏的创新性与灵活性。在户外开展游戏不仅增加了游戏的趣味性，还让幼儿充分与自然融合，自主选择自然中的环境和资源。这样不仅能激发幼儿创造更为丰富的游戏内容与游戏情节，引发幼儿新的游戏行为和语言，同时也支持幼儿发挥想象力和创造力，以不同的方式塑造一个属于自己的游戏空间。

大班的孩子将游戏搬到室外之后，玩游戏的天性被充分激发出来，偌大的操场使得送快递这项"服务"应运而生；墙边的水管刺激了男孩子们当消防员的欲望；操场边上摆放的锻炼用的梯子，被孩子们拿来拼搭组合成了一个可以真正住进去的家；他们不再局限于成品的与半成品的材料，操场边上的树枝、树叶、石头被他们随手捡起使用起来……再后来，孩子们决定对游戏场地重新进行规划，他们聚在一起画设计图，计划将操场上的一个小房子移到小池塘边上。他们先去向园长老师表达自己的想法，申请将房子搬走，然后想办法搬动这个"庞然大物"，经过多番尝试，但都没成功。之后，他们邀请了爸爸们来帮忙，成功将房子移走，获得了他们想要的游戏空间与场地。

孩子们不仅用自己的行动打造了他们想要的游戏空间，在打造游戏空间的过程中,孩子们在空间知觉、书写表达、交流沟通、寻求帮助等各方面的经验也获得了发展。

### 3. 满足需要的游戏材料

丰富适宜的游戏材料能有效激发幼儿与材料的互动、推进幼儿游戏的自主化,给幼儿带来新的挑战与经验。围绕游戏的开展,一方面,师幼共同收集生活材料,低结构、易变化的游戏材料,以及各种自然物,实现材料的多样性、丰富性,支持幼儿与材料充分互动,创造性地开展游戏;另一方面,根据幼儿游戏的需要,师幼共同对现有游戏材料进行调整、优化,以促进游戏的开展与幼儿经验的获得。

#### 沙池边的水龙头

雨后的一天,小二班的孩子们来到沙池边准备开始他们最喜欢的玩沙子游戏。他们发现雨后的沙池,沙子颜色变深了,变得黏黏的,会粘在手上,睿宝将小桶反过来倒扣在沙池里,之前留在小桶里的沙子直接呈小桶状立在沙池里,睿宝激动地说:"你们看,我做了一个城堡!"孩子们感受到了水和沙子组合带来的神奇效果,同时也提出了问题:"不下雨的时候到哪里可以找到水呢?"

豆豆说:"我们在沙池旁边放一个大大的桶,在里面装满水,玩沙子的时候就可以去桶里弄水。"丁丁说:"可是到哪里去弄水呢?"这时韩韩拉着我的衣服说:"老师,你知道吗? 在滑梯下面有一个水龙头,我看见的,很小很小的。"韩韩的话音刚落,孩子们都高兴起来。在韩韩的指引下,大家果真发现了那个隐藏在滑梯下的小小水龙头。再一次去玩沙的时候,孩子们争先恐后地去那里接水。很快又有了新问题,水龙头只有一个,位置又比较低,大家都想尝试,游戏时间时,那里一直排着长长的队伍。小柏拉着我的手说:"老师,哪里还有水龙头啊? 你能带我去吗?"洋洋不断地跑到前面再回来,嘴巴里说着:"什么时候才能轮到我接水啊?"孩子们在游戏中产生的需要显然已经得不到满足了,教师和孩子们一起讨论如何解决这个问题。小柏说:"装好多个水龙头。"苹果说:"要高一点,那个水龙头位置太低了,我的桶都不好接。"

水龙头的改造能给孩子们带来哪些经验与发展呢? 围绕这个问题,教师们也展开了热烈的讨论。方老师说:"数量肯定要多一些,孩子们玩沙子确实需要用到水,水龙头的数量要有保证。"许老师说:"水龙头的确要高一点,现在这个太低了,大一点的容器很不方便。"陈老师接着说:"也不能太高吧,到时候水会溅得到处是,身上很容易被弄湿。"水龙头的高低引起了老师们的争议。李老师说:"高的水龙头其实也有好处,即使开始被溅了一身水,后面也会让孩子们动脑筋想办法去避免这个问题,这不是一个很好的机会吗?""低的水龙头也需要,孩子们应该可以自由选择适合自己身高的水龙头,或是根据自己手中的容器来选择合适的水龙头。"

图 6-28　幼儿在接水

许老师接着补充。"对,就是给孩子选择的机会。"方老师接过话:"那么我们是不是也可以考虑水龙头的造型、使用方法? 这些也都可以给孩子不同的挑战和选择啊。"在老师们的集思广益下,三种不同造型、不同高度的水龙头安装到位。有了不同的水龙头,有了水,孩子们接水、玩沙子,堆一个小沙堆,挖一条小河,在锅里放上沙子和水煮一锅腊八粥……孩子们玩得不亦乐乎。再后来,在哥哥姐姐的启发下,孩子们又尝试了用管子去引水。

因为原有的水龙头不能满足幼儿游戏的需要,幼儿产生了对水龙头进行改造的想法。教师从促进幼儿经验获得与能力发展的角度出发,讨论水龙头的改造方案。因为有了能满足需要的游戏材料,幼儿的玩沙子游戏得以继续,并创新了更多的玩法。在愉快的玩沙子游戏中,幼儿的经验得到了丰富与发展。

4. 能够给予支持的游戏伙伴

游戏是一种社会性活动,幼儿在属于他们自己的游戏世界里积极地与游戏伙伴交往、体验社会生活、遵守社会约定。游戏伙伴对幼儿的游戏有着重要的意义,幼儿的游戏伙伴既包括同伴,也包括参与游戏中的成人。幼儿与游戏伙伴在交流、互动中相互了解、相互学习、相互影响。幼儿与能够给予支持的伙伴共同游戏,不仅能促进游戏的深入开展,还有助于自身经验的获得。游戏伙伴的支持不仅包括时间空间、环境材料等方面的支持,也包括知识技能、情感态度等方面的支持。

然然是医院的小医生，黄豆抱着她的宝宝来到医院说："我的宝宝发烧了。"然然煞有介事地拿起听诊断器给宝宝听了听，说："要打针！"说完，然然拿起针给宝宝打了一针。黄豆抱着宝宝离开了。然然现在无事可做。过了一会儿，漫然抱着宝宝过来说："我的宝宝生病了。"然然做了同样的处理。在漫然准备带着宝宝离开时，我问然然："要不要给宝宝开点药带回家吃呢？"然然打开药瓶说："可是药没有了。""哦，你需不需要做点药？"我又问。然然认真地点点头说："需要。"于是，然然和我一起去寻找做药的材料。接下来，在医院没有病人的时候，然然就开始动手做药，从一沓皱纹纸里按顺序拿一张，放在手心里窝一窝、搓搓紧，搓成纸团，看似简单，操作起来可没那么容易呢。在做药的过程中，然然会去选择她喜欢的颜色。因为皱纹纸比较薄，有时候几张粘在了一起，然然要用小手指将它们分开，这对她控制手指小肌肉是个挑战。将纸团尽量搓成小小的，不仅需要力量，也需要技巧，然然刚开始搓的"药丸"总是容易散开，后来她发现搓好之后再用小手指用力捏一捏，"药丸"就不容易散开了。最后她还要将药的瓶盖拧开，将药一颗一颗放进去，再盖紧瓶盖。

教师作为幼儿游戏的伙伴，一句"你需不需要做点药"的建议不仅丰富了游戏情节，让然然在没有"病人"时有事可做，也使得然然在"做医生"这方面的经验有了新的收获。同时，做药这份工作既锻炼了然然搓、团、捏的技能，锻炼了小肌肉的灵活性，也给然然在做药的过程中带来了新的挑战和解决问题的机会，促进了然然在做药这方面的新经验的获得与发展。

玖玖今天扮演的是爸爸，可是他似乎不是很了解爸爸这个角色，不知道要做些什么。那么，我们的爸爸妈妈们每天都会做些什么呢？教师请孩子们去采访一下自己的爸爸妈妈。第二天我们进行了分享，孩子们发现原来爸爸妈妈每天做的事情很多，而且不同的爸爸妈妈做的事情也不一样呢！有了这样的经验支撑，下一次游戏的时候，玖玖带来了一个盒盖与盒身连在一起的饼干盒，饼干盒里有一张白纸，上面用水彩笔画了一些大大小小的圆圈，一看就是出自玖玖之手。玖玖告诉我们这是他的电脑，今天上午他要用电脑来工作。

有时，游戏的伙伴不一定要直接参与到游戏中来，就像玖玖的爸爸，但爸爸的间接参与却丰富了玖玖的游戏经验,并让玖玖对爸爸有了更多的了解。爸爸和玖玖一起制作"电脑",不仅是一个动手锻炼的好机会,更是一段美好的亲子时光。

5. 自然而丰富的交往机会

在游戏中幼儿需要与不同的人进行交流,面对不同的交往对象,幼儿需要采取的交往方式、交往策略也会有所不同。因此,在游戏中创设自然、丰富的交往机会,意味着给幼儿带来更多的挑战,当然也给幼儿带来了更多获得新经验的可能。在游戏开展过程中,我们打破游戏的班际界限,支持不同班级、不同年龄的幼儿在一起游戏。我们还设立了"游戏日""家庭日",让小、中、大班的幼儿处于一个游戏场所中共同游戏,给幼儿提供了自然而丰富的交往机会。

孩子们正在泥巴池里玩耍,大班的苗苗哥哥拿着铁锹把泥土一锹一锹地挖出来,球球学着哥哥的样子也拿着铁锹在挖土,能看出来她已经很用力了,可能因为没有掌握好技巧,加上手部力量不够,铁锹在插进泥土里时总是歪掉,每次只能挖起一点点泥土。球球有点着急,对苗苗说:"哥哥,你能教教我吗?"苗苗哥哥正投入地挖泥土,似乎没有听到球球的求助。这时一旁的小米说:"我来教你。"边说边拿起一把铁锹一边示范一边说:"要用脚在这个上面用劲踩下去,才能挖起很多的泥土。"小米姐姐挖起一锹泥土后,球球说:"我也想试试。"球球拿着铁锹学着小米姐姐的样子,用手扶着铁锹,脚踩上去,这时一旁的苗苗停下来看着球球说:"对,就这样用力踩。"

图 6-29　小米姐姐正在教球球用铁锹挖泥土

因为共处于一个游戏场所中,球球有了向哥哥学习及向哥哥求助的机会,苗苗哥哥对球球的"忽视"使得小米主动来帮助球球,而小米的行为又激发了苗苗的"责任感",停下自己的工作来教球球。三个孩子间的相互学习、相互影响就这样自然而然地发生了。

## 七、日常生活与新经验

田野课程中,我们会通过多种途径开展活动,如领域活动、主题活动、游戏活动、区域活动、项目活动等,除此之外的活动均可归为幼儿的日常生活。幼儿的日常生活同其他途径的活动形式一样可以发展幼儿的能力水平,提升幼儿的经验。

### (一)日常生活中存在新经验

幼儿日常生活中的每一天都在循环进行,但却不是一成不变的,在这些日常生活中隐含新经验并且可以产生新经验。幼儿自身的生活是在发展的,周围的社会生活也是在不断变化的,随着幼儿的年龄增长,他们的认知水平和能力也在发展,那么新经验也由此不断产生。教师有意识地关注幼儿的日常生活,则会发现日常生活中产生新经验的契机,抓住这些契机,加以分析和利用,可以有效地帮助幼儿提升和发展各项能力。因此我们认为,幼儿的日常生活具备产生新经验的可能性,也一定会产生新经验。

幼儿日常生活中可以产生哪些新经验呢?我们发现,幼儿随着年龄的增长会从关注自身的生活转变为关注同伴的生活、关注周围成人的生活。幼儿也会从关注自然环境转而关注社会环境,还会从关注个体自身的安全发展为关注生活环境的安全,关注幼儿园环境、设施的安全等。

9月份新学期开始后,中班幼儿升入大班了,他们会开始关注弟弟妹妹的情绪情感和生活。在这个过程中,大班幼儿会产生帮助弟弟妹妹的想法,从而生发新经验:如何帮助弟弟妹妹度过入园焦虑期。

幼儿户外远足时发现有工人在清理河道中的垃圾,转而联想到幼儿园内的小池塘,随后对于如何清理小池塘,如何维护小池塘的环境开展了讨论和活动,产生了新的经验。

### (二)日常生活中发展新经验

幼儿日常生活中新经验的产生往往是教师在观察幼儿活动中发现的。教师关注幼儿的生活,关注他们生活中发生的事情,关注他们的情绪情感。在每天的生活中,幼儿都会有一些新的发现,教师应及时捕捉到他们的新发现,看到新经验的存在,抓住契机,提供支持,发展和提升幼儿的新经验。

在"小象卫士"活动中,幼儿观察到教师在一日生活中会经常提醒他们注意安全,也会经常帮助他们排除生活环境中的安全隐患,比如教室的桌椅边缘是否平滑;玩具器械是否有破损;在活动中、行走中教师会时刻提醒他们注意脚下和身边的环境……这种安全意识已经在日常生活中潜移默化地进入了他们的脑海,幼儿就会产生"我也来看一看幼儿园的其他地方是否安全?有没有安全隐患"的想法。

教师结合幼儿的能力和已有经验分析,判断幼儿是可以胜任这项任务的。教师引导幼儿通过讨论、分析、实地考察、设计方案等多种方式开展活动,让幼儿参与到幼儿园的管理,真正感受到"幼儿园是我家";让幼儿感受到被尊重,同时也学会尊重他人、珍惜他人的劳动成果,体验到成功感、自豪感和归属感。

日常生活是幼儿园内所有年龄段的幼儿每一天都在经历的生活。他们在幼儿园里面一起生活、一起游戏、一起关注幼儿园里的点点滴滴。同时,这也是教师和幼儿的共同生活,幼儿和幼儿的跨班际共同生活,家园的共同生活等等。教师常常会利用幼儿的共同游戏,如户外混龄的角色游戏、混龄的远足、混龄的体育锻炼等各种活动,来满足幼儿对彼此间像家人一样共同生活的需求。

### 爱心天使

由于新冠肺炎疫情的出现,家长只能在幼儿园门口接送孩子,对于9月新入园的小班幼儿来说,缓解他们的"分离焦虑"是首要问题。刚开始的两天,小班幼儿独立入园时响亮的哭声吸引了在操场锻炼的大班幼儿。几个大班幼儿聚在一起讨论着:小班弟弟妹妹哭得好大声啊!看起来好可怜啊!你小时候有没有哭?我想过去抱抱他们,让他们别哭了……大班教师听到了孩子们交流的声音,觉得这是可以让他们产生新经验的一个契机。

教师认为,大班幼儿经历过这样的生活,有切身的感受。《指南》中也指出大班幼儿需要能关注别人的情绪和需要,并能结合实际情境给予适当的关心帮助。这对其社会性发展有较好的帮助。同时,大班幼儿在语言表达和行动能力上是可以做到帮助小班幼儿的。

首先,大班幼儿在家中和父母交流,做家庭调查:了解自己在小班刚入园时是一种什么样的状态。其次,他们通过观看自己小班刚入园的一些照片和视频,发现原来自己小班入园时也会有哭闹的情况。然后,他们讨论:弟弟妹妹现在这样,我们可不可以帮助? 如何帮助弟弟妹妹?

接下来,大班幼儿每天在大门口接小班幼儿入园,并把他们送到所在班级。他们会非常小心地牵着弟弟妹妹的手,提醒他们在行走过程中注意安全;会放慢自己的行动速度,迁就弟弟妹妹的步伐。同时,他们也会放慢自己的语速,轻声温柔地安慰小班幼儿。有的还会蹲下来为弟弟妹妹服务,会轻轻地抚摸弟弟妹妹,给他们擦眼泪……大班幼儿用行动表达着对弟弟妹妹的关爱,给了他们安慰,让小班孩子感受到被关爱,并愿意交流,从而顺利地度过了入园焦虑期,也很快适应了幼儿园生活。

图6-30　接弟弟妹妹入园　图6-31　送弟弟妹妹去教室　图6-32　帮弟弟妹妹换鞋

上述案例中,教师关注不同年龄的幼儿在面对"新生入园"这一共同事件时的反应,发现了蕴藏其中的对大班幼儿和小班幼儿都存在的新经验。通过改变原有活动方式,调整人员安排,激发幼儿的主动性和责任意识,让《指南》中提到的大班幼儿的发展目标,如"能关注别人的情绪和需要,并给予力所能及的帮助""能主动发起活动或在活动中出主意、想办法"等,小班幼儿"对群体活动有兴趣""对幼儿园的生活好奇,喜欢上幼儿园"等发展目标,在真实的活动中得到体现、落实。

教师选择用"共同生活""大带小"这样的活动形式,不仅鼓励了大班幼儿把自己的愉悦的情绪、关爱的情感传递给小班弟弟妹妹,获取与不同年龄同伴交流、相处的新经验;也让小班幼儿在哥哥姐姐的陪伴下熟悉了入园流程,熟悉了自己班级的位置,稳定了情绪,自然、轻松地获得了新经验。因此,这样的活动可以长期纳入幼儿园的课程实施中,丰富幼儿的日常生活。

由此可见,幼儿园每天都在重复、循环进行的日常生活中也饱含着教育价值,蕴藏着新的经验。因而,日常生活在幼儿园课程中既有着不可替代性和随机性,也是幼儿能力水平发展过程中产生并形成新经验的重要途径之一。

# 第七章 幼儿园、家庭、社区协同育人

《幼儿园工作规程》中提出:"应当充分利用家庭和社区的有利条件,丰富和拓展幼儿园的教育资源。"《幼儿园教育指导纲要》提出:"幼儿园应与家庭、社区密切合作,综合利用各种教育资源,共同为幼儿的发展创造良好的条件。"《中国儿童发展纲要(2021—2030年)》也明确提出:"学校、家庭、社会进一步完善协同育人机制。"这些都是协同育人的指导思想。在学习、贯彻国家教育法规、文件的过程中,我们深刻感受到幼儿园、家庭、社区协同育人兼有时代使命和价值。

在田野课程中,我们始终保持生活的理念,既关注幼儿个体,也关注与幼儿生活紧密相连的幼儿园、家庭、社区的环境;既关注幼儿当前的生活与经验,也着眼于未来更长远的发展,联结过去、当下与未来。

幼儿园、家庭、社区三位一体,幼儿园和家庭的生活质量是相互影响的,同理,社区的生活质量也会或多或少地影响幼儿园生活质量。因此,在田野课程的实践研究中,幼儿园、家庭、社区是关联生活的生态因子,我们"共识共商""共育共赢"。在人类发展生态学视角的理论指导下,我们对田野课程中协同育人的主体、目标、实施有了更全面、更深刻的理解和实践。

## 一、共识共商

我们明确幼儿园、家庭、社区都是协同育人的主体,形成协同育人的共识,达成协同育人的目标,共商协同育人的方法,发挥育人主体间的各自作用,相互联系,从而形成了促进幼儿发展的教育合力。

### (一)协同育人的主体

人类发展生态学家布朗芬布伦纳提出:人的行为和发展受其所在环境系统的影响。他将环境系统由内而外分成微观系统、中间系统、外部系统和宏观系统。这四个系统之间相互作用、相互影响。

田野课程从人类发展生态学视角出发,认为幼儿园、家庭、社区三者都是协同育人的主体,因为它们是直接与幼儿产生对话和联系的"微观系统"。同时这三者在相互作用的基础上构成了幼儿发展的"中间系统",形成了合力,协同发挥作用来促进幼儿的全面发展。

幼儿园、家庭、社区共同承担育人责任,三者主体地位是平等的,各施所长,既相互联系又不可替代。幼儿园与家庭、社区密切合作,在教育目标上形成一致,在时空上密切衔接,在功能上优势互补,发挥教育的合力。

**（二）形成共同的育人目标**

幼儿是正在发展中的个体,幼儿园、家庭、社区应共同为幼儿的发展提供支持,明确各自责任,加强对话,共同履行义务,[①]形成共同的育人目标。

在田野课程的实践研究中,我们充分认识到家庭和社区对于幼儿发展的积极意义,将科学的教育理念传递给家庭和社区,通过组织、开展形式多样的家园活动,充分挖掘和利用社区资源,通过"打开幼儿园的'围墙'",从园内到园外进行资源、人员的有效联结。

幼儿园作为纽带,激发着社区、家庭的互动,我们也深刻认识到,幼儿的发展是在自身与周围的人、事、物的充分互动中实现的。因此,我们从培养完整儿童的目标出发,发挥幼儿园、家庭、社区的合力作用,共同将幼儿培养成"健康的人""博爱的人""智慧的人""富有个性的人",最终实现幼儿体、智、德、美、劳等各方面的协调发展。

**（三）目标共识的形成**

*1. 形成共育的理念*

幼儿园、家庭、社区达成共同育人理念是为了帮助幼儿更好地发展。因此,理念具有十分重要的意义。基于长期的实践经验,我们所形成的认同的理念包括如下几个方面。

其一,家庭与幼儿园是共同体,彼此信任,形成共识,共同发展。

其二,社区和幼儿园是重要的合作伙伴,彼此融合,紧密协同。

---

① 瑞吉欧•艾米利亚幼儿园和婴幼园学会.瑞吉欧•艾米利亚市属幼儿园和婴幼园指南[M].沈尹婧,李薇,译.南京:南京师范大学出版社,2014.

其三，家庭、社区、幼儿园共同构成完整的教育生态因子，合力为幼儿发展提供服务。

其四，幼儿园需要给予家庭和社区参与、了解教育过程的机会，以活动为纽带，以幼儿园、社区、家庭的环境与资源为依托，让幼儿园的教育理念看得见、教育过程看得见、幼儿发展看得见。

其五，家庭成员和社区人员是幼儿教育的合作者、参与者，同时也是部分课程内容的指导者，因此，幼儿园要以一定方式引导他们有效进入课程，发挥教育作用。

### 2. 形成各自的功能和共同的责任

幼儿园是专门的教育机构，教师是专职的教育工作者，是幼儿的支持者、合作者、引导者。教师应遵循幼儿自身发展规律，掌握科学的保教方法，发掘每一个幼儿的潜能，满足他们多方面发展的需要，并提供在已有水平上得到进一步发展的机会和条件。

对于幼儿来说，父母是孩子的第一任老师。父母不仅给了孩子生命，也是孩子成长过程中的重要教育者。在 2018 年的全国教育大会上，习近平总书记从"四个第一"的高度指出家庭教育的重要性："家庭是人生的第一所学校，家长是孩子的第一任老师，要给孩子讲好'人生第一课'，帮助扣好人生第一粒扣子。"因此，家庭教育具有强烈的感染性、长期性和针对性，教育内容丰富多样，教育方法机智灵活。家庭是幼儿园重要的合作伙伴，家长的教育意识和教育方式直接关系每一个幼儿的身心发展状况与水平和幼儿园的课程质量。许多家长能主动了解幼儿园的课程理念，在孩子入园前就自行购买了《田野课程：架构与实施》，了解幼儿园的教育理念，和孩子一起在家庭中开展教育实践活动。例如，孟想小朋友的爸爸支持孩子的兴趣，按照这本书上关于主题活动的展开方式，在生活中和孩子进行了"桥世界""南京城门"等主题活动，拓展了孩子的视野，丰富了孩子的经验。

除了要发挥家庭的作用，我们还要将教育的触角延伸到社区，因为社区就是一个小世界，孩子能看到他人，看到更广阔的未来。孩子们的游戏、学习和生活要走进社区、探索社区，这种学习是非常有意义的。因此，幼儿园和社区的关系也非常重要。我们要充分利用社区的教育资源，扩展幼儿生活和学习的空间,让幼儿与社区里的人、事、物互动,让幼儿园参与各种社区活动,让幼儿与其他人员交往,丰富社会生活经验,从而让每一个幼儿逐步完成从自然人向社会人转变的过程。

幼儿园、家庭、社区是幼儿发展的微观系统,它们之间相互支持、相互融合、相互促进,共同为幼儿提供良好的教育环境与教育支持。经过对实践进行总结,我们将协同育人主体之间的关系梳理如下。

幼儿园对家庭提供育儿服务、教育服务、信息服务,用正确的教育观影响家庭,用先进的教学观引领家庭,用孩子的发展带动家长。同时,幼儿园也会寻求家长的适宜支持,例如,当全园性的、班本化的"资源收集周"活动开始时,家长们大力支持,提供了丰富的物质资源;家长为建立支持幼儿活动提供了丰富的人力和信息资源,也为幼儿园资源库的建立提供了帮助。

幼儿园与社区的关系体现在融入和辐射。幼儿园积极融入社区,辐射教育理念,积极参与社区的活动。我们期待社区成员也能了解幼儿园里的各种故事,知道幼儿是怎样游戏和生活的,从而更愿意支持幼儿园的教育。

社区与家庭是相互参与、相互吸引的关系。社区与家庭需要各自通过参与多样化的活动进行互动、积极沟通,同时幼儿园应发挥纽带作用,激发社区、家庭的互动。

3. 探索协作的重点

（1）幼儿园与家庭协作的重点

① 传递与认同。从幼儿刚入园起,我们便开始向家长传递正确、清晰、易于理解与应用的教育理念,让家长认识、了解、认同、支持幼儿园的课程理念,并愿意在幼儿园课程中发挥作用。

② 引导与参与。通过开展活动、创设环境与进行潜移默化的渗透,有效引导家长的主动参与,提升家长的教育能力,推动家长更好地理解幼儿、理解教师、理解课程。

③ 深入与融合。家长作为实施者之一,从简单的活动参与,到广泛地深入班级、幼儿园管理,在幼儿园课程建设中,帮助进一步完善课程,并逐步将家庭中的观念行为、课程实施与幼儿园课程进行融合。

（2）幼儿园与社区协作的重点

① 资源的共享与互通。我们主动筛选、联系、利用周边适宜的社区环境、人力及活动资源，引发幼儿园课程与社区的互动，优化幼儿园课程的内容、形式，拓展幼儿的学习方式、学习经验与实践视野；同时，幼儿园也根据情况，适度开放资源，主动参与社区活动、提供公益服务，社区也在交互的过程中不断认识幼儿教育。

② 理念的"链接"与交互。一方面，我们在社区开展活动的同时，要有效引导社区理解幼儿教育、理解幼儿园课程，提升社区的社会教育能力；另一方面，幼儿园的理念也要吸纳社区中有益的文化、历史等，不断完善、优化课程理念与内容，实现两者理念的"链接"与交互。

③ 活动的共建与交融。通过活动与理念的融合，让社区与幼儿园紧密联系，相互融合，形成延伸的教育空间，共同为幼儿的发展提供多元化的服务。

## 二、共育共赢

田野课程的发展是一个全员共同参与、建构的过程。教职工、幼儿、家长、社区人员都是田野课程发展的建设者、合作者，通过开阔的视角促进田野课程的不断发展与完善。

在田野课程的实践中，幼儿园、家庭和社区之间通过多途径、多种方式，如沟通对话、参与合作达成教育共识后，为了幼儿的发展，教师、家长、社区人员紧密联系在一起，共同承担教育责任，共同计划、开展有趣的活动，让幼儿获得适宜的问题和挑战，获得解决问题的机会，形成新的经验。这个过程不仅能让孩子获得发展，也能让家长、教师、社区人员得到发展。大家都成为更好的自己。

### （一）打开幼儿园"围墙"

1. 加强与家长和社区人员的对话

我们创造一种和谐共生的教育关系，让家庭、社区了解我们的课程，认同我们的理念，心悦诚服、积极主动地和幼儿园一起参与到幼儿教育中，同时还将教师、家长、社区人员自身的生活经验、专业特长变成教育的有效资源和力量，在认同育人主体的基础上，加强平等的对话，在分享与参与的对话过程中萌生理解和共识。

（1）与家长的对话

教师的工作是在幼儿园里陪伴幼儿，保证他们的健康发展，还有一项重要工作是指导家庭，使家庭的教育和幼儿园的教育能形成合力，让家庭教育走向科学化的轨道。

回顾田野课程的发展，我们一直持续通过各种途径和方式让家长真实清晰地了解田野课程的理念，实施方式以及班本、园本活动等。比如：在走廊和门厅设置课程书架，家长可随时查阅；走廊设计的课程故事墙，成为家长了解幼儿故事的窗口；个性化的家园联系本、成长手册记录孩子一日生活的点点滴滴；我们也一直坚持以发送视频、图片、开展线上会议，布置班级主题墙、家园联系栏等多种多样的方式向家长呈现班级的活动。同时，定期举办各个年龄段的家长沙龙、家长座谈会、亲子活动、新生家长会、幼小衔接讲座等让家长有更多的机会和教师、教育专家直接交流对话，深入了解孩子的在园生活、学习方式和发展特点。

加强对话的过程中，我们考虑对话的频次和多样化的方式，不给家长增加负担，不布置任务，而是根据孩子的发展情况、孩子活动的需要、孩子面临的问题开展有针对性的、必要的、适宜的对话。我们梳理了教师和家长对话的方式及重点内容。

表7-1 家长对话的方式及重点内容

| 对话方式 | 对话重点内容 |
|---|---|
| 新生家长会 | 幼儿园介绍办园理念、幼儿教育主要观念、园本课程特点、幼儿的一日活动安排等。幼儿园与家庭建立初步的情感连接、理念认同。同时请家长填写新生情况调查表，帮助教师了解孩子多方面的情况，了解家长对孩子的期待，了解家长希望三年的幼儿园生活能帮助孩子获得哪些成长。 |
| 家长开放日、班级家长会、问卷调查 | 针对孩子所在的年龄段，家长了解近期班级开展的各项活动，教师对照《指南》目标帮助家长分析孩子的发展水平及家园协作配合的温馨提示。同时，教师向家长征集对幼儿园工作、对班级活动的建议与意见，促进教师改进与反思教育教学，做好班级管理。 |
| 家长沙龙 | 对某一个教育话题或现象展开讨论，教师和家长进行思想碰撞，提供有益的经验和帮助。 |

| 对话方式 | 对话重点内容 |
|---|---|
| 专题讲座 | 邀请教育专家对幼儿发展的特点、家长关心的教育问题、育儿策略等进行专业的分享和指导。 |
| 成长手册、成长档案 | 孩子、家长、教师共同参与。以作品、照片等多种方式记录幼儿的游戏、生活等。过程中幼儿能感受到自己的成长，家长能直观了解幼儿的活动，教师可以提升实践反思的能力。 |
| 家园联系本、接送交谈、预约面谈、网络沟通 | 教师和家长进行个别化的交流。家长了解孩子近阶段的在园情况，教师了解孩子在家庭里的行为表现。教师有针对性地关注个体，因材施教。在对话的过程中，教师肯定孩子努力进步的地方，同时以建议的方式请家长关注孩子的某种行为倾向或能力表现，提出具体的教育建议、方法。 |
| 亲子活动（调查、游戏、制作、探究、参访） | 根据不同的活动需要，教师围绕某项内容，以多种形式吸引家长和幼儿共同参与。教师引导家长了解、理解幼儿，感受幼儿的学习方式；助力亲子之间的情感深入；帮助家长建立正确的儿童观。家长向教师反馈幼儿的经验，与教师共同关注幼儿的兴趣、需要、困惑、问题等，给幼儿提供支持。 |
| 日常沟通反馈 | 教师主要以班级QQ群为平台和家长共商共育，将一日生活中有趣的活动、孩子的生活、通知信息等反馈给家长，同时和他们分享孩子的兴趣、需要、问题，发起线上共同的讨论、交流等，倾听家长的感受和建议。 |

　　参与课程建设是最常态的一种对话。家长以不同的方式积极参与进来，有活动前的主题规划、审议，有过程中的协助、指导，还有观察、倾听、讨论、互动、评价等方式。我们相信，家长在参与过程中能更好地了解孩子的学习特点和发展情况，在做出自己贡献的同时，也能进一步从孩子和教师身上理解田野课程的理念，并且在与教师的密切合作中也受到积极的影响，这些关于理念和行为的积极影响必将对家庭教育的不断优化产生作用。

　　正是这些持续不断的对话，潜移默化地影响着家长的教育观念和方式。家长逐渐理解和明晰自己在孩子成长中的重要作用，因此，他们也愿意成为田野课程的参与者、支持者、协助者、审议者和评价者。下面我们通过"树爸爸还是树妈妈"的案例来呈现教师和家长之间的教育对话。

　　**案例：树爸爸还是树妈妈**

　　散步时，细心的孩子发现，操场上不是每棵银杏树上都有银杏果。我问孩子们:"为什么有的银杏树结果子? 有的不结果呢?"咔咔说:"因为它的叶子有缝,它会结果子。那棵树上的叶子没有缝,所以它没有银杏果。"旁边的小豚也伸出小手指着银杏树说道:"这是雌的,那是雄的。"

"谁是树爸爸,谁是树妈妈?"的问题引发了孩子们持续的讨论和探究。

有的孩子说:"可以结果子的银杏树肯定是树妈妈,因为妈妈可以生宝宝,但爸爸不行。"有的孩子说:"因为妈妈会生宝宝,银杏果就是银杏树的宝宝。"有的孩子说:"叶子上有大嘴巴缝的是树妈妈,没有缝的是树爸爸。"……究竟孩子们的结论是对还是错呢? 我开始上网寻找答案。没想到网上给出的答案和孩子们的观察结果刚好相反。

于是,我在班级 QQ 群里向爸爸妈妈们发送了"求助"消息:爸爸妈妈们好! 今天孩子们在观察银杏树时,发现有的树结果,有的不结果。孩子们说:"结果子的银杏树是树妈妈,它的叶子上有较深的裂痕;不结果的银杏树是树爸爸,它的叶子没有明显裂痕。"孩子们眼见为实的发现和上网搜索到的结果恰好相反。这给我们带来了困惑,期待爸爸妈妈的帮助。明早送孩子入园时,如果您有空,就来操场上的银杏树下吧,帮助我们共同寻找答案,解决孩子们的困惑与问题,好吗?

第二天早上,银杏树下真的来了好几位爸爸妈妈,大家因为孩子的兴趣、问题紧密联系在一起,共同在银杏树下验证、探索、寻找答案。班级 QQ 群里,围绕"分辨银杏树的雌雄"这一话题,爸爸妈妈们也在持续热情地讨论着。

图7-1　孩子和爸爸妈妈一起现场探究

图7-2　妈妈在查阅资料

有热心的家长就我们的问题请教了自己认识的植物学专家,植物学专家也参与到我们的课程中。植物学专家通过视频的方式,也站在银杏树下,用

图 7-3　班级群里热烈讨论

直观的方式讲解，帮孩子们很快辨别出了树爸爸和树妈妈。原来，判断银杏树雌雄不能单一地根据叶片来判断，需要综合考虑树枝夹角、树形状态和树叶形状等。

在教师、同伴、家长、植物学专家的帮助下，孩子们辨别出操场上三棵银杏树中原来有两棵是树妈妈，一棵是树爸爸。

我们的课程就是这样做的——加强与家长对话，教师、家长及植物学专家共同参与、对话，激发并维持了孩子们探究银杏树的兴趣，也弥补了教师自身对植物领域知识的缺失，家长、教师和孩子们共同收获了新的经验。

对话的过程让家长了解了孩子亲近自然的天性，感受到孩子的学习方式，知道原来幼儿园的课程会引发孩子在现场真实情境里思索真实的问题，开展有趣的探究，获得真实的体验。正如一位家长所说："这样的探究精神是孩子未来人生中一笔宝贵的财富！"

（2）与社区人员的对话

社区的资源不仅包括自然资源、物质资源，还包括人文环境、各种人力资源。当社区的资源发挥教育作用时，社区里的资源老师、社区志愿者、社区专业人员也就成了幼儿活动的支持者和教育者。我们幼儿园有一支由园内外人员组成的资源教师队伍，他们中有精通植物种养的人员、保健医生、炊事人员、民间艺人、领域专家等。

　　社区人员都希望能以某种具体的方式参与到幼儿园的课程中来，但是如果教师没有发出邀约或他们不知如何与孩子交流时，他们心里是没底的、想要退缩的。为了让社区人员也能发挥教育者的作用，为幼儿的活动提供专业支持，为幼儿园的课程做出贡献，教师首先帮助社区人员意识到他们的参与和贡献是受幼儿园欢迎的，使社区人员觉得幼儿园的课程需要他们，幼儿需要他们；其次，要提前做好沟通和交流，让社区人员了解幼儿想知道的问题、想做的事情，请他们提出建议或想法，共商活动流程、活动方案。

　　在对话的基础上，社区人员也成了课程的建设者。他们的参与让课程更加有创造性和生命力。新年来临之际，秦淮灯艺专家来园与孩子们互动，讲述秦淮灯艺的传统文化，引导孩子也来尝试做一盏花灯；在六朝博物馆里，孩子们了解了自己喜欢的文物，聆听了社区志愿者专业的讲解；"甘熙故居"的九十九间半，师幼共同欣赏金陵绒花的精湛制作工艺，听大师介绍每种图案的寓意，增进对传统文化的了解；社区交警大队的交警阿姨和叔叔们穿着帅气的警服，驾驶着警车、警用摩托来到幼儿园，示范交通指挥的动作，宣传交通安全知识，设置动脑筋小问题，教师、孩子们都获得了许多交通安全的常识和自我保护的经验；当进行戏曲主题活动时，我们和孩子们走进幼儿园对面的江苏省戏剧学校，观看学戏曲的大哥哥大姐姐练功，欣赏精美的戏曲服饰，专业的教师来为孩子们讲解示范戏曲表演的基本动作，戏曲老师们也应邀走进幼儿园，指导孩子们开展"小戏迷"活动，传承传统文化……

　　在一次次的"走出去"与"请进来"过程中，幼儿园打开了"围墙"，在相互了解、相互交往、加强对话的过程中，社区人员参与教育的热情与责任心开阔、丰富了幼儿和教师的视野。教师、家长、社区人员在共育共商的过程中，尽自己的努力支持幼儿的学习和生活，让幼儿的学习和生活跨越幼儿园的"围墙"，让幼儿更多地看到、听到、接触到"外面精彩的世界"。

　　2. 拓展空间

　　外面精彩的世界是通过"充分利用自然环境和社区的教育资源，拓展幼儿生活和学习的空间"让孩子体验、感知、探究而来的。当幼儿的园内活动不能完全满足他们拓展经验、开阔视野时，首先，教师会考虑在幼儿园的资源地

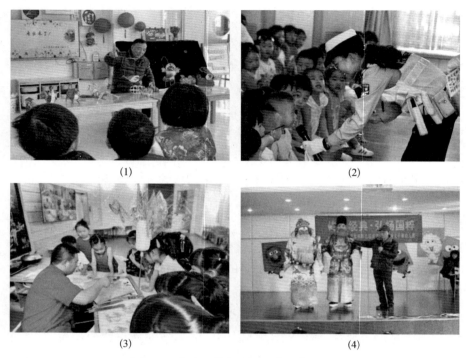

图7-4　社区人员也是课程建设者（组图）

图、资源库里拓展教育的空间，同时也一定会根据活动需要、出行方式、人员参与等进行筛选和思考，让拓展的空间和活动更匹配，让资源得到合理利用。比如，幼儿园里小石桥上有几块特别的石砖，石砖上的文字激发了幼儿的好奇心……当一块砖不能满足幼儿的好奇心时，教师想到离幼儿园不远的东水关遗址公园：我们可以去那里参访啊。这不仅能满足幼儿探究的欲望，还是一次远足活动，可以锻炼身体。当幼儿身处古城墙边，想探究墙砖上文字的同时，对古城墙的建造、作用、历史又产生了浓厚的兴趣，东水关遗址公园可能也不能完全呈现古城墙的所有特点和文化，因此，教师又继续挖掘空间和资源，利用中华门城堡的资源来开展活动。因为路途较远，所以教师用亲子活动的方式来开展本次活动，通过游戏单引导幼儿带着问题和爸爸妈妈共同寻访城门、城墙的秘密，用图画、照片记录发现。其次，我们还有意识地发挥空间里人的作用，每一次活动开展前，教师都要先去踩点，熟悉环境，和相关人员联系，让他们明白我们想做什么事情，请他们提出自己的想法，彼此沟通和交流。我们共同来看看大班"环保小卫士"的活动案例。

**案例:环保小卫士**

"垃圾分类,从我做起"的观念已经深入人心。最近,很多孩子在班级讨论:"我们家小区多了一些新型的垃圾桶,是可以分类的垃圾桶,上面有很多不一样的分类标志!""我爸爸和我进行了一次垃圾分类,我们把果皮装入袋子后,倒入了厨余垃圾桶内,把家里的废旧报纸投放进了可回收垃圾桶里面,真是太有意思了!"

一位在社区工作的家长也告诉老师一个好消息——在"慧园里"小区内,设置了一处"智能垃圾分类亭",和小区中的普通分类垃圾桶不一样,并且他可以联系社区,带领班上的孩子一起参访一下。看到孩子对垃圾分类兴趣的逐渐高涨,我们很快和"慧园里"小区的工作人员取得了联系,得知该社区也有对外宣传的工作,于是,我们约定了时间,走进社区,进行了一次由社区组织的关于"智能垃圾分类亭"的参访活动。

在这次活动中,幼儿园、家庭、社区看似扮演着不同的角色,却又形成一股合力,这股合力成为一根"连接线",联系着彼此,共同发散出潜在的教育价值。社区发起垃圾分类的号召,将垃圾分类作为一个教育的契机和资源影响着每个家庭。家庭积极参与,用行动落实社区的教育,同时家长也有课程意识,将得知的社区资源信息及时地提供给幼儿园。在幼儿园里,教师提前引导幼儿感知垃圾分类有不同形式和设备,班级的教师们也需要提前去参观地踩点,了解参观路径,和工作人员进行活动沟通,这也为之后正式带领幼儿进行参访提供了基础。这个活动正体现了教师、家长及社区的人员打开"围墙",拓展教育的空间,发挥协同育人的作用,为幼儿成为真正的"环保小卫士"共同努力!

图7-5  孩子们参访社区里的
"智能垃圾分类亭"

空间的拓展,延伸了幼儿的经验,开拓了教师与幼儿的视野和思维,也为幼儿提供了更适宜的教育环境。空间的拓展让幼儿走到更真实、广阔的社区生活中去,与更多的人进行交往、互动,因为每一个幼儿都生活在社区里,所以这一宝贵的资源不能被忽略。

**案例：去种树**

3月初，正值春暖花开的好时节，幼儿园的生态教育基地"锦荷山庄"传来了一个信息：3月13日周六上午，基地有可供家庭免费种植树苗的机会。联想到以往的"3·12"植树节，孩子们更多的是通过图片、视频了解植树节的来历、植树的方法以及种植树木的好处，很少有机会能直接参与、亲自体验植树的过程。我们认为，空间的拓展一定可以给幼儿带来不一样的体验和经验。

我们发现，空间的拓展能让幼儿走出去，能充分调动他们的积极性和参与度。接下来的一个星期，孩子们通过调查、访谈等多种方式了解植树节的来历、意义，对不同树的种类有了初步的认知。大家为植树做了充分的准备活动：亲子共同选择喜欢的树苗、了解种植的方法、准备种植工具、规划种植方案、开展经验分享、设计爱心卡片、开展安全问题讨论等。

植树现场，每个家庭认领了一棵小树苗，爸爸妈妈和孩子们选位置、挖树坑、一锹一锹地铲土填入树坑、培实新土、提桶浇水，挂上精心制作的爱心牌，道道工序都做得认真、干得起劲。大家齐心协力、分工合作、相互配合，每一个细节都全情投入，每一个环节都井井有条，呈现出一派热火朝天的劳动场面。在孩子们遇到难题，需要相关经验的支持时，园林专家现场为孩子们答疑解惑，提供专业指导；幼儿园所有的老师和农庄的工作人员共同作为志愿者全程助力。

图7-6　热火朝天的种树现场

图7-7　南京林业大学教授现场
　　　　解答孩子们的问题

　　植树的活动也让家长受益匪浅,爸爸妈妈纷纷在朋友圈分享自己和幼儿活动的过程和点滴感受。土豆妈妈在班级家园联系栏里分享了自己参加这次活动获得的快乐与收获。

### 做一颗飞翔的种子
#### ——"去种树"田野主题活动感言

　　当土豆听说幼儿园要去农庄植树,他满心喜悦,每天都在扒着手指头,算算还有几天就可以到属于他的"植树节"。孩子对种树,从此又有了不一样的情感。

　　在期待种树的日子里,时常能看到 QQ 群里老师分享孩子们针对种树开展的准备活动:比如填写树的种类与编号、探讨种树的准备、制作树苗卡、当安全宣传员……原来老师们为"去种树"活动开展了这么多的准备工作,一个大主题将认知、动手和社交等多个活动融合,让孩子们在不知不觉中增长了知识,获得了快乐。没有条条框框的限制,完全是自发的向往,这也许是田野带给孩子们的期待。

　　真正去植树的那天,到了现场,我突然感觉自己来到了书中的世界。土豆一看到"P"的标志就告诉我,那是停车场,还有路边的"当心落水"的标志以及挖掘机,一切都那么真实,都是曾经在幼儿园拥有的经验。我们也看到很多穿着红马甲的老师在当志愿者,还有植物专家在现场解答孩子们关于树朋友的问题。泥泞的小路,我们不怕,因为农庄的叔叔阿姨提前告诉我们要穿雨鞋。远处还有挖掘机,如此真实的植树画面,是我们没有想到的。

图 7-8　做一颗飞翔的种子

　　大家在植树的现场是很快乐的。我想,土豆拿着小铲子种下的不仅是树,是春光,是生长,也是他的一份小小的爱心。十年树木,百年树人,虽然土豆还小,树苗也不大,但在种树的过程中,我们学会了像树一样生长,和树对话,和自然联结。我们就像一颗会飞翔的种子,在这个世界遨游,然后选择一个地方生根发芽,田野给了我们广阔的世界,让我们在这里安心地生长。

在这个案例中,我们秉持着"打开幼儿园的围墙""让孩子感受不一样的广阔田野""让孩子在真实的现场中学习"的信念,深刻地体会到空间的拓展对幼儿发展的意义和价值。这个活动让幼儿有机会走出幼儿园,走进自然,与更广阔的自然充分对话,在亲身体验、动手劳作中学到种植的经验,掌握简单的种植技能;在自然观察、实践探索中了解植物的生长特点,增强环保意识;在团结合作中感受交往的乐趣和陪伴的温暖。

### (二)参与中彼此成就

俗话说"众人拾柴火焰高",田野课程希望把教育过程构建为让参与其中的所有人共同发展的过程。在协同育人的过程中,我们除了目标、理念要一致,同时还需要友好的相处、互动模式,调动所有与幼儿生活相关的人心往一处想,劲往一处使,转变自己的观念和行为,真正去了解幼儿的需要、支持幼儿的活动。大家在参与中相互帮助、相互成就、相互感谢,形成关联的生活,实现共赢的局面,这是一个充满善意、充满爱和智慧的教育过程。

#### 1. 观念改变

家长是幼儿的第一任教师,也是终生的教师。在幼儿的成长过程中,家长的教育与陪伴至关重要。但现实情况是:一部分家长有较强的教育意识,但缺乏正确的观念和科学的教育方法;还有少部分家长则寄教育希望于幼儿园,他们会对教师说:"我就把孩子交给老师教育了!"其实,孩子的成长过程离不开家庭的影响,缺乏家庭教育的有机配合,幼儿园的教育目标是难以实现的。

每学期家长开放日活动结束后,教师都会请家长对幼儿园的教育教学、师德师风等提出宝贵意见。小班果果的妈妈是这样评价的:

我也是第一次当妈妈,在入园前感觉小孩子这么小,只要吃饱穿暖、不生病就是最好的,没有关注特别多的其他方面。到了太幼以后,听了园长的新生入园家长会,我第一感觉就是这所幼儿园真正把孩子放在了第一位。在田野课程的熏陶下,小孩子亲近自然,喜欢探究,在老师的带领下,主动地去观察、去动手、去探究、去实操。比如小班"水果"主题里幼儿榨西瓜汁,先猜测哪种工具榨得好,再去验证用哪个工具更方便操作,这一系列的活动容易让孩子把好奇心、注意力集中在某一个话题当中,更敢于主动地表达。幼儿园的活动,让我切身体会到亲子之间的关系更好了,孩子每天回来会主动地跟我分享他在幼儿园里面种的植物的相关情况,比如:种的大蒜宝宝长出叶子了,叶子是什么样的,有什么变化,他是怎么照顾它的,大蒜叶子长得长长的,剪一剪、切一切,放在面条里香喷喷的。孩子每天回来都会跟我说一说幼儿园里有趣的事情。受幼儿园的影响,我们家的生活方式也改变了。每到周末我们都一定会空出一天,带孩子去亲近一下大自然,帮他把在幼儿园里学到的一些知识去真实生活中验证一下。在家里我们会鼓励孩子多多练习在幼儿园学到的叠衣服、脱衣服等本领。这些变化都得益于幼儿园的活动和理念。

家长关注孩子在园的一日生活,通过关注,改变自己对幼儿园的原有认知,"没想到幼儿园是如此重视孩子体智德美劳的全面发展,还能循序渐进、螺旋上升式地开展各类有益于孩子身心发展的活动"。这样的教育理念、教育方式影响着家长对家庭教育理念的转变。

2. 情感满足

我们让家长参与幼儿园的活动不仅仅是让家长了解孩子在园的生活情况,更重要的是让家长知道如何去陪伴孩子。父母或其他与孩子共同生活的家人在参与孩子的活动时,看着孩子开心的笑容以及生动的活动场景,内心的满足感油然而生,似乎在那一刻更加理解孩子了,也被那份自然的童真所感染了。

**案例:你好,冠军爸爸**

米粒小朋友的爸爸是2008年奥运会男子举重62公斤级的冠军,他受邀参与到孩子们"我们爱运动"的项目活动中。冠军爸爸的到来不仅让孩子们学会了一些体育运动的方法,还让孩子们感受到了珍贵的体育精神。

冠军爸爸在活动室里给孩子们展示举重时,班上的其他孩子都为冠军爸爸鼓掌加油,只有米粒坐在椅子上悄悄抹眼泪。米粒说:"我担心爸爸会受伤。"活动结束后,老师向冠军爸爸表示感谢的同时,提到了米粒爱的泪水。冠军爸爸说:"之前,我也去过很多幼儿园,和老师、孩子们分享奥运,传播体育精神,帮助他们了解举重这项运动,好像没有什么特别之处。但这次是到自己孩子所在的集体面前展示我的专业、分享感受,心情和体会还是有所不同的,因为那个小家伙始终都会牵动我的心。米粒是一个很暖心的小女孩,特别会关心人。只要看到家人有危险,她就会担心和流泪,表达对家人的一种爱。米粒也是第一次在幼儿园看到我举重,在她懵懂的幼儿时期没有见过我真实训练和比赛时的场景,只知道我是一名举重运动员,是奥运冠军。但是什么是举重?奥运冠军背后的意义是什么?她完全不知。所以,今天我来到幼儿园参与孩子们的活动,最直观的感受是,女儿会因为担心我的安危而落泪,而忘却和其他小朋友一起鼓掌与欢呼。这一个小小的举动在我心里是那么温暖,我特别欣慰!这次幼儿园的邀约让我和孩子有了进一步的心灵感应。"

(1)           (2)

图 7-9 冠军爸爸和孩子们互动、交流

这是一次充满爱与亲情的活动,冠军爸爸在活动现场感受到女儿米粒和小伙伴们的情感表达。米粒感受到爸爸工作的辛苦,心疼自己的爸爸,她终于明白原来爸爸为祖国争光的背后要付出这么多。这样的现场参与、亲子互动的形式,一定会让这对父女铭记一生。在这样的互动中,家长与孩子会加深心灵上的联结,获得情感的满足。

3. 开阔视野

家长、社区人员参与幼儿园的教育活动,可以发挥他们不同领域的专业特长,丰富我们的课程资源。如解放军爸爸参与田野主题活动"我是小小兵",带领幼儿走进军营,让幼儿体验并了解解放军的日常生活。在自来水厂工作的妈妈,带领幼儿进入自来水厂,了解自来水的净化处理过程,增强了幼儿的环保意识。音乐家爸爸与老师共同研讨音乐活动,并为活动提供了现场配乐,为幼儿的活动提供了更为真实可贵的体验。爱好烹饪的妈妈和幼儿一起动手制作了各种各样美味的点心。地铁三号线常府街站的地铁工作人员参与孩子们的主题活动"地铁来了",带领幼儿乘坐地铁,走进地铁操控室,进一步向幼儿讲解了地铁运行的简单知识,帮助幼儿体验如何文明乘坐地铁。社区医生参与"健康的身体"主题活动,和幼儿一起探究身体的秘密。南京江豚水生生物保护协会的工作人员带领团队走进幼儿园,向幼儿介绍了濒临灭绝的江豚,帮助他们进一步增强了爱护动物、保护自然的意识和情感等。

这些资源非常宝贵,丰富了课程内容,不仅开阔了幼儿的视野,也开阔了教师及其他参与课程建设者的视野。家长、社区人员参与幼儿的活动,这一看起来如此简单的事情,有时跟幼儿交流却显得非常困难,但是,所有人都愿意为了孩子静下心来,向老师们学习如何和幼儿沟通,在老师的支持下,用幼儿的学习方式来准备活动,向老师一样认真"备课"。在这个共商共育的过程中,家长、社区人员对老师的工作也有了更多的认识和更高的敬意。

**案例:悠悠爸爸讲红色故事**

在喜迎国庆,给祖国妈妈庆祝72岁生日的活动中,大班小朋友悠悠的爸爸应邀来园给孩子们讲红色故事。在准备的过程中,悠悠爸爸说:"我学习党史多年,也一直从事党员领导干部的培训工作,在这方面应该驾轻就熟,可是我却不知在面对孩子时,该以怎样的视角切入。"

悠悠爸爸的困惑得到了班级老师的帮助,老师和悠悠爸爸一起"备课":首先在内容选择上,老师建议从孩子生活的吃、穿、住、玩、行等方面来说说祖国妈妈翻天覆地的变化,说说今天幸福生活的来之不易;在实施途径上,建议结合图片、视频,用直观的图片、动画,用前后对比的方式播放给孩子们看;在表达方式上,建议要用孩子能听懂的语言,像和孩子聊天、讲故事一样。

悠悠爸爸说:"在老师的教育观念引领下,我改变了自己专业授课的教育方式,从儿童学习的角度去准备幼儿园的红色故事课程,孩子们听得津津有味,个个眼睛睁得大大的,表现出对知识的渴求,这是我在对成人讲座时,从没感受过的!"

图 7-10　孩子们聆听悠悠爸爸讲述祖国妈妈日新月异的变化

　　为了丰富主题活动,家长也可以成为幼儿园里的"特邀老师"。这是一种让家长了解课程、了解孩子在园生活的好方法,最重要的,能让孩子们拓宽视野,累积多样化的经验,同时也能增加老师们的教学智慧,丰富幼儿园的课程资源。

　　4.唤醒责任

　　我们期待幼儿园、家长、社区之间发挥教育合力,促成一种稳固的生态关系,营造一种教育文化,形成一种更适合幼儿成长的氛围。协同育人的主体之间要发挥各自优势,教师、家长、社区人员,每个人都在社会中承担着相应的角色,因为有幼儿参与活动,因为要与幼儿互动,所以这常常会唤醒他们内心的责任意识,使他们对于自己的工作、承担的任务更加自觉、自主。"去购物"活动就是一个很典型的案例。

　　**案例:去购物**

　　按照自己制订的家庭购物规划用十元钱在超市购物,这对于大班孩子来说是一次贴近生活又富有挑战的活动。

　　超市是社区里的重要资源。迎接一群特殊的小客人,可能对超市来说还是第一次。怎样让幼儿园的活动得到社区的支持呢?按照惯例,教师先来到太平南路苏果超市进行踩点,找到店长并表达了让孩子来自主购物的想法。徐店长听了自主购物对孩子的挑战和意义后,非常支持幼儿园的活动,并在第二天下午亲自带着工作人员来到幼儿园和班级教师再次对活动进行细致沟通,主动询问超市需要如何配合幼儿园。徐店长说:"我和员工也说了幼儿园的活动,我们要保证孩子们购物时的安全,要规范我们的服务,要认真解答孩子的问题,注意自己的形象。"

孩子们在超市购物的过程中,店长叔叔向孩子们介绍超市的环境,根据孩子们的兴趣带他们参观了二楼办公区。超市的工作人员也在投入、积极地工作。理货员阿姨一边整理着货架,一边温柔耐心地回答孩子们的提问;收银员阿姨一边礼貌地接待付钱的顾客,一边向孩子解释手里拿的扫码机;保安师傅一边站在超市门内维持秩序,一边告诉孩子们保安的工作职责有哪些……

对超市工作人员来说,他们日常的服务对象更多的是社区里的成人,当服务对象变成一群孩子时,这就变成了一种考验。事实上,社区的超市工作人员做得非常好。他们着装整齐,每个岗位上的员工都精神抖擞,笑眯眯地和孩子们交流,连平时说南京话的保安师傅也说起了普通话,亲切地回答孩子的问题。因为服务对象不同,超市的工作人员也在调整自己的服务模式,约束着自己的言行,约束自己的过程就是发展自己的过程,每位员工更用心地把目光聚焦在孩子身上,将服务意识、责任意识和教育意识相结合,丰富了孩子们的购物体验,加强了他们对超市的了解。同时,超市工作人员的社会责任感被进一步激发与唤醒。

对幼儿来说,他们除了拥有了真实、自主的购物体验外,更学会了与人沟通,尊重别人的劳动。幼儿与社区里的人产生了交往和联系,比如询问收银员阿姨每天工作多少时间时,收银员阿姨告诉他们"要工作7个小时哦",孩子们很惊讶地说:"要站这么久啊,阿姨好辛苦呢!"收银员阿姨说:"再辛苦也要好好工作啊!"在这些对话中,孩子们体会到责任;在看到工作人员给予顾客帮助时,孩子们体会到热情服务;当得到超市赠送的小礼物时,孩子们体会到感谢。爱是可以传递的,当大班的孩子们感受到爱之后,提出要向超市的叔叔和阿姨表达感谢,孩子们亲手做了风信子花,用图夹文的方式写下了感谢信。当孩子们带着感谢信与风信子花再次来到超市,亲手将这份感谢送给超市的工作人员时,大家的脸上都呈现出满满的幸福。

图 7-11  孩子们在超市购物　　图 7-12　孩子们对超市工作人员表达谢意

### 5. 做更好的自己

协同育人已经不是单纯的教师邀请家长、资源教师、社区人员参与到某个活动当中来,而是大家在共商共育。在这样的过程中,大家因为视野的开阔、观念的转变、情感的满足、活动中的自我反思与调整等获得了成长,每个人都更加注重全面发展,更加注重知行合一,更加注重融合发展,更加注重共建共享。豚豚妈妈的文章《田野是检验真理的实践场》更加坚定了协同育人带给我们的收获和成长。

#### 田野是检验真理的实践场

我们这群成年人面对疑难问题时,习惯地掏出手机"问百度",而一群孩子给我认真地上了一课,让我知道了什么叫作"实践",什么是真正的"田野精神"。

9月末的一个午后,大三班的孩子们正跟着老师在幼儿园里散步。孩子们的目光被三棵高大茂密的银杏树吸引,细心的孩子们发现,并不是每棵银杏树下都有银杏果。

"为什么有的银杏树结果子,有的不结果子呢?"孟老师顺势抛出了问题。这个小问题引起了孩子们极大的好奇心:"难道银杏树也是分男女的?"小小的脑袋凑在一起,你一言我一语,认真地思考起这个问题。

孩子们没有找出令自己满意的答案。老师帮助大家在网上找答案,却发现百度百科上给出的答案和孩子们的观察刚好相反——"雄株叶片中心缺裂深,多超过叶片中部"。"可我们看到的,明明是叶片开口大的树结果子呀!""结果子的怎么会是树爸爸呢?"孩子们疑惑了。老师建议大家回家和爸爸妈妈一起找答案,于是孩子们把这个问题带回了家。

"妈妈! 百度是错的! 我们观察到的不是那样!"儿子豚豚眉飞色舞地向我描述他的"研究现状",告诉我他们如何"发现问题",还提出了他设计的解决问题的路径:找找《我的植物朋友》这本书里是怎么写的、问问小仙阿姨、去植物园观察更多的银杏树。根据豚豚的请求,我请教了身边的专家朋友,业界和学界的专家们都对小朋友们的探究精神表示了赞赏。只是,专家们给出的判断经验虽然权威,但因为理论性太强,很难让孩子们接受。怎样用一种直观的办法让孩子们明白呢?"小仙阿姨"! 豚豚第一时间想到的专家,是我的一位朋友,她是南京大学金陵学院教授植物学课程的袁老师,"小仙阿姨"用视频讲解的方式热情仔细地为孩子们做了讲解。专家老师们的结论基本一致,判断银杏树不能单一地根据叶片来判断,还要综合考虑树枝的夹角和树形的状态。

儿子认真的态度让我惭愧,我们这些成年人在发现问题时的第一反应也常常是"问百度",但是这群幼儿园里的孩子给我上了一课,我应该认真反思自己。什么是批判性思维,什么是田野精神,这是我在这所幼儿园里重修到的学分。我们常常重视结果而忽略了过程,我们急于知道答案,却不知道探索答案的过程往往比答案本身更为重要。

记得孩子刚入园时,幼儿园请每个家长填写期望孩子在幼儿园的三年里获得什么。我当时写下"希望他开发出并保持着热烈的好奇心,能具有研究性学习的兴趣和能力"。这是我认真思考后对孩子的期望。我希望他的好奇心能成为他一生学习的起点。时下,"不要输在起跑线上"已成为被很多人诟病的观点。然而我却深以为然。人,当然是有起跑线的! 而我们当然不要让孩子输在起跑线上! 这条起跑线的名字就叫作"好奇心"。它决定了我们的孩子能跑多远。习惯了"被告知"的孩子,不会体会到发现和探索的乐趣,在没有外力逼迫他们学习的时候,他们会丧失学习的动力和热情。

如果说实践是检验真理的唯一标准,那么我们的田野,就是那片最好的实践场! 实践场中的每位参与者,孩子、家长、教师、社区人员就像那田野里的小芽,深深地扎根在实践的泥土里,他们一定能长得苗壮、茂密,每个人都如同幼儿园里的银杏树一样,做更好的自己!

(1)　　　　　　　　　　　　　　　(2)

图 7－13　共同探究银杏树的秘密

### (三) 优化儿童发展生态系统

田野课程不仅关注 0—6 岁婴幼儿教育的质量,还在不断探索如何更好地为幼儿的可持续发展提供支持,为孩子的终身学习和发展奠定基础。田野课程中的我们以前瞻的眼光,走到人类生态发展学的视野中去,在一个更开阔的圈层中看待儿童的成长。

我们以幼儿发展为目的,不断优化和完善幼儿的生态系统。首先,探索微观系统内幼儿的深度学习与发展策略,以幼儿为本,关注幼儿的身心健康,关注幼儿发展的可持续性,关注求知欲、好奇心等学习品质,培养有益于幼儿终身发展的习惯与能力,为每个幼儿搭建成长适应的阶梯。其次,建设幼儿园、家庭、社区协同育人的中间系统,深入研究"协同育人"的有效途径和方式,提升协同育人的科学性和有效性;整合外部系统的社会资源,筛选出适合幼儿学习与发展的物质资源、人力资源。再次,考虑宏观系统,为幼儿成长发展提供适宜的条件、环境和服务,切实保障幼儿的生存权、发展权、受保护权和参与权,给幼儿成长创造更好的条件和环境。我们在为建设幼儿生活中的友好城市努力贡献着自己的力量。

联合国教科文组织在 2021 年 11 月面向全球发布《共同重新构想我们的

未来：一种新的教育社会契约》报告，希望将国家政府、社会组织、学校和教师、青年与儿童、家长与社区等教育的相关利益方全部纳入契约，通过共同努力，实现教育作为"全球共同利益"的愿景。这份报告与我们田野课程协同育人的理念不谋而合，我们将以此报告精神为指导，继续探索协同育人的新理念、新视角、新方法，为幼儿能够更好地成长而努力。

# 第八章　田野课程评价

幼儿园课程评价就是在对幼儿园课程的计划、活动以及结果等有关问题的量或质的记述的基础上做出价值判断的过程。[①] 课程评价是课程建构、生成与发展的重要环节。在田野课程不断发展的过程中,田野课程评价的价值取向、内容模式、方法途径也在不断发展和完善,评价主体、评价内容、评价方式更加多元化,进一步整合了诊断性评价、形成性评价和终结性评价,注重评价的发展性、多样性、整合性和差异性,注重在真实的情境中进行过程性评价,特别关注每一个幼儿的学习发展和成长历程,同时更加明确了评价的目的和意义,即评价是为了发现问题,以更好地改进实践。

## 一、课程评价的理念

《幼儿园教育指导纲要》中明确指出:教育评价是幼儿园教育工作的重要组成部分,是了解教育的适宜性、有效性,调整和改进工作,促进每一个幼儿的发展,提高教育质量的必要手段。在田野课程评价中,我们始终聚焦幼儿的行为表现和发展变化,在真实的生活与情境中,教师、幼儿、管理人员及家长多方参与,审视课程实践,发现问题,解决问题,以发展的眼光努力促进每一个幼儿的发展。

### (一) 课程评价的目的

幼儿园课程评价具有重要的功能,如诊断与改进的功能、教育与引导的功能。《基础教育课程改革纲要(试行)》明确提出:"改变课程评价过分强调甄别与选拔的功能,发挥评价促进学生发展、教师提高和改进教学实践的功能。"换言之,评价不仅是为了判断,也是为了更好地改进课程实践、优化课程适宜性、实现教师自我成长以及促进每一个幼儿获得发展。

---

[①]　虞永平.学前课程与幸福童年[M].北京:教育科学出版社,2012.

1. 改进课程实践

改进课程实践是幼儿园课程评价最主要的功能,它是指在搜集、整理和分析资料的基础上,对课程实践的客观情况特别是所存在的问题进行诊断,为其进一步改进行动提供支持的途径和方法。正如泰勒所说:"评价的目的不在于证明,而在于改进。"[①]田野课程的评价着眼于发现问题,评价的重点在于对现象、对问题做出判断,发现、诊断教育过程中的问题,在此基础上针对问题形成改进的策略。具体来说,田野课程评价包括探索课程的规划和实施是否符合教育目的和幼儿特点;课程的开展和实施,是否收到了预期的效果,幼儿获得了哪些新经验和成长;课程在什么方面需要调整和改进;等等。通过评价,教师能够发现在教育实践中存在的问题,分析问题出现的原因。因此课程评价最直接的目的就在于发现问题,改进实践。

2. 优化课程适宜性

由于评价本身具有诊断、调节和导向功能,因此它对幼儿园课程的目标制定、内容选择、组织和实施等各个环节,都会产生重要的影响,对幼儿园课程发展具有重要的意义。在田野课程中,我们重视评价对于课程改进和发展的重要意义,让评价贯穿课程发展的始终,通过多种评价方式,对课程实施过程、课程实施效果等进行评价;同时,重视质化评价的作用,因为质化评价大多是形成性的,它更多地关注幼儿的学习过程,而幼儿的学习过程本身就是课程的一部分,在师幼之间持续的互动、探究、学习的过程中,课程也在不断生成、发展。我们鼓励教师在日常课程实践中对课程设计和实施工作进行过程性评价,发现课程设计与实施工作中的不足,并及时反馈、调整,不断优化课程的适宜性。

3. 实现教师自我成长

教师是幼儿园课程最终的实施者,教师的评价贯穿于幼儿园日常生活、活动过程之中,因此是幼儿园课程最重要的评价力量。教师评价的过程,是教师在一定儿童观、教育观、课程观的指引下审视自己的课程实践,发现、分析、解决课程实践中存在的问题的过程。通过评价,教师可以反思、改进自己

---

① 泰勒.怎么评价学习经验的效用?［M］//瞿葆奎.教育学文集·教育评价.北京:人民教育出版社,1989.

在教育实践中存在的不足。因此,课程评价的目的不仅仅是教师通过评价来调整教育实践以满足幼儿的需要,同时教师也通过反馈的信息来促进个人的专业成长。教师记录或搜集的教育故事、观察记录、个体活动档案、个体成长档案等都是教师反思的重要工具,例如观察记录就是教师对幼儿进行观察,通过幼儿的行为表现和学习过程,对教师自己的教育行为进行判断、改进的过程。

4. 促进每一个幼儿发展

"促进每一个幼儿的发展"是田野课程评价的最终目的。幼儿是幼儿园课程关注的核心,幼儿园课程评价绝不是为了筛选和排序,更不是规范幼儿的工具,评价虽然是进行价值判断的过程,但这种价值应是多元的,且是发展的、长远的,应以发展的眼光看待幼儿,发现每个幼儿的智力潜能和发展特点,让每个幼儿全面、和谐、富有个性地发展。因此在评价时,教师从了解每一个幼儿的实际发展状况出发,针对每一个幼儿的需要、特点及个体差异,调整教育活动的目标、内容及活动形式等,给幼儿以适宜的支持,从而更好地促进幼儿的发展。

**(二) 聚焦幼儿的评价**

幼儿发展是活动过程中的发展,比起幼儿发展的结果,我们更加注重幼儿发展的过程。我们把教师和幼儿在课程开发、组织、实施即保教过程中的全部情况都纳入评价的范围,强调评价者与具体评价情境的交互作用,强调幼儿在日常生活、学习过程中的各种变化和发展。评价在更加关注幼儿学习过程的变化和发展的同时,对教师的评价也进行了优化,更加注重在过程中对教师的行为进行评价,以及在过程中对课程实践进行评价。我们认为,无论是对教师行为的评价还是对课程实践的评价,都应该聚焦到幼儿的发展上,通过幼儿的发展情况评判教师的专业性、课程的适宜性和有效性。

1. 聚焦幼儿行为表现和发展变化

对幼儿的表现和发展的评价是对幼儿的表现进行持续性地观察、记录、分析的过程。主题活动档案、个体成长档案、幼儿活动评估表、教师观察分析记录、家长参与的评价等都是对幼儿评价的有效方式,这些我们在《田野课程:架构与实施》一书中已有明确的阐述。总结近年来的实践经验,我们更加注重在活动过程中对幼儿的行为表现进行评价,因为在过程中的评价可以让教师更加贴近幼儿,更能站在幼儿的立场去审视课程的适宜性,从而即时反思调整,提供支持。因此,我们将评价落脚于幼儿多样的活动中,聚焦于幼儿的行为、语言、交往、情感等多方面能力的发展中;同时,聚焦于幼儿持续性的发展过程,关注幼儿发展的过去、现在和未来。

2. 聚焦支持幼儿发展的教师工作

教师是田野课程的主要组织者和实施者,教师的行为直接影响师幼互动的质量,对幼儿的学习与成长具有重要意义,因此对教师工作进行评价与幼儿的发展息息相关。全面了解幼儿、研究幼儿是教师最重要的工作。教师的行为往往带有一定的教育目的,是为了支持幼儿的发展,如在幼儿遇到困难时,教师言语或行为上提供支持;在提供的材料不适宜时,教师及时改进或调整;等等。在田野课程中,我们强调在现场中的行动,更多地关注教师的教育实践过程,在过程中对教师的行为进行评价。而判断教师教育行为是否恰当,主要是通过幼儿在过程中的表现来评判的,如幼儿参与活动的积极性、主动性以及创造性,在活动中的状态等,总的来说,就是教师的行为是否有利于幼儿的学习、有利于幼儿经验的获得,教师是否有效支持了幼儿的发展。

3. 聚焦基于幼儿发展的课程实践

课程实践是课程建设的重要一环,课程实践的质量也决定着课程的质量,因此,我们一直重视对课程实践进行评价。一方面,我们关注对实施过程进行评价。课程实践是一个过程,在实践的过程中进行评价可以及时了解实践中存在的问题并即时调整和改进,因此,对课程实践的评价不应该仅仅对实施效果进行评价,更应该对实施过程进行评价。田野课程实施过程是多方共同参与,与多种资源、环境相互作用的过程,对课程实践的评价主要包括对活动中各类参与人员之间的互动以及人与资源、环境的互动情况,重点考察实践中的参与人员在这个过程中的变化和发展情况。另一方面,对田野课程实践的评价基于幼儿的活动与发展状况。幼儿的活动状态和发展状况是田野课程中其他一切评价的前提和基础。

建构主义学习观认为,知识存在于具体的、情境性的、可感知的活动之中,无法脱离它所产生和存在的情境而独立存在,学习是在一定的情境中进行的。[①] 幼儿园课程评价是具体的、情境性的工作,往往是在自然、生态和幼儿所熟悉的环境中展开的。因此,田野课程评价关注幼儿生活的丰富性和完整性,注重在真实的情境中的评价,把评价以自然的、系统的、多样的方式融入幼儿在园的一日活动中去,在真实的情境和活动中为每个幼儿提供广泛的、具有个体适宜性的多种机会,并提供适时的反馈。

### (三) 尊重幼儿的评价

在田野课程的评价中,我们注重多方的共同参与,综合考虑相关人员的想法和建议,以真正全面地了解幼儿、课程的发展情况。其中,幼儿作为课程系统的主体之一,是课程建设的主要参与者,应当拥有课程决策和评价的权利。幼儿参与幼儿园课程评价是幼儿行使自身参与权的体现,他们通过参与幼儿园课程评价,表达自己对幼儿园课程的看法,使幼儿园课程不仅代表幼儿园管理者、教师等成人的价值观,同时体现幼儿的价值观,以使幼儿园课程更适合幼儿发展的需要。幼儿不仅具有参与评价的权利,同时还具有评价的能力,他们提供了不同于成人的评价视角,他们的评价直接、纯粹,是最真实的评价者。因此,我们尊重幼儿评价,重视幼儿在评价中的多方面参与,例如幼儿对自我的评价,幼儿同伴间的相互评价,以及幼儿对活动、教师的评价等。

#### 1. 幼儿的自我评价

自我评价是个体在幼儿期自我意识发展非常重要的一方面。我们越来越清楚地意识到幼儿自我评价的能力对幼儿的学习具有积极的影响,幼儿的自我观察、自我分析和自我评价能进一步促进幼儿的自我认同及个性的健全发展。而正确、客观地认识和评价自己,有助于幼儿对自己以及自己与他人的关系形成正确的认识。学习是幼儿主动建构的过程,幼儿的自我评价可以让他们逐步意识到自己的成长和进步的过程,激发其进一步学习的热情和信心,促进其对今后的生活、学习活动更加投入。因此,我们注重幼儿的自我评价,通过多种形式,如开放式和半结构化的自我评价表、口头的语言自评、利

---

① 陈琦,刘儒德.当代教育心理学[M].北京:北京师范大学出版社,2007.

用绘画进行自评等方式,让幼儿充分享有自我评价的机会。但是基于幼儿的年龄特点,在具体评价时,幼儿的自我评价主要是渗透在各种活动中的用语言和简单的绘画进行自我评价。

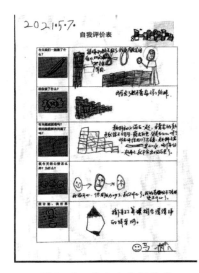

图 8-1　幼儿自我评价表

图 8-2　幼儿在游戏中的自我评价

　　例如在大班幼儿在进行项目活动时的自我评价表中,当天的项目活动结束后,幼儿对自己在项目活动中的表现进行评价,并填写评价表,这个过程可以帮助幼儿反思当天活动的情况,如做了哪些事情、遇到了哪些问题、有哪些收获等,从而为下一步项目活动的开展厘清思路,为下一步项目活动提供支持。中班幼儿在户外自然游戏后首先进行自我评价,评价游戏中做得好和做得不好的地方,有哪些需要帮助的地方,然后进行调整或寻求帮助。

　　2.同伴间的相互评价

　　在一日生活的不同场景中,在不同的活动中,都可以引发幼儿之间的相互评价,同伴间的相互评价既可以培养幼儿客观评价他人的能力,又能培养幼儿倾听他人、学会接受他人建议的能力。同伴间的互相评价还可以促进幼儿之间的相互学习。例如在大班"诗词大会"这个活动中,小朋友分享完自己准备的诗词后,点评环节由幼儿担任点评嘉宾。幼儿会从同伴的服装、表情仪态、声音语速等对其进行点评。安安说:"他是用唱歌的方法来表演这首古诗的,很好听,而且他还有动作呢!"可乐说:"他不紧张,真厉害!我有点害怕,声音没有他响亮。"托利说:"他不仅念出了古诗,还说出了古诗的意思,尤其是枯藤老树昏鸦,就是藤条枯萎了,树特别老,但乌鸦不是特别昏,昏鸦是晚上的乌鸦"……大班幼儿可以从多个角度对同伴的表现进行评价。

图8-3 幼儿对同伴进行评价

上图是大班主题活动"小戏迷"中幼儿对同伴进行的评价,幼儿综合考虑多个方面,从多个角度出发,如动作、声音、语速、站位等对同伴的表演提出了相应的建议。而在后续的表演中,幼儿会有意识地根据同伴的评价对自己的表演进行调整,以达到更好的演出效果。

3.幼儿对活动、教师的评价

幼儿在园发生的一切活动,构成了幼儿园的课程。幼儿是课程的亲历者,他们身处其中,对活动也有自己的感受与评价。有些活动让他们欣喜自豪、乐此不疲,有些活动也可能让他们留存遗憾,带给他们思考,让他们不断调整。例如"抢救甘蔗地"活动,大班的哥哥姐姐们种植了甘蔗,为了让甘蔗长得更好,他们需要另找一块甘蔗地进行移栽,于是分了一些甘蔗苗给中班的弟弟妹妹,弟弟妹妹认真地照料起了甘蔗,陪着它们一起长大。大班的哥哥姐姐毕业后,把他们的甘蔗地交到了弟弟妹妹的手中,于是他们共同打理两块甘蔗地。一次暴风雨过后,自己甘蔗地的甘蔗倒了一大片,而哥哥姐姐的甘蔗地里种的甘蔗却没有倒。于是孩子们陷入了困惑,为什么只有我们的甘蔗倒了呢?我们在种植和照料甘蔗时存在什么问题吗?教师和幼儿一起回顾、反思了整个种植活动,寻找可能的原因。最后大家发现,原来是因为移栽时有的甘蔗埋得不深,且大家没有及时地给甘蔗培土,甘蔗长高了也没有做好防倒的工作。总结出经验后,大家一起同心协力抢救甘蔗地,对种植活动的评价让幼儿看到活动中的问题,然后及时补救,整个过程让幼儿收益良多。教师是幼儿亲密的伙伴,是共同的生活者、游戏者、课程的共同建构者。良好的师幼关系对幼儿的成长至关重要。幼儿在与教师的互动中也在不断建构着对教师形象的认知,进行着对教师的评价。幼儿对教师的评价,可以帮助教师及时调整、改进自己的教育行为。

## 二、课程评价的价值

幼儿园课程的成效、幼儿的发展是通过多层次、多途径呈现出来的,因此在评价时要关注评价方法的多样性,注重采用多样化的评价方法。现场系统观察、个人成长档案袋、作品分析、教育随笔、教育故事等都是我园在田野课程实践中不断形成的课程评价的重要方法。不同的评价方式虽然具有独特的价值,但是它们也具有共同的价值,通过评价可以看得见幼儿的学习与成长,看得见教师的反思与成长,读懂并支持每一个幼儿。

### (一) 看得见幼儿的学习与成长

在教师的评价和各种记录中,处处可以看到幼儿的学习和成长。它们记录着幼儿的整个学习过程,可以体现出学习的过程性和连续性,如发生的背景、探究的过程、发展的高潮、最终的收获等;同时,记录着幼儿的成长过程,可以体现学习和成长的整体性和互动性。在这些记录里,体现着幼儿的语言与行为、问题与挑战、探索与实践,最终我们可以清晰地看见幼儿的收获与成长。

#### 1. 看得见幼儿学习和成长的整体性

《纲要》中明确指出,要"从不同的角度促进幼儿情感、态度、能力、知识、技能等方面的发展"。幼儿的发展是一个有机的整体,一个学习活动往往包含幼儿多方面经验和能力的发展。通过开展有效的评价,我们可以看到幼儿知识技能、情感态度、人际交往等多方面能力的发展,如他们如何使用材料、如何与他人合作、如何解决问题、如何获得新的经验。通过采用多种评价方式,例如讲故事、作品分析、使用多媒体资料等,使它们互为补充,可以防止片面性,能够更清晰地看到幼儿学习和成长的整体性。

2. 看得见幼儿学习和成长的互动性

幼儿是在与周围环境中的人、事、物互动中学习和探究的,课程评价不只关注学习者本身,同时也关注作为价值客体的教育及其他相关要素,如教师、资源、环境等。在多样的评价方式里,处处体现着幼儿与资源、环境、人的互动,教师通过分析这些关系和互动,记录下幼儿真实发生的学习事件,倾听幼儿的声音,然后与幼儿、其他教师和家长分享,从而实现从不同视角解读和评价幼儿的学习,更好地实现协同育人的目的。

3. 看得见幼儿学习和成长的过程性

基于发展性评价观,评价从幼儿的已有经验出发,关注幼儿发展的过程性,发现和欣赏幼儿新的发展。幼儿是处在发展中的个体,他们的发展不是一蹴而就的,幼儿各方面能力的发展,如知识的习得、技能的获得、经验的生发都是在不断的知识建构中发展起来的。幼儿的成长与发展是在过程中的成长与发展,很多评价方式,如故事、录音、视频等关注幼儿的活动过程,注重在活动过程中进行评价,因此可以清晰地看到幼儿的学习和成长过程,看到幼儿的发展轨迹。

**(二) 看得见教师的反思与成长**

通过评价,不仅可以看到幼儿的学习和成长,还可以处处看到教师的反思与成长,例如教师活动前的思考与准备,活动中语言、行为、材料等各方面的支持,以及活动后的调整与改进。教师观察、记录的过程本身就是个体反思的过程,这个过程融合了教师个人的课程理念和实践智慧,教师通过对日常工作的记录与反思,不断审视自己的教学实践,评估教学实践的各个环节和内容,从而不断修正自己的教育理念与教育行为,提升各方面的能力。

1. 提升教师观察解读幼儿的能力

课程评价始于观察幼儿,在此基础上尽力去理解和解读幼儿,发现有价值的信息,然后好好利用这些信息来有效地计划和支持幼儿进一步学习。这是一个循环往复的过程,在不断地观察、解读、回应支持中,教师观察、解读、回应支持幼儿的能力也在不断增强。讲故事、使用多媒体资料、作品分析等多种评价方式有助于提升教师主动观察幼儿的意识以及观察解读幼儿的能力,使教师能更准确地把握观察的重点,更能关注幼儿知识、技能、情感、态度、价值观等多方面的发展。教师通过持续性地观察、记录幼儿的发展变化,将幼儿偶发的、典型的行为表现与幼儿稳定的行为特征相结合,从而对幼儿有更全面的了解。

2. 提升教师实践反思的能力

评价的过程是教师不断审视自己的教育观念、教学实践的过程。教师可以通过对课程实施过程的评价、对幼儿学习效果的评价等,反思自己的教育观念以及教育实践,如反思在课程实施过程中的有效支持的语言、有帮助的行为、适宜的指导策略等,在此基础上改进问题,通过不断的反思、实践、再反思、再实践,不断提升实践反思的能力。此外,教师是研究幼儿、研究课程实践的行动研究者,他们用各种工具进行评价的实践本身就是一种行动研究。在这个过程中,教师既是实践者,又是研究者。在发现问题、反思改进、给予支持的过程中,教师能从幼儿的学习和发展中不断建构自己对教育的理解,改进自己的教育实践。

### 学会等待

班级科学区最近迎来了新内容"摆一摆,踩一踩"。孩子们可以将鹅卵石、气泡膜、树叶、树枝等材料铺在地上,然后用脚感受不同材料的软硬度。

这天,区域活动结束的音乐响了,其他的孩子开始轻轻地收拾材料,坐到老师身边。可是辰辰还在专注自己的区域活动,眼睛仔细盯着手里的几颗鹅卵石。我走过去轻轻对他说:"辰辰,快点过来,下次再玩啊"。我一边说,一边挽着他回来,他手里紧紧攥着的两颗鹅卵石被我拿了下来。而辰辰明显还沉浸在自己的活动中,"不要,不要,那是我的宝贝",辰辰开始哭闹起来。我只好先将鹅卵石放回他手中。

过了一会儿,小家伙的情绪稳定了下来,我也打算把鹅卵石送回去。当我不经意看到那两颗鹅卵石时,我心里一惊,哇! 好漂亮,小小的,很光滑,上面还有一些像线条一样的图案。难道这孩子一直在找自己喜欢的石头? 我心里产生愧疚。随后,我跟汤老师交流了这件事,讨论过后,我打算再次观察辰辰接下来的行为表现。

第二天,辰辰果然又来玩了,他没有用鹅卵石来铺路,而是在不停地翻找,把自己喜欢的鹅卵石堆起来。区域活动结束的音乐响了,这次我没有打断他,一直陪在他身边。

"老师,你看,这个宝贝多好看。"辰辰把一个有点红的鹅卵石拿到我面前。

"哪里漂亮呀?"

"有好多漂亮的线呢,就像雨花石一样,送给你了",辰辰一边说,一边忽闪着大眼睛,笑眯眯地看着我。接到宝贝的那一刻,我的心里有一丝温暖划过。孩子,对不起,昨天我不应该贸然打断你的活动。看着地上辰辰挑出来的宝贝,我找了一个小盒子,上面贴了一个大大的爱心。"辰辰,快让你的宝贝到这里来。"辰辰将自己找出来的宝贝一个个小心翼翼地装了进去。

每当回想起当时的情景,总会有一股羞愧之情涌上心头。因为我没有充分地从幼儿的角度出发,倾听幼儿行为背后的声音。《指南》中指出,"要充分理解和尊重幼儿发展进程中的个别差异"。对于小班刚入园不久的孩子来说,他们对幼儿园的一切都充满了好奇和探究的欲望。虽然幼儿园的一日活动中有大概的时间节点,但它应该是灵活的、弹性的,教师应该更多地关注个体的需要,学会更好地观察幼儿、倾听幼儿、理解幼儿、等待幼儿,等待也有它的价值⋯⋯

在上述案例中,教师一开始直接打断了幼儿的活动,使得幼儿有了较为强烈的情绪反应。教师及时反思自己的行为并通过对幼儿的持续观察终于读懂了幼儿行为背后的原因,然后改进了自己的教育实践,在后来的活动中耐心等待、陪伴幼儿。由此可见,评价的过程也是教师不断反思、改进自己的教育实践的过程,评价可以提升教师实践反思的能力。

3. 增强教师创生课程的能力

因为教师是课程的主要开发者、设计者、组织者、实施者,所以也是创生课程的主要力量。教师通过对幼儿活动和课程实践的记录、反思和总结,分析课程发展的脉络,判断课程实施的走向,探究影响课程发展的因素,发现幼儿的兴趣、问题、需要,从而更好地利用各种课程资源,更好地思考如何生成新的活动,给幼儿的活动提供适宜的支持,逐步增强创生田野课程的能力。例如,幼儿去东水关遗址公园远足,回来后教师对幼儿的讨论和记录进行了分析,发现幼儿对城墙很感兴趣,也提出很多的问题,于是教师思考追随幼儿的兴趣和问题生成相关活动的可行性,如可利用的资源、课程的可能走向、幼儿可获得的经验等,最后创生了关于城墙的一系列活动。

### (三) 读懂并支持每一个幼儿

只有对每一个幼儿都了解,才可以说是对班级的幼儿是了解的,教育的目的是为每一个幼儿提供适宜的教育。田野课程的评价注重个别化和差别化,关注对每个幼儿的记录及分析。例如为每个幼儿创建成长档案袋,持续收集幼儿照片、记录图表、幼儿作品、关于幼儿的故事等。这些有助于教师追踪幼儿的成长轨迹,看到、读懂每一个幼儿。持续的记录可以体现出每个幼儿不同的学习行为、学习过程、发展水平和成长轨迹。教师以此分析和识别每一个幼儿在这些学习行为和学习过程中的内在动机和倾向,尝试走进幼儿的内心,读懂他们内在的声音,了解他们的所思所想,了解他们行为背后的意图,并以此为起点进一步支持每一个幼儿的发展。

看见一个不一样的你

嘟嘟是一个聪明的孩子,但似乎也是个对幼儿园活动缺乏热情和积极性的孩子。最近,我们进行了"和球一起玩"的田野主题活动。在这个活动中,我发现了不一样的嘟嘟。在自愿报名的基础上,他成了篮球组的成员,并加入了"篮球场地项目小组"。在这个项目中,嘟嘟像是变成了另外一个孩子,每天工作时充满热情,对第二天的工作充满期待。他那双发光的双眼让我惊讶、让我感动。在项目活动中,他积极开动脑筋,解决难题,最终在和同伴的合作下完成了篮球场的制作。

1. 弧线的对称

弧线的对称是他们遇到的最大的问题,他们在左边场地先做了一段三分线,但在右边场地前后试了好几次,都无法保证左右场地上的三分线是一样大小的。

**教师的支持和反馈**:用问题引导孩子。

我:这条弧线中哪里的长度是可以确定的?

嘟嘟:弧线下面的距离(弧线两点之间的距离)。

我:这一段可以确定。那要做一样的弧线,还有什么地方要确定?

嘟嘟：弧线的长度也要确定。

我：你有方法确定吗？

嘟嘟：用毛线量一量就行了。用毛线测量的方法，确定另一边弧线两点的位置，还有整条弧线的长度。

我：好，现在你将弧线贴在右边场地吧。

（嘟嘟将弧线两点贴住，但摆了好几次，弧线的角度还是不一样。）

嘟嘟：还是不行呀，这边弧线高，那边弧线低。

我：弧线最高的地方怎么才能一样呢？

嘟嘟：我知道了，量一量就可以确定了。

2. 从平面到立体的转换

项目组制作篮球场是在参考篮球场平面图的基础上进行的，相对简单，后来他们在制作篮球架的时候出现了意见的分歧。项目组的另外两个成员都坚持制作立体的篮球架，而嘟嘟却坚决反对。

**教师的支持和反馈：**首先了解嘟嘟反对的理由。

我：你为什么反对做立体的篮球架呢？

嘟嘟：做立体的太烦了，他们做不出来，平面的多好做呀，贴线条就可以了。

我：那你觉得做平面的好，还是做立体的好呢？

嘟嘟：立体的更像一点吧。

我：你是不愿意做，还是不会做呢？

嘟嘟：不会做。

**教师的支持与反馈：**只有多问孩子"为什么"，才能真正了解孩子的想法和意图，才能有针对性地给予支持和帮助。嘟嘟的数理逻辑能力很强，在这个项目活动中，测量弧线长度、使两边线条对称等工作基本是以他为主导。而嘟嘟的动手能力相对较弱，在从平面转化为立体的时候，他遇到了困难，所以教师建议嘟嘟可以先看看小伙伴是怎样制作立体篮球架的，然后在当天工作小结的时候，鼓励项目组的其他成员分享做立体材料的经验。在日常的活动中，教师鼓励嘟嘟多参与美工活动，丰富立体经验，提高动手能力。

评价的过程其实就是教师基于幼儿的特点、能力水平和已有经验，通过观察和倾听，读懂每一个幼儿，从而给予有针对性的指导，让每个幼儿得到发展的过程。

田野课程的评价方式是多种多样的,不同的评价方式具有共同的价值,同时基于它们各自的特点也有其独有的价值,在具体分析使用时具有不同的策略。教师会充分了解不同评价方式的不同特点,根据评价目的、情境、评价对象,有针对性地选择适宜的评价方式。以下,我们以讲故事,使用录音、视频、照片、作品资料这几种方式为例,详细阐述它们各自的价值以及在具体评价时如何使用不同的评价方式。

### 三、以故事评价课程

每一个幼儿都是有故事的,他们带着各种各样的故事进入幼儿园,在与教师、同伴的共同生活中,在时间与空间的交汇处,发生着一个又一个新故事。幼儿园的小池塘里、银杏树下、滑梯旁、小竹林间都留下了一个个鲜活的故事。在这些故事里,我们看得见幼儿的问题与需要,看得见教师的经验与智慧、不足与反思。这里,有我们共同的故事,也有每一个人的故事……

#### (一)故事的价值

故事是一种有效的评价方式,我们重视故事这种评价方式的独特价值,每位教师会以讲故事的形式记录、诉说自己与幼儿在教育实践中发生的真实、鲜活和发人深省的事件,表述自己在实践过程中的亲身经历、内心体验和对课程的理解感悟。这些故事讲述、记录着幼儿的问题、进步和喜悦,也记录着教师的教育智慧。我园时常组织教师采用个人、小组或集体的形式进行故事的分享和研讨,例如幼儿园开展了"我们的故事"田野故事论坛,通过分享交流,分析和反思,相互碰撞,获得经验的分享和集体智慧的增长。

1. 叙述性地记录幼儿的发展

故事是用文字记录下事件发生的经过的一种方式,人是天生的故事叙述者,而叙述故事是人理解自己、理解生活的意义所表现出的自然回应。对于我们每个人来说,越是理解自己,越是明白做我们所做和选我们所选的原因,我们的课程就越有意义。[①] 讲故事这种评价方式的独特之处在于,它用文字

———————————

① 高小康.人与故事[M].北京:东方出版社,1993.

客观地描述事情发展的前因后果,完整详细地记录下事情的因果关系。用文字记录下故事,可以方便教师随时拿出来回顾、反思、讲述。

2. 连续性地记录幼儿的发展

讲故事相较于其他评价方式的一个特点是它本身就能体现连续性,有的时候,故事可以跨越很长的时间和空间,故事中会提到幼儿过去所发生的事情,正在经历的事情以及未来有可能会进行的事情。还有的时候,一些短小的学习事件、学习片段可以组成一个长长的故事。故事蕴含着幼儿学习和成长的重要信息,是能够跨越时间和空间的具体材料。它能将幼儿一日生活中的不同事件和事件的长期发展进程串联起来,形成一个重要学习事件链。在这个事件链中可以清楚地看见每个幼儿的连续性发展,也可以看到幼儿个体的长期的发展。在我园,每位教师都有一个自己的"故事库",这里珍藏、记录着一个又一个故事,能够为教师和幼儿提供当时活动的记忆。同时,教师还为每个幼儿建立了一个故事册,记录着每个幼儿的学习与成长。

3. 细节性地记录幼儿的发展

一个事件的发生必然会有让人难忘、印象深刻的地方,例如故事的转折点和高潮。对每位教师来说,其也必然会有让他们觉得很有价值的地方,如幼儿的问题,围绕问题进行讨论,查找资料,收集材料和工具,合作解决问题过程等。对于这些问题,教师会着重进行记录。此外,故事的叙述方式本来就是有详有略的,教师会着重选择那些事件的关键点进行详细记录,而有些地方则会一笔带过。因此故事往往能体现出发展的关键情节,描绘出发展的细节,而这些细节恰恰就是教师进行评价的重要依据。例如在故事《豆腐诞生记》中,教师详细介绍了幼儿是如何产生做豆腐的想法,如何收集材料和工作做好准备工作,以及最后分工合作做豆腐。其中,在做豆腐的过程中使用到的凝固剂这一问题上,幼儿进行了深入的了解和探究,因此教师对此着重进行了记录。

**(二)故事评价的策略**

1. 选择有意义的课程事件

幼儿每天在园都会发生各种故事,教师在记录时要选择有意义的课程事件。第一,选择的课程事件要有启发性。教师记录故事的过程其实也是教师反思的过程。因此教师要选择那些对自己具有启发性的故事,包括对自己观念上的启发以及实践中的启发,能让教师看到自己的成长与不足,从而促进自身的发展。第二,选择的课程事件要有情节性。有趣生动的情节是故事的关键特征,一个故事要有完整的起因、经过、高潮、结果,情节性会让故事更生动,更具可读性。

### 2. 围绕故事的关键要素

故事作为叙事之本,具有四个基本要素:主题、事件、人物和环境。[①] 在叙述故事时,要从这四个方面去考虑。四者缺一不可,不仅要呈现出故事的背景、主题、人物、环境,还要说清楚它们之间的关系。其中,要着重突出人的因素,这里的人主要是指幼儿,同时包括教师、家长等其他与幼儿有重要关系的群体。故事要叙述出人与人之间的互动以及人与环境之间的互动。

### 3. 追寻发展的关键线索

一个故事中会有不同的发展线索,有的以幼儿的学习与发展为主线,有的以教师的支持与改进为主线,还有的以师幼之间的持续性互动为主线。在叙述故事时,教师要从这几个方面去考虑:追寻故事中幼儿发展的关键线索,让幼儿的学习看得见;追寻故事中教师支持的线索,让教师的思考看得见;追寻故事中互动关系的线索,让幼儿与教师、幼儿与资源、幼儿与材料的互动看得见;追寻故事中逻辑关系的线索,让故事的前后起因、因果关系看得见。只有从以上几个方面出发,故事才更容易被读懂、听懂。

### 4. 选择生动多样的叙述方式

教师在叙述时可以选择生动多样的叙述方式,以增加故事的趣味性和可读性。教师可以选择夹叙夹议、先叙后议等形式。同时,他们可以选择倒叙、插叙、平叙、补叙等多样化的叙述方式。例如在故事《桂花树生病了》中,教师详细介绍了幼儿是如何发现桂花树生病了,如何照料生病的桂花树,以及最后惊喜地发现桂花树重新焕发生机。而故事《咿咿呀呀唱大戏》中,由于幼儿最后呈现出了一场精彩的戏剧表演,因此,故事的叙述可以采用倒叙的形式,先描述这场表演,然后讲述故事的来龙去脉。

---

① 蓝凡.电影论——对电影学的总体思考[M].上海:学林出版社,2013.

### 四、多媒体资料的意义

教师经常使用多媒体对幼儿的语言、行为、活动、作品等进行记录,并收集整理,以此形成富含幼儿发展信息和教育信息的录音、视频和照片资料,这些资料统称为多媒体资料。多媒体资料在课程评价环节发挥着重要的作用,它能真实、客观、持续、动态地反映幼儿的学习情况和发展水平,教师利用多媒体资料可以对幼儿的发展状况进行评估,具有独特的意义。

#### (一)多媒体资料的价值

随着信息技术的迅猛发展,多媒体被广泛运用于教育教学领域,成为收集、记录、展示、评价幼儿学习的便利工具,它不断丰富着我们收集和处理信息的方式,也改变着我们思考和写作的方式。多媒体资料具有迅速记录、直观再现、动态展现幼儿学习、发展过程和结果的优势,同时易存储、操作、调整、移动、转换、分享等,因而在教学实践中获得了广泛的运用。

1. 迅速记录幼儿的学习

多媒体资料能够在很短时间内快速捕捉幼儿在某一情境中发生的精彩瞬间,如:下雪后孩子们来到落满一地树叶的银杏树下,欢快抛撒树叶,你一言、我一语,教师此时来不及用笔记录,能够快速搜集幼儿语音的方式就是用手机进行录音,记录孩子此时此刻的经典语句,之后回放给孩子自己听,引导他们进行诗歌的创编。多媒体资料还可以及时给不易保存的幼儿作品留下痕迹,如:幼儿在班级建构区搭建的作品通常只能保持一段时间,教师应在拆除前及时拍照保存,以此作为过程性的记录。使用多媒体记录还能保证一定的完整性、持续性和客观性,这比教师用笔记录更有优势。

2. 直观再现幼儿的学习

多媒体资料可以比较真实、客观地再现幼儿活动的当时情景,可以帮助教师唤醒记忆,通过快慢调节、重点部分展示、反复多次地操作,教师可以更加细致了解幼儿的活动情况,进而评估学习状况、发展需要,以此调整、优化教育教学措施,提供更加适宜幼儿发展的帮助和指导,如:中班"蚂蚁地下世界"的项目活动,教师回顾项目活动中幼儿同伴合作的情况,于是回看当时拍摄的视频,发现管道组、蚂蚁组、房间组的幼儿在工作的过程中都出现同伴合作行为,合作意识以及合作能力、合作水平相比于小班幼儿有提升,但总体水平不高,需要教师的引导。

3. 动态展现幼儿的学习

多媒体资料可以动态捕捉幼儿个体或群体的语言、表情、动作、互动等情况,展现连续、变化的过程,凸显细节,避免遗漏,呈现过程性学习状态。如:教师观察小班幼儿进行户外游戏中使用小水井打水的情况,可以用手机对个别幼儿跟小水井的互动情况进行持续地追踪拍摄,从幼儿变换动作、工具、同伴、场景的动态过程中,生动展现幼儿的学习过程。又如:大班幼儿进行"我的树朋友"主题活动,教师进行持续拍照保存幼儿的观察记录,通过分析、比较幼儿对自己的树朋友前后三次的观察记录,发现幼儿经验的增长、情感的变化。

此外,多媒体资料可以作为教师回顾、反思、评判活动进程的依据,分析多媒体资料,教师也可以发现自身存在的问题,通过研究、分析,进而解决问题、优化教学策略,实现自我专业成长。

需要注意的是,教师利用多媒体技术记录幼儿的活动需要在日常生活与教育教学过程中采用自然的方式进行,避免刻意、主观,以此排除对记录过程造成影响的主观因素。录音、视频、照片这三种不同类型的多媒体资料有共性的特点,也有个性的特征,在具体的实践中,教师应充分把握这三种形式的独特价值,根据所要记录的具体目标,选择最适宜的手段。

**(二) 多媒体资料的分析**

教师根据录音、视频、照片这三种不同多媒体资料的特征,对其进行科学、客观、全面的分析,是进行评价的重要依据。多媒体资料也能够通过共享的方式,激发、吸引教师群体的参与和讨论,以便从多个方面对同一资料进行分析,使得分析结果更加客观、全面。需要注意的是,分析多媒体资料不能仅凭某一片段就做出片面的论断,需要从多个方面收集尽可能全面的信息进行综合分析。那么该如何进行分析呢? 下面结合案例分别进行阐释。

1. 对录音资料的分析

教师通常会用录音笔、手机等身边随手可取的电子设备对幼儿的语言进行录音,记录的重点内容涉及幼儿各类语言表述、有关语音及声音要素的表现等。录音可用于幼儿一日生活中的任意环节,可能发生在幼儿集体、小组、个体,也可能发生在师幼之间。录音设备由于操作简单,幼儿也可独立使用,既可作为幼儿自评的资料,也可作为教师评价的资料。录音资料的整理讲究时效性,若整理不及时,时隔一段时间后再来回听,会出现一些问题,容易掺杂教师的主观论断,无法保证录音资料的完全客观性。因此录音资料需要及时处理,可以在电子设备上直接修改名称,采用如"日期+关键性词语"的结构,或者转录成文字,且尽量保证转录的内容真实、客观、全面,既可以大大减少教师事后处理的时间,也可以为评价的科学性做铺垫。

那么如何对录音资料进行分析呢?

首先要关注录音中的关键性语言。录音主要记录幼儿的语言,有的时候是记录幼儿个人的自言自语、儿歌哼唱、诗歌创编,有的时候是记录幼儿同伴间的谈话、讨论、规划,还有的时候是记录教师跟幼儿之间的对话、交谈等。因而教师在分析时要带着敏锐的辨别眼光,善于从繁杂、冗长的录音中分辨、截取最重要、最有价值的片段。通过关键性语言,听表述中使用的词语、句子,结合情境中的语气、语速、语调,探析幼儿理解语言、表达语言、通过语言组织自己的思想、理解他人、判断交往情景等方面的能力。

其次要关注各领域的全面发展。"幼儿语言的发展贯穿于各个领域,对其他领域的学习与发展有着重要的影响。"[1]通过录音资料,教师不应只是分析了解幼儿语言领域的发展水平,同时还要发现幼儿在其他领域,如思维发展、社会交往、科学探究、想象力、创造力、情绪情感等方面的发展状况。

**案例:"柿子红了"主题活动中的录音故事**

**录音说明:**

幼儿:宁宁

年龄段:中班上学期

背景:开学不久,我们发现孩子们对幼儿园的柿子树产生了浓浓的兴趣和探究的欲望,于是生成了"柿子红了"的主题活动。在这个主题下我们和孩子们开展了一系列的活动,孩子们对于柿子的经验不断丰富,在得知小区里也有柿子树后,他们萌发了想去小区摘柿子的愿望,于是大家一起讨论、调查、规划,终于来到了小区实地寻找柿子树。下面就是当天在小区找完柿子

① 李季湄,冯晓霞.《3—6岁儿童学习与发展指南》解读[M].北京:人民教育出版社,2013.

树后回幼儿园的路上,宁宁即兴创编的一首儿歌。

**录音实录:**

宁宁:"老师,我今天编了一首儿歌,叫《小柿子》。小柿子,随风飘,真的像个大灯笼。灯笼挂在树枝头,就像一个小花朵。小花朵,结出果,嘻嘻哈哈奔向我。"

教师:"那它今天奔向你了吗?"

宁宁:"真的呢,是因为今天我们真的摘到了柿子。"

教师:"那它真的奔向你了呢!"

这首即兴创编的儿歌体现出宁宁对柿子有较为丰富的前期经验,展现出较强的语言表达能力和丰富的情感。

(1)认知表现

这首儿歌名叫《小柿子》,在儿歌中我们可以看到宁宁抓住了柿子的一些基本特征。如柿子是长在树上、挂在枝头的,它就像一个大灯笼、小花朵,这里可以看到幼儿对于柿子的颜色、形状、生长环境有了基本的认识,体现出幼儿对柿子有着较为丰富的经验。

(2)语言发展

之前在观察认识柿子活动中,师幼交流讨论柿子像什么,有的幼儿说"像个大灯笼"。宁宁迁移经验,创编儿歌,体现了较强的语言学习能力和表达能力。《指南》中语言领域指出"4—5岁幼儿愿意与他人交谈,喜欢谈论自己感兴趣的话题",可见该幼儿已能较好地完成这一目标。同时在儿歌创编中,幼儿已经使用到比喻、拟人等比较高级的文学修辞手法,展现出该幼儿丰富的想象力、创造力以及语言表达能力,对中班上学期的幼儿来说,是语言、思维发展水平较高的表现。联系幼儿平时的行为表现,她在班级中的语言发展是特别好的,能够清楚地把自己的想法说出来。

(3)情感表达

从这首儿歌中,我们可以看到宁宁对于柿子的情感,整个儿歌体现出幼儿对于柿子的喜爱。特别是那句"嘻嘻哈哈奔向我"体现出了幼儿与小柿子之间的这种双向情感,即在幼儿的眼中,不仅我喜欢小柿子,小柿子也很喜欢我。幼儿解说儿歌的最后一句"真的呢,是因为今天我们真的摘到了柿子",能让我们深深地感受到宁宁摘到柿子后内心浓浓的喜悦和满足。到小区里开展相关柿子树的活动,是追随幼儿的兴趣而展开的,他们很兴奋、激动,当在小区里找到柿子树并成功摘到柿子以后,在回幼儿园的路上,宁宁唱起了自编自创的儿歌。一路走,一路唱,这是最真实、自然的情感表达。

2. 对视频资料的分析

视频资料可以生动、连续并完整地记录幼儿各方面的表现,做到客观、不遗漏,记录的重点主要涉及幼儿的关键事件,特别是有关人际交往互动的复杂情境中发生的事件,视频呈现的动态形象能够让分析者快速回到事件发生的现场,形成的视频资料便于教师对幼儿的行为进行反复、多次的观察、分析和研究。但需要注意的是,教师拍摄视频通常需要在一段时间内手持拍摄仪器,这会对正常的活动组织或指导有一些干扰,因而要控制拍摄视频的数量和时间,根据观察目标,选取具有典型意义的幼儿行为表现作为拍摄对象,或者借助仪器定位拍摄、配班拍摄等方式。视频的拍摄记录同样需要事后及时处理。一方面,视频资料是三种多媒体资料中占用拍摄仪器内存最大的,可以及时回看处理,删减不必要的片段,减少存储量;重新命名、归档,拷贝到电脑上进行备份,方便后期处理。另一方面,教师及时回看,如果发现拍摄画面模糊、声音听不清等情况,可以凭借记忆及时进行文字补充,或是与幼儿沟通了解真实的情况。

如何对视频资料进行分析呢?

首先,关注视频中多方面的信息。视频蕴含的信息种类繁多,有多方面的关键要素,包括人、事、物以及之间的相互关系,因而在对视频分析时需要关注多种信息,即视频中有哪些主要人物,发生了什么关键事件,呈现了哪些资源、材料,周围的环境怎么样,人物与环境、材料以及其他人物之间发生了什么样的互动等。通过连续画面反映的人物肢体动作、面部表情、语言表达、情感流露以及与环境、材料、其他人物之间的互动交往等方面对人物个体或群体进行分析,分析其多领域的发展水平,包括认知、技能、情感等,以及反映的问题、需要等。结合《指南》中各领域的目标,对照具体行为,进行科学、有根据的评价分析。

其次,关注幼儿对视频的自我评价。视频资料相对于录音、照片,动态图像和音效结合,更加生动、全面、立体、细节地展现人物活动的过程、变化情况,以及事件发生周围的环境,让活动看得见,非常适合幼儿观看、讨论,并进行自我分析。视频资料帮助幼儿更加客观、全面地认识自己在活动中的真实情况,客观地进行自我评价,并给教师的评价提供了更丰富的参考信息。

**案例:解说员小宝哥**

背景:大班上学期的小宝哥对足球非常感兴趣,爸爸对足球也很热爱,带他看过很多次足球比赛,因而小宝哥对足球比赛的基本规则很了解。进入"和球一起玩"的主题活动后,小宝哥凭借着较为丰富的足球知识,表现非常突出,后期实际举行足球比赛时,他主动要求承担解说员的角色。以下是小宝哥在足球比赛现场录像的一段实录。

**小宝哥在视频中的语音实录:**

小宝哥:胡一霖来罚这个角球! 看到胡一霖,胡一霖用手罚这个角球,犯规了! 犯规了!

陈老师,守门员,亲手将球拿住了! 守门员亲手将球拿住了!

守门员,抛球,好高呀!

两个1号在争夺? 这不是……那个1号! 哇,黄队的反击! 红队有机会。

杨雨轩,杨雨轩你不进攻啊?! 杨雨轩,进攻!

快去! 我们看,红队的门前很危险,只有守门员一位,没有后卫在守。黄队的抢球机会! 打门! 啊!!!(声嘶力竭)就差那么一点点,就差了那么一点点! 好好的进攻机会就差了那么一点点!

这段视频生动地展现了小宝哥专业的解说、紧张的神情和激昂的情绪。

(1)认知表现和学习品质

现场进行解说对大班孩子来说是一件非常不容易的事情,需要对足球比赛规则、参赛球员非常了解,对现场动态的追踪、突发状况有灵活的应对能力,需要公平公正、专业沉稳,还需要饱含激情,充分带动现场球员和观众的观赛情绪。基于对足球有丰富的经验和认知,所以小宝哥能用专业术语在比赛现场进行灵活、机动的解说。他能实时播报比赛的状况,如有人犯规、防守漏洞、错失进球机会等,不仅说明他观察仔细,精神高度紧张,能密切注视、追踪场上球员的动态,也说明他思维活跃,讲解投入、专注,表现出了很好的学习品质。

(2)语言发展

语言是思维的体现。小宝哥的现场足球解说体现了他较高水平的语言表达能力。《指南》中语言领域指出"5—6岁幼儿敢在众人面前说话;讲述时能使用常见的形容词、同义词等,语言比较生动;能根据谈话对象和需要,调整说话的语气;能依据所处情境使用恰当的语言"。从小宝哥的解说中可以看出,他较好地达成了以上目标。但由于小宝哥现场解说时情绪激动、语速较快,且长时间大声地喊叫导致声音嘶哑,所以现场有时候听不清具体的解说词,建议解说员多多观看专业足球员的现场解说,讲解时不但要情绪饱满,还应努力做到沉着、冷静,适当控制语速、语调,让现场观众听清楚解说内容。

(3)社会发展

《指南》中社会领域指出"5—6 岁幼儿在群体活动中积极、快乐;理解规则的意义;能认真负责地完成自己所接受的任务;愿意为集体做事,为集体的成绩感到高兴"。小宝哥热爱集体生活,愿意为集体服务,在解说中情绪饱满、讲解生动,是认真负责的表现。他真实、大方地表现自我,是自尊、自信的表现。小宝哥在没有担任解说员之前是黄队的足球队员,也上场参加过比赛,这次担任解说员角色并没有偏袒、维护黄队,解说词客观、公正,保证了公平性,这是非常宝贵的品质。

3. 对照片资料的分析

拍照手段可以第一时间记录幼儿活动的"哇"时刻,捕捉幼儿外部显性的典型行为表现,能在快门定格的一瞬间呈现丰富的元素,教师借助照片在活动实施后,能比较省时省力地快速还原当时的信息。电子照片可以进行单张局部编辑或者批量、快捷处理,冲洗出的照片根据需要可以灵活地进行裁剪、粘贴、移动、排序等。但需要注意的是,幼儿是灵活、动态变化的,因而利用拍照手段捕捉幼儿的典型性行为对教师来说是一种挑战,需要教师在不干扰正常活动组织或指导的前提下熟练掌握这一技能,并且能尽可能地捕捉重点、获取较完整的信息。在实际工作中,教师常常为处理数量庞大的照片而苦恼,因而拍摄时需要控制照片的数量,尽量做到少而精,拍摄重要而有意义的一瞬间,并且注意及时处理,电子照片进行删减、归类、保存,洗出来的重要照片可以用便签条或者在背面用简单文字备注。

如何对照片资料进行分析呢?

首先,要客观分析当下行为的意义。照片捕捉的是定格的画面,是静态的展示,反映的是短暂的信息,不能像视频资料那般显示动态的变化效果,缺少语音提示。因此,不能光看照片中展现的外显性行为,照片资料的分析需要教师去了解幼儿的真实想法,判断其当时行为背后的意义。

其次,照片分析需要了解事件发生的前因后果,联系幼儿日常的行为表现,结合教师备注文字,使照片的"构图"更加完整,更好的呈现某一情境下发生的重要而有意义的事情,教师围绕核心事件和典型行为,进行多视角的,更加客观、全面的分析评价。

背景:大四班小朋友开展小池塘的主题活动时发现茭白成熟了,准备收获采摘,可是水里的果实怎么采摘呢?这让教师和幼儿犯难了。冬冬看到操场上锻炼用的梯子说:"把梯子放在水面上,站在上面就可以摘到了。"朵朵说:"我看见小区里清理荷塘的工人叔叔都穿着大大的衣服站在水里,我们也可以穿着一样的衣服站到小池塘里(去摘茭白)。"教师追随幼儿的兴趣,

图 8-4 幼儿下水前用积木测量小池塘水的深度,发现只到小朋友膝盖处,很安全

鼓励幼儿大胆讨论、尝试,在正式下水前引导幼儿先去测量小池塘的深度,发现小池塘的深度是安全的,小朋友可以下水。于是教师抓拍了幼儿活动的精彩瞬间,以照片的形式记录、保存了下来。

图 8-5 冬冬站在梯子上拔茭白

图 8-6 朵朵身穿下水裤站在小池塘里拔茭白

图8-5巧妙捕捉了冬冬努力拔茭白时的肢体动作,梯子滑、不稳,为了保持平衡,冬冬两脚岔开站在梯子两边,半蹲身体,降低重心,同时用双手去转一转、拧一拧,努力与坚韧的茭白根茎做抵抗。

《指南》中科学领域指出"5—6岁幼儿能经常动手动脑寻找问题的答案;能用一定方法验证自己的猜测"。冬冬能联想到用锻炼的梯子作为水中采摘的工具,说明他很爱动脑筋、善于观察、懂得迁移运用经验,对梯子这种生活中常见的工具材料的功能有一定的了解,知道它可以延伸距离,帮助人达到更高或更远的地方。幼儿对事物的认知建立在原有经验的基础上,面对问题时,他们会主动地调动已有经验和认知去解决问题与困难。冬冬站在梯子上保持平衡、降低重心的肢体动作是对平时梯子锻炼时的动作经验的迁移。对大班上学期的幼儿来说,能站在水中的梯子上独立拔茭白,并且在遇到困难时不轻易放弃,通过灵活转换方法解决困难,体现出他勇敢、坚持、自主、自信的科学探究品质。

图8-6展现了朵朵身穿下水裤站在小池塘中成功拔出茭白的喜悦表情。朵朵一手抓着水里茭白的根茎,一手举起拔出的茭白,开心地咧开嘴笑着。

朵朵的设想反映了该幼儿在日常生活中善于观察,能关注到小区里清理荷塘的工人的衣着和工作,因而萌生下水采摘果实的愿望。同时她也迁移了之前在幼儿园小果林里采摘各种成熟果实的经验,只不过这一次采摘的环境更为特殊,不是在地面上、泥土里、树上,而是在水里。下水采摘果实的体验是幼儿之前从未有过的,水的深度、凉度,水中行走的难度等都给幼儿带来了强烈、直接而又深刻的刺激与感受,这些是需要勇气和力气的。建构主义学习理论认为,在情境中的学习和知识才是有意义的,田野课程理念坚信,幼儿在情境中,在真实的具体的可感知、可操作的活动中,在解决实际问题中的学习才是有意义的学习。通过直接感知、亲身体验和实际操作,幼儿获得收获的喜悦之情是显而易见的。

"体验是幼儿重要的学习方式,是认识和态度形成的基础。"①通过猜测、讨论并亲身参与摘茭白的实践,幼儿获得对茭白外形特征、生长环境以及用

---

① 李季湄,冯晓霞.《3—6岁儿童学习与发展指南》解读[M].北京:人民教育出版社,2013.

力大小的认知,经验也随之获得提升。幼儿通过自己的努力获得了丰收的喜悦,这种情感是显而易见的,从亲身体验的活动中获得经验,也是真实、生动、可描述的。

这样记录、拍摄的照片日后同样能引起教师和幼儿回忆当初参与活动、有着共同经历的共鸣。此外,幼儿借助照片与同伴相互交流时能够表达清楚自己的想法与所用的方法,也给幼儿提供了梳理自身经验的机会。

## 五、以作品进行课程评价

幼儿作品具有丰富的内涵,它是幼儿最直接、最生动、最多样的表达,同时,它记录着幼儿"内在的声音",安静地诉说着一个又一个背后的故事。同时,幼儿作品具有广阔的外延,绘画、手工、折纸、舞蹈、建构、戏剧表演、规划、记录、日记、读书笔记等都是幼儿的作品。通过分析幼儿作品,教师与幼儿进行另一种"对话",这有助于教师了解每一个幼儿多方面的发展,走进他们的内心世界。

### (一) 作品的价值

1. 记录幼儿的"一百种语言"

幼儿有"一百种语言",也就有一百种表达的方式。幼儿的表达方式是多样的,也是个性化的。学龄前儿童正处于具体形象思维阶段,很难用文字等抽象符号表达自己的所思所想,更加倾向于用表情、语言、身体动作等方式进行表达,因而幼儿会用绘画、手工、舞蹈、建构等多样化的方式创造出表达自己认知、情感和想象的独特作品。对幼儿的"语言"进行记录和解读,有助于我们更好地了解并支持幼儿。

2. 记录幼儿"内在的声音"

从某种意义上说,幼儿作品反映了"内在的声音",是幼儿思维的痕迹,经验的体现,情绪情感的洋溢。每一个幼儿都有无拘无束自我创作的欲望,这是他们表达自我,宣泄情感,与外界沟通交流,进而获得自我满足的重要方式。

3. 记录幼儿全方位的成长

幼儿不同时期积累的具有代表性的各类作品,是教师进行评价的重要依据。学习是知识、技能、情感态度等共同参与的过程,在评价过程中要重视对幼儿心智的解读,关注其对于促进幼儿各方面发展的作用。幼儿作品的特点是不仅能体现出幼儿的知识、技能,同时能反映出作品背后幼儿的声音。通过对幼儿的作品进行解读,可以建立知识、技能和心智倾向之间的连接,让我们不仅关注幼儿的知识和技能的习得,还能促进幼儿在知识、技能、情感态度等方面的综合性学习和发展。

### (二)读懂作品诉说的故事

作品是幼儿最生动、形象的表达,幼儿创造各种形式的作品的过程就是幼儿运用各种方式表达自己的过程,幼儿的作品较之成人的作品往往更质朴,也更能直击人心,因为"幼儿总是接近事物的本质,总是从本质上,而不是从表面上去看待它们"[①]。因此,教师在评价幼儿作品时,要看到作品所隐含的本质特征,探寻作品背后的故事。

#### 这是蒲公英吗?

春天,幼儿园的草地上开满了黄色的小野花。孩子们很好奇,这是什么花呢? 仔细看看,小小的黄色"花瓣"(其实每一个花瓣就是一朵花)围绕着花心,有的已经变成了白色的绒毛状种子,花茎高高直直的,在花茎的底部有大大的叶片,叶子边缘是大锯齿形的。

幼儿园有这么一大片黄鹤菜在盛开,孩子们欣赏着,观察着,当然也想用画笔记录下来。老师在户外提供了写生板和画架,孩子们可以自由选择用蜡笔或者水粉笔进行创作。在初春的阳光下,在黄色的花丛中,孩子们边看边画,非常的专注!

瞧,孩子的写生画完成了! 咦,为什么写生的是同一种花,但是幼儿的作品会如此不同呢? 老师在心里进行了初步的猜测:或许孩子对同一种花关注的兴趣点不同,才会在绘画时,重点表现的部位不同。老师展示了所有孩子的画作,并请孩子介绍了自己的画作,想听听孩子们的想法。

---

① 罗泽·弗莱克-班戈尔特.孩子的画告诉我们什么:儿童画与儿童心理解读[M].程巍,许玉梅,译.北京:北京师范大学出版社,2010.

 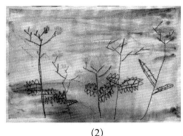 

(1)　　　　　　　　　　(2)　　　　　　　　　　(3)

图 8-7　幼儿作品诉说的故事

**作品背后的故事：**

图(1)的作者添添：我画的是小野菊——黄什么菜，我有点忘记它的名字了。它的最上面有许多许多的花，像大树一样分了很多叉。叉上还有分叉，还有分叉，于是，我就画了许多分叉，然后画了黄色的小花。

图(2)的作者叮当：这黄色的花特别小，开在最顶端。有的花开了，有的花还是小小的像小米粒，有的花颜色变深了，我就用了咖啡色。对了，还有白色的毛毛，我用了白颜色看不清楚，我就用了肉色来画毛毛。这个叶子很像菊花的叶子，于是我就画了一个个小三角。

图(3)的作者甜甜：我的花有的开得大大的，有的还是小花苞，没有开，特别害羞！有的垂下来了。我画的叶子都很大，都在(花茎的)最下面！

《我们都是探索者——在城市环境中运用瑞吉欧原则开展教学》一书中提到儿童兴趣与儿童表征以及表征方式的关系。孩子观察角度的不同、兴趣点的不同都会影响孩子的表达重点与表征方式，三个孩子对黄鹌菜进行了细致观察，用水粉这种表征方式进行了写生，通过倾听孩子语言表述对自己作品的解释，能够帮助教师走进孩子，更加深入了解作品背后蕴含的儿童视角。

图(1)的作者添添关注的是分叉，所以他在作品中夸张地表现了一株顶端分叉的花，而对于花朵和叶子的表现就相对弱化。图(2)的作者叮当观察得比较细致，对花朵、种子、叶子的颜色与形态都有所关注，在表现时对蜡笔的颜色有所选择，对于叶子的位置与外形特征的细节的表现尤为突出。而图(3)的作者甜甜则是对于花朵的不同形态进行了关注和描绘。

幼儿的作品并不仅仅是我们所看到的，还应该是我们能够"听"到的，因为一幅幅作品其实都是幼儿在诉说着一个个故事。《纲要》中指出，教师在对幼儿作品进行评价时要"承认和关注幼儿的个体差异,避免用划一的标准评价不同的幼儿,在幼儿面前慎用横向的比较"。教师不能用统一的标准去衡量、评价幼儿的作品,不能草率地以成人的视角用像或不像认定幼儿的作品。应该透过作品表象,探寻作品背后所蕴含的儿童个性视角和差异性的发展需要,真正了解幼儿通过作品想要表达、传递的本心。聆听作品背后的故事,有助于建立教师与幼儿心灵深处的连接。

**(三)作品分析的策略**

1. 基于幼儿的已有经验

每一个幼儿都是不同的,他们来自不同的家庭,拥有不同的成长背景,来到幼儿园之前,每个人都有不同的故事,因而在认知、思维、个性、能力、行为、兴趣、需求等各方面表现出差异。来到幼儿园中,他们共同经历各种各样的活动,在知识、技能、情感等方面不断获得发展,但每个人的学习方式、发展速度、兴趣特点都存在差异,这就造成前期经验的不同,因而所创造出的作品蕴含的意义也各有不同。教师应该理解并尊重这些差异,对幼儿的作品进行分析时要从幼儿已有经验出发,善于透过作品探索背后隐藏的幼儿成长和发展的需要。

图8-8　幼儿作品——我和甘蔗的故事

作品:我和甘蔗的故事

幼儿:犀宝

年龄段：大班上学期

背景：哥哥姐姐毕业了，他们把自己种植的最难以割舍的甘蔗地传递给了刚刚升入大四班的小朋友。郑重接过哥哥姐姐交代的任务，大四班小朋友悉心照料甘蔗，逐渐与甘蔗建立起了深厚的情感，并以此开展了有关甘蔗的主题活动。主题结束后，教师引导幼儿一起回顾整个主题，说说最难忘的回忆，鼓励幼儿用自己的方式大胆表达，这是犀宝绘画的《我和甘蔗的故事》。

由图 8-8 可以看出，画面布局合理，内容丰富。画面上有长长的甘蔗、一个戴帽子和口罩的小朋友在榨甘蔗、12 个端着甘蔗汁的小朋友、梯子、台阶，还分别标注了小、中、大 12 个班级。其中，大四班小朋友正站在梯子上接过榨好的甘蔗汁递给不同班级的小朋友分享。幼儿对画面的解读是："等到甘蔗熟了，我们大四班的小朋友会把甘蔗汁分给每一个班级的小朋友品尝。"对于为什么要把甘蔗汁给大家分享，犀宝的回答是："因为好吃的要与大家分享，不能小气，所以我要喊全幼儿园的小朋友来喝。"教师在分析时发现该作品体现了幼儿丰富的前期经验，对该作品的分析和解读要基于幼儿的已有经验。

正是由于犀宝前期与甘蔗的频繁互动，通过调查、观察、比较、测量等，积累了关于甘蔗外形特征、生长方式等丰富的经验，并逐渐内化为对甘蔗的科学认知，才能在绘画中准确、生动地描绘出甘蔗的外形。在幼儿的原有认知中，小班幼儿是弟弟妹妹，个头小，所以在绘画中用小人表示，大班幼儿是哥哥姐姐，个头大，所以画得大一些。由于前期开展了很多大带小的混龄活动，所以她非常明确地表现出小、中、大幼儿的身高不同。榨甘蔗汁的小朋友之所以会戴上帽子和口罩，是因为犀宝平时观察到厨房老师每天都是戴着帽子、口罩的，他们自己在烹饪室活动时也是如此，幼儿迁移了日常生活经验。幼儿并没有独享最爱的甘蔗汁，而是愿意分享给幼儿园每个班的小朋友，这种爱的情感的传递也是受了之前哥哥姐姐的影响，正因为哥哥姐姐的爱心传递，他们才拥有了这片甘蔗地，才能收获甘甜的甘蔗汁，所以在幼儿心中也自然而然萌生了与他人分享的愿望。

2. 考虑幼儿年龄特点

幼儿的发展是一个持续、渐进的过程，同时也表现出一定的阶段性特征，因而教师心中要装着不同年段幼儿的发展目标,掌握其不同的认知水平、学习方式和兴趣特点。小班、中班、大班幼儿的作品会呈现出较大的差异,有经验的教师能通过作品直接辨别来自哪个年龄段的幼儿之手,这正是因为教师心中熟悉幼儿的年龄差异性。同时,在一个班级中,幼儿之间的年龄差距最大的有将近 12 个月,这个差距不容忽视,因为每个幼儿在沿着相似进程发展的过程中,各自的发展速度和到达某一水平的时间并不完全相同。分析年龄越小的幼儿的作品,就越要考虑年龄的差异造成的影响。因而教师在进行作品分析时,一定要考虑幼儿的年龄特点。

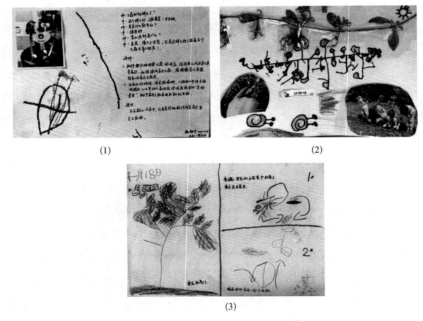

图 8-9　幼儿观察记录(组图)①

　　这三幅作品分别是小、中、大班幼儿的科学观察记录,三个年龄段幼儿的记录呈现出明显的年龄特点和差异,教师在进行作品分析评价时,心中一定要装着《指南》中的对应年龄目标,结合科学、语言(前书写)等领域的核心经

---

① 　图(1):作者翔宇,小班,大蒜观察记录。图(2):作者欣仪,中班,小草观察记录。图(3):作者子馨,大班,蚕豆观察记录。

验进行综合分析。

由图（1）所示，画面呈现的记录笔触符合小班幼儿的年龄特色。《指南》中科学领域指出"3—4岁的幼儿对感兴趣的事物能仔细观察，发现其明显特征"；语言领域指出"3—4岁幼儿喜欢用涂涂画画表达一定的意思"。该幼儿能进行仔细观察并能清楚地说出大蒜的主要形态特征和生长环境，同时有一定的书面表达的愿望和初步的记录技能，如：用绿色的竖线表示直直生长的大蒜，用黑色的圆圈表示花盆，用黄色的色块表示顶部的大蒜皮。并且该幼儿用色准确、笔触流畅、画面清晰，对色彩表现出一定的敏感性，小手肌肉发展较灵活。

由图（2）所示，中班幼儿在种植园地除草时发现了一株形态特殊的小草，于是将小草实物用透明胶带粘贴在记录纸上，便于直观、生动、详细地进行观察和记录。可以看出，中班幼儿的观察视角更加细致，相对于小班幼儿，不但能抓住植物最主要的特征，而且能发现植物生长的细节特征，如该幼儿用黑色的看似凌乱的线条表示小草的根须。另外她在小草下面用褐色的线条表现泥土，上面画了一蓝一绿两只小蜗牛，说明该幼儿在观察小草时进行了思考，思考小草的生长环境与小蜗牛的关系，发现自然界事物之间存在一定的关联。

由图（3）所示，大班幼儿的记录包含绘画、数字、简单的汉字、序号、表示方向的箭头等，体现了明显的前书写特征，展现了更丰富的记录方式和更高级的记录水平。该幼儿对蚕豆的观察记录分成了三个部分，用线条进行分割，体现出记录的条理性。左边一栏生动绘画了蚕豆的整体形态，比较科学地展现了蚕豆的基本特征，幼儿说"蚕豆长高了"，说明她能与之前的观察进行比较，发现蚕豆的生长变化。右边分成上下两栏，分别记录蚕豆的局部特征。右边第一栏，幼儿说："蚕豆荚从黑色的花苞中出来了，蚕豆在豆荚里。"她用黑色的扁圆形表示黑色花苞，接下来用箭头指向绿色的豆荚，再用箭头指向一颗颗绿色的蚕豆，表示蚕豆随时间发生的生长变化。该幼儿发现了事物之间存在的关联性并大胆用自己的方式表达了自己的思考和逻辑推理，体现出她在探究中已经具备了一定的思考能力，并尝试着进行简单的推理和分析。右边第二栏，幼儿着重记录了蚕豆叶子生长的细节特征，用一上一下的箭头表示错位生长的寓意，这体现了该幼儿观察细致、记录方式生动多样。

结合上述案例,教师在分析评价幼儿的作品时,要优先考虑幼儿的年龄特点、心理特征,结合其典型性行为表现,根据《指南》提出的不同年龄段差异性、层次性的目标提出对作品的合理期待,不能用整齐划一的标准衡量,也不要简单用好、不好,像、不像等词语判定,更不能拔高或贬低幼儿的作品。

3. 倾听幼儿内心的想法

解读幼儿作品除了教师的观察、分析,一个重要的途径就是倾听幼儿内心的想法。幼儿作品中一个简单的符号,都是幼儿的"千言万语"。在成人眼中一个不起眼的短线,一个容易被忽略的毛线团,一个怪异的结构,一个匪夷所思的动作……这些在幼儿眼中都有意义,都代表着丰富的内涵。给幼儿充分表述自己作品的机会,相当于给作品安上了"放大镜",通过倾听幼儿对于作品的解读,能弥补教师观察的漏洞,能更全面地了解作品包含的内容、幼儿创作的意图以及创作过程中的想法,能更深入地分析幼儿发展和成长的变化。

作品:"朋友"主题——写给好朋友的信

幼儿:洋洋

年龄段:中班上学期

背景:中班上学期开展"朋友"主题,教师利用绘本《点点和多米的信》引导幼儿体验、感受好朋友之间可以通过写信的方式表达思念和友谊,并且鼓励幼儿尝试给自己的好朋友写信。右图是洋洋在语言区写的信。

图 8-10  幼儿作品《写给好朋友的信》

该幼儿的信件中呈现的内容很多、很凌乱,有房子、太阳、音符、彩虹,还有一些看不懂的图案,虽然画面上出现了箭头,但是指向不同的方向,并没有表示一定的顺序,缺乏次序性和条理性,乍一看并不清楚他想表达什么。如果教师仅凭自己的经验给幼儿的作品下定论,就显得太草率了。

教师此时需要放慢脚步,走进幼儿,耐心询问、倾听幼儿对自己信件内容的解读。教师与幼儿交流后发现,该幼儿并不能清楚、连贯地表达,述说画面内容时以词的形式出现,一会儿说这个,一会儿说那个,且断断续续,并不能清楚、完整地表达。教师需要指着每一个符号或图案询问幼儿代表的意思,通过一问一答的方式,教师才能勉强明白幼儿的意思。原来洋洋的信件不是写给同龄的朋友的,而是写给自己的妈妈的。信件上出现了爸爸、音乐、游泳、爬山、汽车、尾气、烟花、咖啡、彩虹等元素。

如果不耐心倾听幼儿的解读,成人很容易忽略信件中幼儿想表达的细微事件和丰富情感。画面元素丰富、色彩繁杂,几乎每一个小短线都代表特殊的含义,幼儿把自己想到的所有事情都一一呈现在一封信里了,其实这些都是幼儿内心渴望、期盼的事情,可能是曾经发生过的,也可能是未曾发生的。因为爸爸工作繁忙,陪伴幼儿的时间较少,常年是妈妈陪伴,幼儿对妈妈比较依恋,但又十分渴望有爸爸陪伴在身边做这些有意义的事情。通过写信,幼儿潜意识中表达了自己最原始、最本真的想法,希望父亲给予更多的陪伴。这就提醒教师需要加强家园沟通和联系,帮助幼儿表达内心诉求,呼吁幼儿的爸爸妈妈给予幼儿更多的陪伴和关注。

因而,分析评价幼儿的作品前倾听幼儿的解读至关重要。幼儿解读作品体现的是尊重儿童视角,反映评价真正以儿童为中心。幼儿才是自己作品的真正主人,他们享有对自己作品解释的绝对所有权。成人对幼儿独特的表现手法、文字符号有时候是看不懂的,单纯从成人的视角去理解是会造成误解的。幼儿用语言解读自己作品的过程,实际也是锻炼思维的过程。成人会客观询问或者追问幼儿如此表达的原因,幼儿指认、口头叙述、解释说明的同时,也在锻炼自己的语言表达能力与思维逻辑能力,明晰自己的所思所想,展现真实的问题、需要和情感。通过倾听幼儿解读而收获的有关作品的信息,能在一定程度上发现成人视角的偏差、疏漏甚至误解,为原本主观的评价增添"客观"的色彩,真正体现评价是聚焦幼儿的评价,评价最终是为了了解幼儿的发展需要,为了促进幼儿的成长与发展。

4. 结合幼儿作品类型

幼儿在园的活动丰富多彩,幼儿的表达方式多样且富有个性,因而会创造出不同类型的作品,如美术作品、建构作品、语言作品、表演作品等。幼儿的作品通常能反映幼儿各领域的发展特点,且作品类型不同,其传达出的幼儿发展领域的侧重点是不同的,因而教师需要结合具体的作品类型进行有针对性的分析,剖析其蕴含的幼儿发展的关键领域的关键经验,采取较为客观、科学的分析方法。如分析幼儿大型建构作品,教师主要会从作品空间、结构、造型等评析建构的技能水平,从思维变化、创造性体现、社会性交往等评析幼儿的发展。

作品:南京站

幼儿:大一班

年龄段:大班上学期

图8-11　幼儿建构作品《南京站》

背景:中班下学期,班级幼儿对南京站产生了浓厚的兴趣,想要搭建南京站。于是,在假期里,有的家长带孩子到车站去近距离体验,有的家长上网收集资料,有的还联系到车站退休人员,拿到了车站建筑过程中的内部出版书籍资料……有了充足的经验铺垫,假期结束,升入大班的幼儿决定共同搭建一个南京站,这是幼儿最终搭建的成果。

大班上学期,幼儿能够根据自己的调查、规划,绘制出南京站的设计图,并按照设计图,有步骤、有计划地在教师的指导下,跟同伴合作建构出完整的南京站,展现出符合这一年龄段幼儿发展特征的建构水平。

这是一个大规模的建构作品,具有一定的挑战性。一方面,从造型上看,整个建筑呈现轴对称结构。幼儿基本还原了南京站的主建筑,包括地上楼层以及地下的高铁部分,同时扩展到外延部分,包括站前广场、地铁站、公交站、车辆、人群、花园等,整体布局合理,各个部分所占比例恰当。这样完整场景的展现跟幼儿前期的调查经验有着紧密的联系,田野课程关注幼儿的社会生活,注重引导幼儿思考个体与周围环境的关系,因而幼儿的建构目光不仅仅局限于建筑本身,还扩展到站外场景,如:站外通常有哪些建筑、有什么配套设施、有什么样的人群、有什么样的景色等。火车站建构作品包含幼儿对站外人文、自然等环境的了解,体现幼儿思维的全面性、缜密性和关联性。

另一方面,幼儿在建构过程充分运用了基本的建构技能,既运用了数、量、形状、空间等数概念,又运用了观察、比较、分析、规划、记录、绘画等科学探究方式。此外,从材料的选择上看,除了积木,幼儿还选择了多样的辅助材料进行创造性地组合,如雪花片、椰汁罐头、各种形状的插塑材料、手工绘制的人物及车辆等,体现出幼儿的想象力和发散性思维。

5. 关注不同阶段的作品

幼儿是不断发展变化的,他的身体、认知、情感等方面的成长变化也会体现在作品中。因而要对一个幼儿进行持续、全面的分析,需要教师有意识地关注、收集幼儿不同时期、不同阶段、不同领域创作的具有代表性的,能展示其进步表现的作品,这些作品通常会收纳在主题活动档案、幼儿个体成长档案等文件中。对作品的评价和分析也不是一成不变的,同一名幼儿在一个学期始末阶段的作品都能表现出差异,因而教师要"与时俱进",用变化发展的眼光观察、审视、剖析幼儿及其作品,珍视作品折射出的独特价值,通过不同阶段的作品看见幼儿的学习和发展变化。

**六、课程评价中的反思与改进**

课程评价是课程的一个有机组成部分,评价是为了发现问题、解决问题、改进实践,反思是这其中关键的一环。在田野课程中反思的主体是多元的,包括幼儿、幼儿园、教师、家长等多方人员的反思。大家根据评价中发现的问题,有计划、有步骤、有针对性地进行改进。例如,教师首先利用评价结果重新审视幼儿的学习、自己的教学实践等,找到存在的问题,然后探寻问题存在的原因,反思以往的教学活动,为下一步的教育提供依据,并适时调整教育策略。在实践中反思,在反思后继续实践,让课程的评价、幼儿的发展、教育质量的提高这三者成为一个动态循环发展的过程。

**(一)反思与改进的关键**

1. 活动的适宜性

在反思时教师首先要对活动本身进行反思,反思活动是否适宜,是否有利于幼儿经验的增长。我们认为对活动适宜性的反思需要聚焦于幼儿,通过幼儿在活动中的表现判断活动的适宜与否。因此,在田野活动中教师高度关注幼儿,反思活动的适宜性时应首先对幼儿的行为表现进行反思。对幼儿在活动中表现的反思可以从以下几个方面入手：幼儿是否对活动感兴趣，幼儿活动时的状态，是否能专注地、持久地投入活动；幼儿在活动中能否有效利用各种材料；幼儿能否运用已有经验解决问题，是否获得了新的经验；幼儿是否与教师、同伴及其他相关人员进行了充分有效的互动；等等。

在此基础上，还要思考活动的挑战性，即活动在符合幼儿现有发展水平的前提下，是否能让幼儿跳一跳就能够得着，能够有益于幼儿经验的获得和增长；活动的层次性，由于幼儿具有发展的一致性，同时又具有一定的差异性，因此反思时要考虑活动的层次性，即是否能满足每一个幼儿的需要，为每一个幼儿的发展提供支持。

通过对多年的实践进行总结，我们认为活动的适宜性主要体现在以下方面：

- 贴近幼儿的生活，选择幼儿身边的事物和问题，具有真实的情境。
- 适合幼儿年龄特点、现有经验和能力水平。
- 幼儿感兴趣，投入度高，专注力强。
- 幼儿能获得成功的体验，增强学习的兴趣，形成良好的学习习惯。
- 支持幼儿通过感知、操作、体验等多种学习方式解决问题，通过深入探究获得经验。
- 具有一定的挑战性，有助于幼儿的规划、推理、思辨、合作、解决问题等多种能力的发展。
- 兼顾群体需要和个体差异，能满足幼儿现阶段多方面发展的需要。
- 关注幼儿经验的连续性，有利于幼儿的长远发展。
- 有助于拓展幼儿的经验和视野，给幼儿带来新经验。

2. 支持的有效性

幼儿学习离不开来自多方力量的支持，如同伴、教师、幼儿园、社区等，他们都是有效改进、促进教育教学实践的重要力量。在田野课程的反思和改进中，我们重视多方人员的参与。例如，幼儿园对课程规划、教研培训、课程管理机制进行反思，并针对存在的问题改进；家长基于自家幼儿基本的行为表现对课程的具体实施提出改进建议，同时对自己的教育观念、教养方式进行反思并调整；教师结合自己的教育教学实践对课程的设计与组织、教师的支持、教师的行为等进行反思,在此基础上对课程的建设和自身的教育行为进行改进。其中,我们认为教师在反思时的重点是教师支持行为的有效性,主要围绕以下几个方面进行。

（1）对时间、空间、材料的反思

时间、空间、材料等方面的支持对幼儿的学习至关重要,在反思时,离不开对这些方面的反思,需要在此基础上,针对发现的问题进行调整。在时间上,要反思时间的长短,时间的相对稳定性和灵活性;在空间上,要反思空间的大小、选择室内或是室外空间、室内外空间的联结等;在材料上,要考虑材料的多样性、适宜性、层次性、开放性等,并根据幼儿的活动情况,及时进行补充和调整。对于时间、空间、材料等方面的反思和改进是一个持续的过程,教师基于对幼儿的再认识,随着幼儿经验的增长、兴趣的转移等,应及时进行调整。

**案例:你好,小恐龙**

背景:教室里一些小恐龙玩具引起了孩子们的注意。"老师,你看,这是霸王龙。""这是小翼龙。""这是腕龙,我家里也有。""这是剑背龙,你看它的背上有尖尖的刺,很厉害的。"孩子们争先恐后地摆弄着恐龙玩具,发表着各自的想法。看到孩子们对恐龙如此感兴趣,于是我们创设了语言区活动"你好,小恐龙",用现有的小恐龙玩具让孩子摆摆弄弄,自由讲述。

刚开始,幼儿在与恐龙不断游戏的过程中,萌发了越来越多的兴趣和需要,他们想要让恐龙站起来,我们开始反思:现有的材料是否能满足幼儿活动的需要? 该提供什么材料来支持幼儿的活动? 我们立刻和孩子们讨论如何让恐龙站起来,孩子们提出了各种想法,如借助可以让恐龙靠着站起来的材料:小木桩、小盒子、塑料积木等。我们和幼儿一起搜集需要的材料,同时还提供了黏土、沙子,支持幼儿让恐龙站起来。经过一段时间的探索与操作,孩子们又提出了让恐龙站在更高的地方、帮它们办场舞会的想法。我们基于幼儿的这一兴趣和想法,收集了大小面积不同的纸盘、硬纸板、小木桩、小颗粒石头,新增了一张桌子便于他们搭建。孩子们迁移了建构的经验,搭了起来,一层、两层、四层,形成了立体的游戏情境。在材料不断丰富的同时,幼儿和恐龙的游戏也在不断进行中……

一段时间后,我们发现来这个区域玩的孩子慢慢变少了。很多孩子玩了一会就离开了。我们意识到孩子们对于恐龙的兴趣在慢慢降低,现有的活动也没法再给幼儿带来更多的新经验。这该怎么办呢?我们先去了解了幼儿的想法和需要,然后进行了讨论,商量过后大家决定投放新的材料,根据幼儿的兴趣和想法创设新的游戏情境,看看能不能重新激发孩子们的兴趣。我们为孩子们准备了"决明子",并将它装在孩子们收集来的月饼盒、糕点盒里,变成一个个有趣的"故事盒";同时加入了一些和绘本中角色相同的恐龙小卡片,鼓励孩子们边操作边讲述故事,孩子们在活动时更加投入、专注、快乐。

越来越多的孩子来到恐龙区,都喜欢和小恐龙做游戏,但是这时候就出现了拥挤的情况。当发现这一问题时,我们立即着手为孩子们制作地面大沙池盒,将原来的恐龙区域扩大。我们还增添了玩沙、舀沙、漏沙工具;投放了喷水壶、管子、鹅卵石、木桩等鼓励孩子再次探索沙子的特质;提供了小扫帚、小簸箕,让孩子自己收放打扫撒出的细沙。调整之后,随着空间的扩大,孩子们的操作更加方便、自主。

(2) 对教师行为的反思

教师在反思时要关注教师在活动中所承担的角色以及教师具体的行为。例如,对教师角色的反思,即反思教师是否充当了活动的组织者、材料的提供者、共同的游戏者、温暖的陪伴者;对活动中教师行为的反思,即反思教师的行为是支持了幼儿的活动还是干预了幼儿的活动,是否有利于幼儿的发展。

通过对多年的实践经验进行总结,我们认为支持的有效性体现在以下方面:

- 提供充足的活动时间,关注时间的弹性,根据幼儿的需要和活动情况灵活调整时间。
- 营造平等、自由、开放、尊重和支持的心理环境,根据幼儿需要创设丰富的,有利于促进幼儿学习与发展的生活和活动环境,支持幼儿学习。
- 挖掘并有效利用各种有益于幼儿经验增长的资源,开展促进幼儿与资源互动的多样化活动。
- 提供丰富多样、有层次的材料,定期更换,并能及时根据幼儿的需要进行调整。
- 关注幼儿的学习过程,不随意干扰、打断幼儿的活动,耐心倾听,努力理解幼儿的想法和感受,支持、鼓励他们大胆探索与表达。
- 关注幼儿在活动中的表现和反应,敏感地察觉他们的需要、问题和困难,并以适当的方式及时给予回应,能关注幼儿的特殊需要。

- 善于观察幼儿,能发现幼儿感兴趣的事物、游戏和生活偶发事件中所隐含的教育价值,并和幼儿一起深入探究。

- 以关怀、接纳、尊重的态度与幼儿交往,尊重幼儿的个体差异,成为幼儿活动的支持者、合作者、引导者。

- 能与家长、社区积极互动,密切配合,共同促进幼儿的健康成长。

总而言之,教师不仅要对实践,也要对观念进行反思和改进。其中,对观念的反思和改进主要是对教师的儿童观、课程观、教育观进行反思和改进。第一,是否充分理解幼儿的学习特点。学龄前幼儿具有独有的学习特点,幼儿的学习是以直接经验为基础,在游戏和日常生活中进行的。因此教师在反思时要关注游戏和生活的独特价值,关注幼儿的内在学习特点,要通过直接感知、实际操作和亲身体验来学习。第二,是否聚焦幼儿关键经验的获得。反思目标在于促进幼儿获得新经验,其中经验包含的内容是很广泛的,可能是知识、技能、能力,也可能是主动性、创造性;等等。因此,反思的内容及方式都应以促进幼儿关键经验的获得作为终极目标。教师要做到心中有目标,眼中有儿童。第三,是否尊重幼儿发展的个体差异。每个幼儿都具有发展的独特性,具有各自的发展速度。教师要充分理解和尊重幼儿发展中的个别差异,了解每一个幼儿的发展背景和已有经验;关注每一个幼儿的发展,从认知、技能、情感等全面发展的眼光考虑幼儿的发展;找到每个幼儿的最近发展区,支持和引导他们从原有水平向更高水平发展。第四,是否重视幼儿学习品质的获得。教师要充分尊重和保护幼儿的好奇心和学习兴趣,帮助幼儿逐步养成积极主动、认真专注、不怕困难、敢于探究和尝试、乐于想象和创造等良好的学习品质。只有在正确的理念指引下,才能促进实践的有效性。

### (二)反思与改进的方式

1. 树立以问题为导向的意识

评价是为了发现问题,教师反思与改进的关键就在于问题。通过评价,教师会发现各种问题,问题既是挑战,更是生长新思想、新观念、新经验的种子。因此教师需要有较强的问题意识,对问题要有较强的敏感性,善于在实践中发现问题,同时要有挑战问题的意识和勇气,聚焦问题本身,形成相应的改进策略。我园引导教师通过问题框架思考教育问题,帮助教师通过价值筛选、原因分析、策略生成等方式逐步厘清问题,最后解决问题。总之,教师应带着问题去实践、去研究,从而在积极的反思和改进中,不断建构生成新的知识结构,提升自己的教育教学水平。

### 2. 构建三方协同发展的模式

个体反思是教师进行活动反思的原始动力,幼儿园对教师反思环境的支持是幼儿园教师反思的重要保障,而家园协同反思是幼儿园教师反思可持续发展的促进力量。三方协力互助,共同促进幼儿园教师反思能力的不断提升。此外,反思与改进的方式是多样的,反思与改进的主体也应是多元的,是教师、幼儿园、家长、社区等共同参与、共同努力的过程。

（1）教师个体反思

幼儿园教师个体反思既是教师专业成长的内在途径,又是教师走向专业成熟的外在动力。首先,教师要强化反思意识,勇于反思、善于反思、勤于反思。其次,要学习相关的幼儿发展理论,在理论的指引下进行反思。即教师在理论的指引下努力"识别"自己的教育实践、厘清教育实践中的困惑,并加以分析。最后,教师要落脚于行动中,在行动中改进自己的教育实践。

（2）教师全体反思

一是成立教研共同体,拓宽反思场域。集体的支持、协作能有效激励教师的个体反思。因此,我园成立了教研共同体,通过开展园内集体研讨推动反思走向深入并定期进行联动研讨,形成了园所之间的教研共同体。二是专家引领,提升反思水平。我园成立了导师团,为提高幼儿园教师的反思水平提供了专业引领;同时,积极搭建了与专家交流的平台,线上线下相结合,为我园教师的学习创造条件。三是完善管理制度,营造反思氛围。我园创建了良好的制度管理环境,如建立了教科研管理制度、评价管理制度等,同时创设有利于教师反思成长的民主、宽松、亲和、创新、研究等的精神文化环境。

（3）家园协同反思

家长是课程的重要参与者,是教师重要的伙伴,家长对教师的成长和课程的改进发挥着重要的作用。因此,我们注重家园协同反思。幼儿园会通过各种形式,引导家长和教师共同反思实践中存在的问题,并为幼儿园的活动出谋划策。教师也会根据家长的思考、困惑、建议及时调整、改进。如每学期的家长开放日后,家长都会对当天的活动及幼儿园的各项工作提出建议,教师也会收集问题,分析原因,然后改进。

3. 形成五步法路径

通过多年的实践总结,我园初步总结形成了五步法的反思与改进路径,即"观察记录—分析关键经验—辨析问题—规划方案—行动"。这五个阶段相互衔接、有机渗透、互为循环,从而使我园教师的反思更具操作性。

图 8-12　反思与改进路径五步法

（1）观察记录

反思与改进是基于对幼儿的了解之上的,在这一阶段中,教师主要通过对每个幼儿、活动的观察,采用多样的记录方式,了解幼儿发展、教育实践、教师行为等基本情况。

（2）分析关键经验

教师在对幼儿进行观察纪录后,在此基础上,需识别其中的关键行为,然后分析关键经验。即这个活动中蕴含的关键经验有哪些,幼儿是否获得了这些经验,幼儿还有可能获得哪些关键经验。

（3）辨析问题

在这一阶段中,教师主要针对行为分析产生的原因,发现存在的问题。首先对这个问题进行价值判断,即它是一个真问题,还是假问题。通过审视课程的实践过程,我们发现问题的来源是多方面的,但并不是所有的问题都值得我们去研究,只有对幼儿的发展、教师的成长、课程的深化具有意义的真问题,才值得我们深入研究。

（4）规划方案

在这一阶段中,教师要针对发现的问题进行分析,找出问题的症结所在,并生成相应的解决方案。这一过程,需要教师借助集体的智慧和专家的引领寻求解决问题的办法,提出对策,从而促进幼儿的发展、教育实践的改进及自身反思能力的提升。

（5）行动

在这一阶段中,幼儿园教师主要针对提出的解决方案,通过实践检验其可行性和有效性,然后继续开始下一轮的行动。

**案例:我们的度假村**

背景:国庆过后,"我们的度假村"的游戏活动深入发展并衍生出了三个项目组:吃的组、玩的组、住的组,其中"玩的组"规划了很多游戏项目,他们想在操场上建造一个探险营地,让全班小朋友们进行探险游戏。

【观察记录】探险营地雏形初现

**活动时间:**10 月 19 日

图 8-13  合作搬轮胎

小朋友们在操场边上找到了轮胎后,开始尝试用轮胎搭建探险营地。

依依从三层轮胎的最下面一层抽轮胎,点点说:"这个不好抽,抽不好会倒的。"然后就指着最上面的一层轮胎说:"我们要抽上面的,你来帮我吧!"依依没有理会点点,依然在想办法弄她的轮胎。点点转身对果果喊:"果果,这个太高了,你帮我一起抬下来吧!"果果应声来帮助点点,一边帮忙一边说:"这个轮胎好重呀!"点点立马鼓励道:"我们两一起抬,马上就能把它抬下来啦,然后把轮胎滚过去就好了,就不重了!"

骞骞看到依依一直都没有拉动最下面的那个轮胎,就对依依说:"我帮你吧,我们一起合作把轮胎弄走!"依依欣然同意。于是两人一起把三层轮胎中的上面两层轮胎推倒,再把最下面一层轮胎竖起来,推着走了。

其余几个小朋友看到骞骞跟依依的合作,他们也开始两两合作,共同把沉重的轮胎推到商定的地方,堆在了一起。最后孩子们走上自己堆好的探险营地,孩子迫不及待地玩了起来,可是没一会老师发现孩子们慢慢地没了兴

图 8-14  初建成的轮胎探险营地

趣,十分钟过后几个孩子都跑到其他地方玩去了。老师随机问了几个孩子为什么不玩了,他们的回答基本上都是玩了一会觉得没意思了。

**教师的思考:**

1. 原本在教室里纸上谈兵的规划有很多,当幼儿进入真实的现场,环境、材料激发他们产生了新的想法,他们看到操场边真的有一堆可以使用的轮胎后,顿时又冒出了新的创意,并且动手尝试起来,还将探险营地命名为"探险营地"。在真实的现场,幼儿的规划变得更加丰富,基于现场的规划更有实际意义。

2. 幼儿在堆砌探险营地的过程中,通过简单的技巧、策略促使同伴乐意互动,自然而然产生了合作,相比之前有了明显的合作意识和行为。源于幼儿游戏、发展需要而产生的合作,比教师特意设定的合作情景更能激发幼儿的合作行为,也更具价值。

**可持续的活动:**

1. 探险营地"试营业",邀请其他项目小组成员到探险营地探险,充分体验、感知,尝试发现问题,提出建议。

2. 项目小组成员共同讨论"如何让探险营地变得更好玩",引导幼儿尝试发现、分析问题,从探险营地的场地大小、材料适宜性、游戏难度等方面进行思考,讨论如何能让探险营地更加有趣,并尝试调整规划。


**【分析关键经验】**

**幼儿已获得的关键经验:**

1. 通过调查、收集、分享等方式,丰富幼儿关于度假村的经验。

2. 有初步的规划意识,并尝试调整规划。

3. 愿意和同伴一起参加项目活动,初步与同伴合作搭建探险营地。

4. 在活动中出主意、想办法,并按想法努力完成。

**幼儿还有可能获得的关键经验:**

1. 愿意接受同伴的意见和建议,继续调整并完善探险营地。

2. 在和同伴共同活动的过程中体会到合作的重要性,进一步学习分工合作。

3. 敢于尝试有一定难度的活动和任务,有问题愿意请教,遇到困难愿意克服,并能在他人帮助下坚持完成。

4. 用图画或其他符号进行规划和记录,并尝试按规划进行搭建。

5. 能和同伴交流回顾活动过程,表达发现的问题以及解决问题的过程。

**【辨析问题】**——为什么小朋友们会觉得探险营地不好玩?

1. 场地:场地较小,限制了探险营地的规模。

2. 材料:材料较为单一,降低了游戏的难度和趣味性。

3. 幼儿前期经验:前期经验不足,幼儿对于探险营地不太了解,所以搭建出来的探险营地较为简单、单一。

4. 幼儿的行为表现:有初步的合作意识,但合作的水平和能力仍需加强。

5. 教师支持方面:教师在材料、场地、幼儿前期经验上的思考以及支持不足;项目活动中的教师的支持和引导的能力不够。

图 8-15　幼儿再次规划

**【规划方案】**——怎样让探险营地更好玩?

1. 通过多种方式,帮助幼儿丰富度假村的相关经验,如:建议家长利用周末和幼儿一起调查、体验探险类游戏,收集有关度假村以及探险营地的图片、视频等资料……

2. 将"玩的组"幼儿面临的问题和全班分享、讨论,共同分析问题,为增添探险营地的游戏性和挑战性共同出谋划策,必要时给予指导、提供思路。

3. 在集体讨论基础上引导"玩的组"幼儿尝试共同绘制规划图,并努力参照规划图改进搭建。

**【行动】**

在评价反思幼儿活动情况并制定方案的基础上,教师引导"玩的组"幼儿在"试营业"后进行讨论。大家都发现了探险营地存在一些问题,有的说探险营地太小,很快就走完了;还有的说,轮胎都紧紧靠在一起,走起来没有什么难度。全班幼儿讨论后,大家决定在幼儿园里继续寻找更大且更合适的场地(经过再次勘察,他们发现在梧桐树下有一块更大的地方,而且还有一些现成木桩可以进行组合运用)。有幼儿又提出:"我们晨间锻炼时觉得爬梯子很好玩,可以把梯子借过来,和轮胎结合在一起玩呀!"于是"玩的组"幼儿重新对探险营地进行规划,设计了规划图,准备再次尝试搭建。

**【观察记录】**探险营地的调整

**活动时间:**10 月 22 日

**活动实录:**

有了前一次的合作搬运的经验,这次大家很快就两两结伴,将轮胎从小场地搬运到大场地。接着他们又去运动器械处搬运梯子,并根据设计图将梯子搭在轮胎上面。

这时,从旁边路过的一个"住的组"的小朋友曦曦,对着"玩的组"的小朋友说:"你们这样没意思,还是不好玩!"骞骞问:"怎么不好玩啦?"曦曦说:"就是不好玩。"骞骞又问:"那你说怎么才好玩呢?"曦曦说:"把轮胎搭两层才好玩,一层没意思。"说完曦曦就走了。

骞骞听了想了想对浩浩说:"来,我们一起把这个轮胎抬上来,搭两层!"

图 8-16　合作搬梯子

**教师的思考:**

1. 幼儿对探险营地的经验逐步丰富,他们还迁移了体育锻炼的经验,收集增加了一些有趣的材料,对探险营地的规划也变得丰富有趣。

2. 幼儿体验到规划的作用,初步尝试进行简单的记录。正因为他们非常喜爱自己搭建的探险营地,也渴望被同伴所认可,因而愿意付出时间、精力去搭建、调整、反思、讨论、再建构、再调整。在真实情境中动手探究、解决问题,正是田野课程的魅力所在。

图 8-17  搭建两层轮胎

3. 活动中幼儿能根据实际需要自发进行同伴合作,最重要的是能采纳同伴提出的合理建议并付诸实践。同时,项目活动中各个小组的幼儿是相互关联的,他们不仅参与自身工作、承担相应的任务,也会给予同伴建议,从而产生更多的联结,引发了更为丰富的活动,幼儿经验也随之拓展、丰富。

**可持续的活动:**

1. 邀请全班小朋友进行试玩,共同讨论、调整探险营地的环境和内容,正式开放"探险营地"。

2. "探险营地"正式开放后,项目小组幼儿可以通过调查、讨论等方法,根据大家的游玩情况,逐步调整游戏难度,增加游戏的趣味性……

经过不断地讨论、规划、搭建和调整,探险营地终于建成了,可是没过两天教师就发现幼儿的热情又降低了,为什么呢? 通过访谈,教师了解到一成不变的探险营地让他们慢慢地没了兴趣。于是师幼一起设计了多幅探险营地设计图,探险营地可以几天就换一个样子。"玩的组"的幼儿还进行了"探险营地满意度调查",根据大家的建议不断调整,将它变成大家都喜欢的游乐场所,使之成为度假村中的一处亮丽的风景线。"探险营地"还迎来了全园的"客人",他们开心地在这里穿梭、游戏。

上述案例体现了教师如何利用评价进行反思和改进,教师通过观察记录等多种方式及时发现并记录了幼儿在活动中存在的问题,然后针对问题进行反思,这里的反思主体有教师的反思、有与幼儿的共同反思,反思的内容包含各个方面,例如空间场地、材料、幼儿的行为表现、幼儿的经验、教师的行为等。教师剖析问题后,针对问题施以策略,进而调整、改进,再观察、再反思、再调整,循环往复,不断地推动游戏的发展,支持幼儿各种经验和能力的发展。在五步法反思与改进的过程中,教师要掌握基本路径,努力做到以观察纪录为开端,以分析关键经验为核心,以辨析问题为关键,以规划方案为重心,在行动中不断提高反思和改进的有效性。但是这个路径也并不是一成不变的,教师可以根据活动的具体情况和实践需要灵活地开展。

# 第九章　田野课程管理

幼儿园管理是指在一定的环境下为达成幼儿园的目标,对幼儿园所能支配的资源进行有效配置,通过各种手段调动所有人员的潜能以有效地达成目的的过程。① 田野课程管理是幼儿园管理的核心,是保证田野课程开发、建设、组织与实施质量的重要因素。田野课程管理在课程的规划—组织—实施—评价的过程中,保障各环节工作的秩序和流畅,有效提升了对幼儿发展的贡献力。

## 一、具有前瞻性的课程规划

课程建设是一个持续的过程,田野课程也不是按部就班、停滞不前的,而是始终在建设的路上。课程能始终饱含发展的活力,规划是关键,而规划的基础是现状分析。田野课程正是在不断反思课程发展现状和具有前瞻性的课程规划之下,才能持续发展,以满足幼儿发展的需要和社会时代的需求。

### (一)课程现状分析

课程现状分析是为了让我们明晰目前课程的发展状况,总结经验,找出可以进一步完善和优化的方面,为课程进一步的发展提供线索和方向。课程现状分析一般围绕课程目标、内容、资源、实施、评价等方面进行。

课程现状的分析并不是对课程文本进行分析,而是结合实践进行课程的动态分析。所谓动态分析是指一边进行实践研究,一边进行课程剖析,如在实践过程中我们始终以适宜性来分析课程目标、内容和组织方式是否能促进幼儿更好的发展,资源是否适宜活动的开展,评价是否有利于教师的反思和改进等。除了在实践研究过程中的动态分析之外,我们也会有相对固定的时期,如在学期开学、学期结束、课题阶段性小结、研究中期和总结等时期都会

---

① 汪丽.田野课程:架构与实施[M].南京:南京师范大学出版社,2008.

对田野课程进行系统性的深入分析。

1999 年,我们开始田野课程的实践研究,现状分析一直伴随田野课程建设过程。1999 年到 2008 年,田野课程已经拥有相对完整的体系,田野课程的架构已基本形成,核心理念是真实、参与、现场、开阔、清新;课程目标是促进幼儿快乐生活、真实学习、个性发展;课程内容的组织方式包括主题活动、领域活动和生活、游戏活动;课程实施途径包括项目活动、系统活动、区域活动、游戏活动、生活活动和亲子活动,它们各具特色,相互补充,共同满足幼儿多样化的发展需要;课程评价贯穿于课程设计与实施的整个过程之中,具体包括幼儿兴趣和需求、课程实施过程评估及课程实施效果评估,重点是评价课程适宜性。为了支持田野课程的开发与实施,课程审议制度和课程资源管理制度也形成了。但是,我们也发现田野课程还存在有待优化和完善的地方:课程理念已经不能满足学前教育的发展和时代的需求,也不能完全体现田野课程当下的实践状况;课程实施途径并不能完全满足幼儿个别化学习和主动学习的需要;课程资源的挖掘还不够充分、全面;幼儿经验发展不够均衡;等等。

**(二) 课程发展规划**

课程的现状分析,是为课程的发展规划服务的,是为了提供课程的发展方向和线索的。在课程现状分析的基础上,进行课程目标的完善、课程内容的优化、课程资源的运用、课程组织方式的创新等,寻找课程发展的方向。课程发展现状是课程规划的重要依据,同时还要结合国家教育方针政策和学前教育研究的热点进行课程规划,这样田野课程发展才能紧跟国家和社会的需求,才能走在基础教育研究前沿。因此,了解和研究国家政策和紧跟学前教育研究步伐同样非常重要。

2008 年,针对幼儿的个别化学习还不够的问题,我们规划通过田野课程内容和实施途径的调整,满足幼儿个别化学习的需求,让田野课程真正适合每一个幼儿的发展,避免"小学化"倾向。我们认为区域活动是最能体现幼儿个别化学习的组织形式,于是我们加大了田野区域活动的比例,实现"8+X"区域活动类型,"8"指美工区、科发区、生活区、种养区、积木区、沙土区、扮演区、语言区,"X"指其他区域。挖掘区域活动的内容,不仅增加区域活动内容,而且将原有集体活动内容也延伸至区域活动，让幼儿在区域活动中自主选择与规划、自主活动与管理，在活动中主动建构经验，获得真正意义的发展。经过几年的课程实践研究，我们形成了区域活动的开发与设计、组织与实施、观察与评估等方面的经验及策略，具有较强的创新性。同时，梳理的各年龄段不同区域的关键经验和内容体系，以及大量的活动案例具有较强的实践指导意义和研究参考价值。

2017 年，我们直面幼儿生活现状，针对幼儿生活的自主性、全面性、联系性不够，教师对幼儿生活及游戏的认识不够充分，支持幼儿游戏及与幼儿共同生活的能力存在不足等问题，在《中国学生发展核心素养》的精神指导下，确立了以"完整儿童"为核心培养目标，努力回归幼儿真实生活。我们规划以幼儿一日生活、共同生活、游戏活动、户外活动等方面的改善，探索更为理想的幼儿生活的建构途径和策略，以促进幼儿全面且有个性的发展。在实践研究过程中，我们给予幼儿充分的自主空间，发挥其主动性，让他们成为自己生活的主人。教师深入挖掘幼儿一日生活中蕴含的经验，关注入园、离园、散步等生活环节的教育价值，让其参与自己生活的规划和管理，不断提升他们的自主规划、自理生活的能力。同时，通过活动形式的改变和活动内容的丰富，将幼儿、教师、家长、社会人士都卷入共同生活体，打破班级、年级的界限，所有人互相尊重、信任，助力彼此的成长。我们关注游戏在幼儿生活中的重要性，在游戏中突出幼儿的自主性：从伙伴的选择、材料的准备和场地的安排，以及规则的建立到最后的调整，全部由幼儿做主。

2020 年，田野课程虽然已经日趋成熟，但运用人类发展生态学理论重新审视已有课程体系，仍有较大的优化空间。于是，田野课程开始探索微观系统内幼儿的深度学习与发展策略，建设有效家园共育的中间系统，高效整合外部系统的社会资源，充分利用宏观系统的社会文化资源，不断优化田野课程，以便更好地支持我园幼儿、教师和家长的发展，为幼儿园课程建设提供有效的实践支撑体系。目前，这项研究仍在继续。

未来，我们将用更加开阔的视角来规划田野课程的发展，包括两个重要文件精神的落实：一个是《中国教育现代化 2035》，文件中提到的落实八个"更加注重"——更加注重以德为先，更加注重全面发展，更加注重面向人人，更加注重终身学习，更加注重因材施教，更加注重知行合一，更加注重融合发展,更加注重共享共建,让我们了解并紧跟国家的教育现代化部署,落实到田野课程中;另一个是《共同重新构想我们的未来:一种新的教育社会契约》,文件中倡导将教育看作一种社会契约并作为共享愿景,明确确保人们终身接受优质教育的权利,强化公共行动和共同利益,让我们对田野课程的价值、课程的主体、课程的衔接等问题有了新的思考。未来,田野课程将不仅仅着眼于幼儿园中幼儿、教师等主体的发展和成长,还要关注田野课程发展的社会责任,如对儿童友好城市建设的意义和对《中华人民共和国家庭教育促进法》落实的意义等。因此,我们在规划田野课程发展时,秉持"面向人人、终身发展"的理念,主要考虑以下几个方面。首先,注重终身发展,将终身学习品质的养成渗透在每一个活动中,培养能面向现实挑战和应对不确定未来的幼儿;培养幼儿积极乐观的态度、迎接挑战的勇气、终身学习的能力,以及质疑、创新、系统思维等。其次,注重融合教育,课程目标中更加注重每一个幼儿的全面发展,包括每个幼儿每个方面的发展和满足特殊幼儿的特殊需求。最后,强调更多主体参与的育人共同体,关注对家庭教育的科学指导,以及对社区科学育儿观的形成贡献力量,致力于每个家庭的幸福和整个社会的和谐发展。

## 二、课程管理的基本原则

课程管理是幼儿园管理的重要组成部分,是跟教育质量紧密相关的,课程本身是有特殊规律的,因此课程管理需要遵循基本的原则。

### (一)课程管理的目的性原则

在田野课程中,课程管理是有目的的,不是为管而管,而是"以人为本",指向幼儿和教师两个主体的发展,落脚点是为幼儿提供最适宜的课程。

课程管理的目的是我们进行管理时所抱有的内在意图,是田野课程价值主张的体现,围绕幼儿更好发展,对课程框架、课程实施、课程资源、课程评价等进行沟通、协调和支持,以期达到预期的课程目标。如幼儿园园舍经历过多次改造,每次改造的首要原则就是考虑幼儿的需要,也就是田野课程的需要,环境要有助于幼儿新经验的获得,要有助于幼儿活动的开展。幼儿原本是在活动室里午睡的,教师每天都需要铺床和收床,班级区域活动空间设置大大受限。2017 年园舍改造时,我们将原有的部分功能室、教师办公室改成了独立午睡室。这样的调整出于两个方面的考虑：其一，班级的区域活动更加有针对性，区域活动内容的设置更加针对各班级幼儿园的特点，班级区域活动内容更加丰富，完全可以替代甚至超越原有部分功能室的作用；其二，解放了教师，改变了原先每个班级活动在多功能室活动都需要摆放和收拾材料的状态，班级区域活动空间和活动都更加稳定和持续。同时，这改变了原先教师每天铺床和收床的状态，他们有更多的时间和精力和幼儿在一起，支持幼儿的发展。除了以幼儿更好地发展为目的打造环境，我们还在资源建设方面做了很多。比如，幼儿园小池塘里的水生植物种类要多样，保证幼儿可以感受水生植物的多样性，利用这些水生植物开展多种活动，菖蒲用来测量、芦苇用来包粽子和编织等。种植园地一年四季要有植物，保证幼儿能在不同的季节都可以种植、观察照料和收获。

图9-1 小池塘里水生植物多种多样

## （二）课程管理的赋权原则

所谓赋权是指幼儿园让每位教工拥有决策权和行动权，赋权本身就充满了对每一个人的信任和支持，被赋权的人有很大程度的自主权和独立性。在田野课程中，教师已不是简单的课程建设者、教育者，他们也是管理者。

人人都是课程决策者，人人都是管理者，田野课程管理的权利下放，从集中转向分权，从园级到年级组、到班级、再到个人，每位教师都能够基于幼儿的兴趣和问题，决定课程的内容，设计、组织、实施丰富多样的活动。幼儿园有主题资源库，教师所设计实施的主题活动及相关的主题资源都被纳入主题资源库中，成为田野课程内容的一部分，主题资源库充分体现了对每一位教师课程决策权的认可和包容。赋权的目的是借鉴大家的智慧，让个人智慧拓展，包容大家的观点，让田野课程发展在观点碰中得到深化。

只有赋权给教师，教师才会赋权给幼儿。幼儿也是课程建设的主体，他们的需求理应被尊重和回应。在太平巷幼儿园，每个幼儿有需要的时候都可以向各个岗位上的教师，包括园长提出自己的想法和建议。

　　幼儿园小池塘设有围栏,围栏上有个门,为了幼儿的安全考虑,门平时都是关着的。小班的一个幼儿在玩户外自然游戏时,想去小池塘里取水,但是小池塘围栏的门是关起来的。他就向班级老师提出了自己的想法,老师鼓励他找园长提建议。于是,一天早晨入园时,他看到了园长,正式提出自己的建议。园长采纳了他的建议,在幼儿有活动需要的时候就打开围栏的门。同时,每个班级都开展了安全教育活动,讨论当围栏的门打开时,如何保护自己。

图9-2　打开小池塘围栏的门

图9-3　幼儿对事件的记录

　　幼儿要求打开围栏的门,是想去取水。他在活动过程中有需要就提出了自己的想法,而且他的合理建议得到了重视,并得到了园长的同意。

　　幼儿园的重要事项,特别是与幼儿相关的事项,也都会征求询问幼儿的想法,并尽最大可能帮助幼儿实现他们的想法。每年的儿童节,我们都会调查每个班幼儿的想法,最终以幼儿想要的方式庆祝儿童节,游园的项目都是依据幼儿的想法而确定的。幼儿毕业时,也会询问幼儿的意见,他们想在幼儿园住一晚,我们就开展"帐篷日"活动,幼儿自主结伴,搭建帐篷、装饰帐篷,夜宿幼儿园;他们想和小伙伴一起旅行,我们就开展结合他们开展的主题活动"我爱家乡",到溧水进行"寻找母亲河秦淮河的源头"毕业旅行活动。

图9-4 "帐篷日"活动

图9-5 大班毕业旅行,寻找秦淮河的源头

### (三)课程管理以问题为导向的原则

田野课程管理除了日常化、制度化的常规管理之外,还会突出以问题为导向的课程管理。在田野课程发展的不同阶段,我们会面临课程内容、课程实施、课程评价等不同方面的不同问题。当然,我们不惧怕问题,因为问题的出现会给田野课程带来新的发展契机。针对这些具体的问题,我们会从管理的角度对人员、资源等进行调整或完善,以保障课程的有效发展。比如,新冠肺炎疫情的发生带来了诸多的问题,也对原有课程内容带来了冲击,但我们将问题转为机遇:因家长无法进入园所带来了幼儿入离园方式的改变,实现"大带小"——大班幼儿带小班幼儿的入园形式;亲子活动从线下走向线上,增加家庭教育的成分;在课程中增加自然生命的内容,进一步丰富课程内容;等等。

图9-6 新冠肺炎疫情发生后,大班幼儿接小班幼儿入园

除了课程内容的变化,在课程实施、课程资源、课程评价等多方面都可能因问题的出现带来创新、调整或完善。比如,初夏晨间锻炼时间,幼儿运动一会儿就觉得很热,树木都在操场的四周,即便来到操场边休息,阴凉处也没有可坐的地方。针对这个问题,我们在操场中间移栽了桂花树、银杏树和香泡树,在树木四周定制了木制花坛。当幼儿需要休息的时候就可以坐到大树下,不仅可以休息,还可以三三两两地交流分享。这几棵大树的到来,不仅为幼儿提供了休息的场所,还为课程带来了丰富的资源,生发了一系列的探究活动:"银杏树是树爸爸还是树妈妈""桂花树生病了""桂花可以做什么""香泡可以吃吗"。

图9-7　桂花树下,幼儿休息、交往、观察、探究

### (四)课程管理以班级管理为基本的原则

田野课程的组织机构是扁平化的,班级规划是主体,每个班级都有自己的课程管理权限。一个班级是由幼儿、教师和家长组成的,班级之间是存在差异的,幼儿是不同的,他们有着不同的经验、兴趣和问题,三位教师各有自己的教学风格和文化背景,家长群体也拥有各自不同的教育态度和课程资源,这就决定了田野课程管理要以班级为本。

每个班级都有自主管理权,班级的空间格局、环境创设、班级公约、课程内容选择等,都是班级教师与幼儿共同讨论形成的,这就会呈现出具有创新性的课程管理状态。另外,每个班级都会依据班级特色,弹性地组织与开展一日活动。如幼儿园作息时间,每个班级都可以根据班级活动需要,灵活地进行调整。

图9-8　班级公约

### 三、向管理要质量

在管理中,最重要的是人的管理。在幼儿成长的过程中,教师的作用是非常关键的,他们支持和促进幼儿的发展,因此教师的专业能力需要不断提升以适应幼儿成长的需要。

#### (一)教研活动提素质

田野课程坚持"以研促教",把教研作为实施教师继续教育的重要途径,通过基于教师能力诊断的教研、实践问题导向的教研等,提升教师专业素养。教研活动主要聚焦教育教学实践过程中的问题,立足现场,汇聚智慧,通过观点的碰撞解决问题。教研活动的开展非常有利于教师的成长。首先,研讨的过程中,不同观点的互相碰撞,是教师相互学习、相互启发的过程;其次,田野课程中的教研氛围是平等的,不管是工作多年、经验丰富的骨干教师,还是刚踏上工作岗位的年轻教师,都能大胆地表达自己的观点和想法,这些在教研活动中是受到鼓励和包容的,这样的民主氛围能形成强大的课程凝聚力。

田野课程中的教研形式多种多样,包括课程审议、课程研讨、智慧论坛等多种形式。教研的内容源于课程发展中的问题,一般来源于以下两个方面。

1. 教师自身的实际困惑

教师在课程实践过程中常常会遇见问题,有些问题通过与同伴讨论、向有经验的教师请教可以直接解决,但有些问题具有争议性,这些问题就会成为教研的内容,需要通过集体的智慧来解决。如在大班田野主题活动"去购物"中,教师通过"主题的一封信"请家长和幼儿进行一次真实、独立的购物,并用照片和文字的形式制作调查表,呈现购物过程中的行为、发现和问题。调查表收集来后,教师及时进行分析,发现调查表的内容广且散,呈现出幼儿不同兴趣点和家长的不同价值取向。教师不知如何处理才能充分发挥调查表的作用和价值。这个问题不仅仅存在于"去购物"的主题活动中,"如何发挥调查表的作用"是很多教师都存在的困惑,于是针对这个问题我们组织了教科室层级的教研活动,经过研讨、实践验证,最终形成了相对适宜的调查表的运用方案。

2. 管理者的日常发现

在课程管理过程中,从管理者视角可以发现教师中普遍存在的问题,此类问题也会引发教研活动。如有一段时间,管理者发现教师在户外观察活动开展时存在一些问题,主要表现在幼儿户外观察的兴趣持续时间短,而教师缺少方法和策略,最终导致原有活动无法深入进行,或者不了了之。针对这个问题,我们组织了一系列的教研活动。首先,开展了专题读书会,阅读《和幼儿一起探索自然》《小小科学家系列》等相关书籍,通过阅读来丰富教师组织户外观察活动的经验。其次,教师将关于户外观察活动组织与开展的问题细化,并成立了几个研讨小组,针对具体问题进行讨论,大家畅所欲言,提出建议策略。最后,教师将讨论出的策略在实践中进行验证和完善,形成共识。

教研活动不仅基于问题、聚焦问题,而且指向解决问题,可能是解决教育观念上的偏差,可能是解决教育方法适宜性,可能是解决资源、空间、时间等方面的问题。在研讨的过程中,教师的课程观不断明晰,课程实施能力不断提升。

### (二) 培训活动促成长

教师在个人成长过程中,会面临各种挑战,需要持续的学习以提高自己的专业能力。除了教师的自主学习外,幼儿园也会根据教师的专业成长开展培训活动,开展培训是幼儿园课程管理一项重要的工作。培训活动与教研活动是分不开的,是一个整体,培训活动在一定程度上偏理论性,但仍是基于实践基础上进行的观摩、反思和研讨。教研活动以解决问题为导向,培训活动以教师需求为导向。教师的需求决定了培训的内容,培训的内容决定了培训的主体。

### 1. 园外专家

园外专家包括幼儿教育专家以及其他学科类专家。邀请幼儿教育专家主要是满足教师课程专业理论方面的需求,如在江苏省教育规划"十三五"课题"人类发展生态学视域下田野课程优化研究"的实践研究期间,为了满足教师对人类发展生态学理论的了解需求,我们邀请师范院校教授来园为教师讲解"人类发展生态学"理论,为教师在实践中从人类发展生态学的视角优化课程实施打下良好的理论基础。邀请其他学科类专家,主要是满足教师基础知识方面的需求,如幼儿对动植物的探究兴趣浓厚,会提出很多相关的问题,教师的知识储备不够,于是,我们就邀请农业大学的教授来园开展动植物相关内容的培训；为满足教师运用多媒体提升课程效益的需求，我们邀请了电教专家为教师培训，以提升教师在课程中运用多媒体的能力等。

2. 园内的骨干教师

课程经验是宝贵的财富，幼儿园里的骨干教师是经历了田野课程发展过程的，他们拥有珍贵的课程经验。"田野课程那些事""主题活动的开展""项目活动的开展""课程故事中的儿童观"等，骨干教师用自己的实践经验为年轻教师走进田野课程提供便捷，完成田野课程经验的"传帮带"。

教研和培训是互相联系和渗透的，教研过程中有培训，培训过程中有教研。培训不仅有基于课程建设开展的全员培训，还有针对教师个体成长的分层培训。

一是基于课程建设需要开展的全员培训。在田野课程发展过程中，有些理论、方法论和研究方法是需要教师共同掌握用于课程开发、实施、研究和评价的。针对这部分内容，会采用全员培训的方式进行。比如围绕"经验"，我们先后进行"经验是什么""幼儿经验是什么""幼儿经验从哪来""《指南》中经验细化"等培训活动。在一次次培训活动中，教师对幼儿经验的认识逐渐清晰，开始用经验的视角看待幼儿的活动和发展，挖掘课程资源的经验，让幼儿在与资源的互动中获得经验的增长。

二是基于教师个体成长的分层培训。教师的自我发展能力是专业成长的核心，这是终身学习与提高的永久动力。田野课程关注每位教师的专业成长，关注每位教师专业成长的具体需求，为了让每一位教师的专业能力在原有水平上有所提高，开展分层培训是一种很好的方式；根据教师工作年限、经验、特长和需求等将其分为不同层级，设置不同的培训目标和内容，不断加强教师梯队的建设和培养，可有效增强各层级教师的实践能力。

1. 根据教师个体兴趣的分层培训

教师和幼儿一样，都有自己感兴趣的研究内容和方向，依据教师个体兴趣的培训能激发教师内在发展的驱动力，因此我们会通过调查表的方式收集教师的培训需求，根据教师的需求形成不同的小组，在教育教学过程中进行理论与实践的培训。如教师根据自己的兴趣和需要，选择相应的专题培训：纸张在区域活动中的运用、稻草在区域活动中的运用、树皮在区域活动中的运用等。不同内容的专题培训所获得的经验,会在集体中进行分享。

2. 根据教师成熟度的分层培训

我们根据教师的成熟度将他们分为不同层级,不同层级的教师通过不同形式和内容的培训,都在原有水平上得到了提升,受益匪浅。比如:对经验较为丰富的教师开展新主题活动开发的培训;对有一定经验的教师开展经典主题实践的培训;对新教师进行领域教学活动的培训。

### (三) 管理机制保质量

为了提升课程管理质量,我们强化课程的规范管理,建立管理机制,发挥导向引领作用。管理机制是指一系列相关联的制度组成的,共同指向课程质量提高的有机体。

1. 田野课程教研制度

我们会在学期初明确田野课程实践重点,收集教师在教育实践中遇到的问题、需求和建议,通过课程研讨日、业务学习、分层培训、信息辐射等活动进行整体安排,彼此结合、相互承继,使得田野课程的实践、研究、培训真正得到融合,提升研究工作的广度与深度。

2. 课程研讨日制度

每半个月进行现场观摩研讨活动,班级教师轮流提供实践现场,由教科室组织教师进行现场观摩,围绕核心话题,对幼儿经验,课程实施途径的完善、整合,课程实践等问题进行研讨,有效解决教育实践中的真实问题。研讨后,形成课程研讨简报在全园进行分享。

3. 课程培训制度

紧密结合教研的问题,开展相关培训活动。

(1)读书会

每学期提供必读书目和选读书目,给教师配备必读的读本,开展读书会活动,采取自主读、小组读、集体读等方式,借助书中的经验,不断丰富理论与实践素养。

(2)理论加油站

幼儿园成立了理论研究小组,每个月给教师进行一次理论培训,提高教师的教育理论水平。

（3）专家引领

针对课程问题，邀请专家进行高位引领，提升课程意识和课程实践能力。

4. 课程审议制度

集聚集体智慧，不断完善教育教学活动方案提高保教质量，形成三级审议制，即班组审议—年级组审议—幼儿园审议。通过反复讨论、权衡、分析问题背景、表达立场、达成一致性的理解与认同，以形成最优化的行动方案。

5. 课题研究制度

幼儿园的集体课题包括全国规划课题、省级重点课题，可以生成多个子课题研究内容。教师可以根据自己的兴趣和实践需要，选择子相关研究内容开展个人课题研究。课题研究过程中，幼儿园集体课题与教师个人课题相结合，在共同研究的过程中相互补充。幼儿园可为教师的个人课题提供理论和实践指导，教师的个人课题研究内容也可补充到集体课题研究内容中。从课题研究内容的选择，到课题的实践研究，形成"一条主线，多级开展"的局面。

6. 教师考核制度

考核重点落在教师对幼儿的观察和反思之上，并开展综合性评价。领导班子、导师团成员采用推门观摩的方式，随时考核教师的日常工作，随时进入班级，观摩、记录、了解幼儿的活动和教师的工作状况，重点关注师幼关系、材料准备、教师实践能力和精神状态，及时与班级教师交流反馈，及时、全面地了解全园的保教现状，确保保教质量的不断提升和教师专业的持续发展。

课程管理从课程研究重点的明确和对教师问题的收集，到教研培一体化的推进，再到课程实施中的指导，再到课程的考核评估，所有的制度都基于教师的实践，又指向教师实践的提升，既有问题的收集，又有问题解决的策略，既有全局的统筹规划，又落实到个体的成长。这些制度有机联系，有机整合，共同保障田野课程的发展。

# 第十章　田野课程文化

虞永平教授在《幼儿园课程建设的文化视角》一文中提道：与整个社会文化相比较，课程文化是一种较微观的文化，也是一种具有特定专业性的文化。幼儿园课程文化是指特定的团体在课程建设过程中形成的、为大多数成员认同的、践行的、能影响课程建设进程和水平的知识、理念、信仰及处事方式等。[①] 田野课程的文化是在多年课程建设的过程中逐步建构起来的，是在阅读和实践中，在相互讨论和总结中逐渐形成的。课程文化是幼儿园的精神品格，与信念密切相关，是田野课程的根基和灵魂，它让我们凝聚在一起，共同实现幼儿教育的美好愿景。课程文化在一日生活的所有地方，在教师的思想中，影响着家长，指引着田野中每一个人的行进方向，让我们更加懂得自己，更加懂得幼儿，从而成就彼此，共同成长；它坚定了我们的教育信念，让我们更加明确自己的教育行为对于幼儿成长的意义和价值，从而更加坚信自己的教育理想。田野课程文化滋养温暖着田野中每一个人的心田，让我们的追求始终未变，扎根幼教，坚守"儿童发展"。

## 一、知识中的文化

幼儿的一日生活皆课程，一日生活中的点滴都是学习内容，而教师既要有与幼儿学习内容相关的知识基础，还要有与幼儿共同学习的探究精神，才能承担幼儿教育的重大责任。教师所拥有的知识，获取知识的能力以及对知识的转化能力都决定着田野课程的发展。因此，田野课程非常注重教师的学习，鼓励用阅读夯实专业素养，并保持终身学习的精神和热忱。

### （一）阅读夯实专业素养

田野课程拥有浓厚的学习氛围。阅读是田野课程中每一位成员的习惯，

---

① 虞永平.幼儿园课程建设的文化视角[J].学前课程研究,2007(C1).

也成了田野课程实践研究中的一种传统。在专业学习和知识获取方面,幼儿园始终都起到督促、引领和支持的作用。

首先,幼儿园经常提供与课程相关的必读书目和选读书目,为每位教职工配备提升教育理论水平、教学素养和适合本岗位专业能力的读本,如《与孩子们共同生活:幼儿教育的原点》《鹰架儿童的学习》《高质量的幼儿教育:儿童早期的教与学》等。除此之外,幼儿园每年还会为市、区级骨干教师划拨专用阅读经费,鼓励大家自主订购课程专著或课程期刊,鼓励教师在汹涌的知识浪潮中不断更新已有的知识经验,深层次地充实自己。

同时,幼儿园采取多种阅读形式,推动教师阅读和学习的深入。幼儿园通常以自主阅读、小组阅读、集体阅读相结合的进阶式阅读,层层推进教师读书的深度。除了鼓励教师自主阅读,我园成立了理论研究小组,有针对性地开展领读活动,在需要时邀请大学教授领读,通过这样的阅读活动,对书中的理论进行解析和拓展,再结合课程实践进行小组分享交流,在碰撞中形成新的感悟和体会。

其他岗位人员,如保健老师、保育老师、财务人员、厨房人员等也会定期开展理论学习和阅读活动,分管园长或年级组长等参与其中,结合本岗位的工作实际,从课程发展角度谈谈自己的想法、体会。就这样,不同的人员在反复的阅读、交流、碰撞过程中,知识经验、专业能力得到了螺旋式提高,对课程的认同、对幼儿的理解也得以在持续阅读中深入。

教师阅读《游戏、学习与早期教育课程》后的感受和体会:

游戏是幼儿最喜欢、最经常的活动,符合幼儿的身心特点;游戏为幼儿的学习奠定基础,是促进儿童学习的方式;游戏可以实现教育目的,有助于儿童自由地、自然地表达需要和兴趣。《游戏、学习与早期教育课程》这本书中从多个方面阐述了在早期教育阶段,游戏对于幼儿学习以及在课程设计方面的价值。因此,作为早期教育的工作者,我们更应该追求一日活动的游戏精神,加强教育教学活动中的游戏性因素,尊重幼儿的年龄特征,强调教学手段的游戏化以及教育内容的趣味性和游戏性。

教师在学习《游戏、学习与早期教育课程》之后,更加认识到游戏的价值以及游戏对于幼儿的意义,这将有助于他们进行课程内容选择和课程实施。

教师阅读《人类发展生态学》后的感悟和体会:

学习了《人类发展生态学》这本书后,我最大的收获就是发现个体的学习与发展是能动地与环境中的各要素相互促进、相互影响的过程,要注重个体与环境间的双向互动、作用。这就要求作为教师的我们除了尊重幼儿的主体地位之外,还应设置丰富的情境,尝试不同情境的转化,促进幼儿多种角色的形成。要从幼儿的兴趣和经验出发,将幼儿放置于自主、自然的环境中,教师作为活动的引导者和记录者,应促进幼儿与周边环境和不同人的互动。与此同时,要与家长进行有效的沟通交流,传递课程理念,运用社会的各种资源,让家长参与到课程中,实现家园共育。

该教师在学习了《人类发展生态学》后,对幼儿的学习方式有了更新的认识。根据书本中的观点,她梳理了促进幼儿更有效学习的策略,更加关注幼儿的兴趣和经验,创设自主、自然的环境,以促进幼儿与环境的互动。这将指导她的课程实践,决定她的行动方式,帮她用更开阔的视野去审视课程。

在阅读中,教师在书本中获取的专业知识成了推动田野课程发展的动力。通过多种形式的领读、研读、研讨活动,教师建立了理论与实践之间的联系,将专业知识转化和提升,成为指导实践和反思实践的重要助力。田野课程中的每一个成员都在持续学习,让学习助力自身的成长,在研究、讨论、实践中对课程、幼儿形成了以下的高度共识,成为园所共同的价值信仰。

1. 以幼儿为本

"儿童是课程的中心",这是田野课程中每个人的共识,这个共识源于我们对儿童的认识,对儿童学习和发展的理解。我们认为,儿童是完整独立的个体,他们需要获得足够的关注、尊重和信任,需要获得成人的倾听、鼓励与回应。他们拥有主动学习的能力,还需要拥有自主选择的权利、探究的时间与空间以及安全舒适且具挑战性的环境。因此,以幼儿为本的田野课程就是从幼儿出发,把幼儿作为一切行动的根本,读懂幼儿,了解他们的天性、兴趣和需要是我们行动的起点,幼儿是否在原有水平上得到发展是我们行动的目的和追求。

2. 尊重并支持每一个幼儿

《幼儿园工作规程》中明确指出"促进每个幼儿在不同水平上的发展",田野课程正是面向每一个幼儿的,这里的每一个幼儿包括有特殊需要的幼儿。幼儿是独特而鲜活的个体,每一个个体都有属于自己的发展水平、能力倾向、原有经验和学习方式。田野课程的价值体现在重视和尊重每个幼儿,倾听每个幼儿的想法,考虑每个幼儿的实际需要,关注全体的同时兼顾个体差异,支持每个幼儿从原有水平向更高水平的发展。要做到这一点并不容易,甚至可以说很难,但是,如果这是我们所崇尚和追求的,我们就可以做到,且必须做到!

3. 指向幼儿终身发展

童年是终身教育的开端,幼儿教育并不仅仅是为幼儿步入小学做准备,更好地去适应小学生活,更是为了幼儿的未来发展。田野课程的价值不仅仅体现在幼儿的现在,更指向未来。田野课程追求幼儿的可持续发展,良好的学习习惯和学习品质、自主学习能力的培养;赋权给幼儿,让幼儿拥有新的角色和权利,增进幼儿批判性思维和参与协作的能力;关注幼儿的需求与特点,培养适宜的可持续发展意识、态度与价值观。相比之下,短期的、当下的目标更容易实现,也更显性,然而,为幼儿的终身发展而设计课程、规划课程、实施课程是我们秉持的宗旨。我们将一直致力于引导幼儿学会做人、学会做事、学会学习、学会与他人共同生活,为"幼儿一生的发展打好基础"。

4. 多主体、系统性建设

多主体指的是田野课程所倡导的"人人都是课程建设者",幼儿园内部多主体参与课程建构。我们利用共同阅读、集体研讨、互相观摩、多部门分享等多种方式,将课程意识自然植入幼儿、教师、家长、保健老师、厨房人员、保洁人员与司机等所有课程主体的心间,鼓励并积极促成全员参与实践研究。同时,动员多方面的力量,吸纳园外专家、社会人士等融入课程,形成教育合力。

系统性指的是田野课程的建设是一个完整系统,幼儿园的各项工作都以"田野课程建构"为核心,互相支撑,互相支持,共同运作。各部门、多途径的工作都秉持着"幼儿发展"这一共同追求,凝心聚气,保障田野课程系统的优质运行。

**(二)终身学习保持源头活水**

幼儿的学习内容来源于生活,生活中真实发生的每一件事都可能会引发幼儿的学习。田野课程践行者们深知，要给幼儿"一碗水"，自己必须有"一桶水""一池水"，甚至是一片海洋，为了支持幼儿的学习和成长，自身必须要有充足的知识，这种责任感激励着他们在学习之路上持之以恒、坚持不懈，不断自我积累、增强知识储备，以满足幼儿发展的需要。

幼儿园聘请各领域的"田野资源教师"参与田野课程，参与幼儿的活动，帮助教师丰富、储备、拓展更多领域的知识。如幼儿园所有的植物都是幼儿观察研究的对象，为此幼儿园邀请南京农业大学植物学专家来园为教师普及每一种植物的基本特点，包括植物生长周期、叶、花、果实等基本特征，让教师在组织开展户外观察活动时有针对性和科学性，能及时发现、判断幼儿的兴趣点，抓住教育的契机。

当幼儿对某一事物感兴趣时，教师首先会对该事物深入研究，给自身"充电加油"，以推进、支持幼儿的后续探究活动。如对于神舟十三号发射，幼儿非常感兴趣，并有进一步探究的欲望。教师马上通过阅读书籍、信息搜索等方式进一步补充关于飞船的信息和知识，支持幼儿进入"星辰大海"主题活动，探索研究飞船。在田野主题活动"面点"中，为了解幼儿能够制作哪些面点，可以参与制作面点过程中的哪些步骤，教师向厨房老师请教，从幼儿的角度出发，共同讨论切磋，在厨房老师培训指导下学习馒头、花卷等面点的制作，确定并完善活动的目标，让活动真正提升幼儿多方面的经验。

当幼儿提出活动需要或是教师通过观察发现幼儿有支持的需求时，教师便会充满热情地去研究新领域，习得新技能，努力支持幼儿活动想法的实现。如大班幼儿毕业时，他们迁移自己"去购物"主题活动经验，想要通过义卖活动体验售卖、购买的过程，并将自己的收入捐献给需要的人，用自己的爱心行动为自己的幼儿园生活增加一抹色彩。但由于新冠肺炎疫情，不能再面对面义卖，怎么办？教师马上自学网络信息技术，让新技术为幼儿服务，且满足幼儿的活动需要。于是，"云义卖"活动诞生了。幼儿在献出爱心的同时，也感受到了现代技术与人们生活之间的关系。

在田野课程中，这种教师提前学习、深入学习新知识、新技能的事例数不胜数，只要是幼儿需要、课程需要，教师都会排除万难钻研、发掘、思考，这就是身为教师的一种责任与使命。在"终身学习"理念引导下，每一个工作人员都勇于完善自己的知识结构，不断更新和丰富知识经验，建构更加科学和适宜幼儿发展的知识体系。

## 二、行为中的文化

课程实践者的行为是幼儿园课程文化的展现,行为的背后是课程实践者的教育价值观。这些行为在田野课程建设过程中经常发生,具有一定的稳定性,是课程实践者心理的直接表现。

### (一) 眼中有幼儿

我们从事的是幼儿教育事业,我们所做的每一件事都是为了助力幼儿的发展,这就要求我们眼中有幼儿。当我们眼中有了幼儿,便会尊重他们、欣赏他们,惊叹于他们强大的生长力量,更会对自己的角色进行思考:面对幼儿,我们该是什么角色,我们该怎么做?

走进田野课程,你一定会看到教师专业而温暖的目光追随着幼儿,认真倾听着幼儿,随时记录幼儿有意义的一言一行。教师尊重每一个幼儿,尊重他们的人格,遵循他们的想法,给予他们自主发展的空间。教师看得见幼儿的需要,更理解幼儿的需要,在规划设计、组织开展幼儿园一切事物时,会很自然地从幼儿实际出发,以满足幼儿的需要为首要原则,给予幼儿物质的支持、意愿的支持和环境的支持。

图 10-1　幼儿在大树下用望
远镜观察小鸟

户外游戏时,幼儿听到叽叽喳喳的声音,他们很好奇,但找不到发出声音的地方。教师陪着幼儿一同寻找声音的来源,来到了小竹林,悄悄躲在石头后,看到了鸟妈妈在教小鸟飞行。幼儿跟随小鸟飞行的方向,发现梧桐树顶有一个大大的鸟窝,但是鸟窝太高,看不到里面的小鸟。教师动员家长一起收集望远镜,在梧桐树下铺上垫子,以便幼儿可以躺着观察。教师还带着幼儿来到楼顶向下观察鸟窝的内部结构……

在这个案例中,教师追随幼儿观察小鸟的兴趣,与幼儿一起寻找鸟叫的声音;收集工具供幼儿观察鸟窝,给予幼儿物质的支持;当幼儿想要进一步看鸟窝内部时,教师从环境上给予支持,带幼儿到更适宜的位置观察。教师的所有支持行为,皆源于他们的眼中有幼儿,及时看到了幼儿的需要。

### (二) 心中有目标

因为心中有目标,田野课程中每一个参与者走过的每一步都坚定而自信,这是田野课程不断向前迈进的原动力。我们的目标最终指向幼儿更好地发展,它为我们指明行动路线和方向,有效避免了课程实践的盲目性和随意性。

眼中有幼儿,让我们看见幼儿及他们的需要和发展,这很重要,是课程实施的前提。但仅仅满足于"看见幼儿"是不够的,我们还需心中有目标,有清晰而明确的目标。心中有目标,我们才能够理解幼儿行为背后的发展意义,跟随幼儿的经验生成活动,支持他们向更高水平发展。心中有目标,我们在课程审议时才会时刻聚焦幼儿的发展,对组织方式、课程资源、课程评价等进行审核、调整和完善,持续提高课程的适宜性。心中有目标,我们才会努力深挖每一种课程资源蕴含的深层次经验,为幼儿的发展提供更多的可能。

### (三) 与幼儿共同生活

在田野课程中,与幼儿共同生活包括幼儿与不同年龄幼儿之间的共同生活、幼儿与成人的共同生活。"共同生活"意味着共同生活者之间是相互理解、相互接纳、相互支持、相互包容的,他们之间是一种亲密、信赖、平等、友爱、融合的关系。

田野课程倡导与幼儿共同生活,这意味着幼儿园里的每个人——幼儿、教师或是其他工作人员共同经历真实生活中的每一件事。教师会有意识地将来自幼儿或教师有意义的家庭生活引入到课程中,使其成为有价值的课程内容。如:幼儿一起分享有趣的家庭旅行,对怀孕教师的好奇生发而来的"宝宝从哪来"话题讨论,对"老师结婚了"的热议,为小米爸爸是抗疫英雄而自豪,哥哥姐姐陪伴弟弟妹妹渡过入园的焦虑期……

田野课程中,共同生活意味着彼此陪伴,互相给予成长的力量与滋养。在幼儿园的生活中,幼儿、教师彼此依赖、彼此关爱,在共同经历的过程中见证、理解彼此的发现、进步,共享着彼此的愉悦、忧伤,形成亲密平等的心理关系。教师支持幼儿在共同的生活中获得经验建构,与此同时,教师通过从幼儿成长中反思自己的教育行为,理念和实践能力也得到了提升。在教师的陪伴、引导和支持下,家长获得了观念的进步和能力的提升。就这样,在彼此陪伴的过程中,积极、活跃、向上、相互信任的师幼、亲子和家园关系形成了。

　　每周五都是幼儿很期待的日子,因为那天是温暖的"家庭日"。那一天,所有的幼儿、工作人员、被邀请的家长或是资源老师都是一个"大家庭"里的成员,他们一起游戏、一起活动、一起学习、一起聊天。这天,"家"里的不同地方都有不同的教师、家长依据自己擅长的、符合儿童发展需要的内容定点在某个区域,这样做可以极好地保持活动的连贯性及活动质量。幼儿则根据自己的兴趣选择自己喜欢的活动内容,去任何一个想去的地方,如有的家庭成员在烹饪室做面条,有的家庭成员在艺术室创作艺术作品,有的家庭成员在户外进行丛林冒险游戏,有的家庭成员在户外沉浸于艺术写生,有的家庭成员沉迷于考察昆虫、小草,有的家庭成员在小菜园里忙碌,有的家庭成员在图书室里和不同的伙伴快乐地阅读交流……

图 10-2　"家庭日",幼儿围坐在一位妈妈身边静静感受美妙的音乐

　　不同年龄的幼儿、不同的家长、幼儿园里全体工作人员共同交往着、游戏着、生活着,获得了更多的经验与愉悦的情绪体验。教师在和不同年龄段幼儿共同活动中提升了能力,能更好地发挥自己的特长,职业幸福感油然而生;家长在其中也能更加理解田野课程,懂得幼儿,懂得如何支持幼儿,提升科学育儿观。这种和谐、积极、彼此成就的关系一直存在于日常课程之中,而在"家庭日"活动中得以集中体现。

　　价值信仰内化为课程行事准则,教师将知识转化为幼儿可感知、可操作、可获得的经验,在具体的教育实践中彰显着自己的儿童观、课程观和教师观。

### 三、环境中的文化

幼儿园的环境不是随意安排的,需要用课程规划的思维加以计划和实现。[①]

田野课程为幼儿创设了丰富多样的环境,幼儿园的一草一木都承载着课程的意义和内涵。幼儿园的每一处环境都留有幼儿互动的印记,蕴含着成长的价值,体现出教师对幼儿、对课程和对教育的理解。

#### (一) 满足幼儿的成长需要

我们的环境是丰富的。丰富的环境既隐含了多元的经验,又为满足幼儿需要的活动选择提供了可能。我们的户外有体现多样生物、和谐生态的小池塘,有体现不同生命生长状态的种植园地,有石头池、泥巴池、沙池、木粒池等有趣的探究场地;室内空间动静结合,材料多样,富有层次性。

我们的环境是适宜的。环境适宜于田野课程的开展,适宜于幼儿活动,适宜于幼儿获得新的经验。我们的环境创设建立在田野课程理念的基础上,基于幼儿的发展特点、兴趣、生长需要,既给了幼儿挑战的机会,为幼儿带来新的发展经验,又能让幼儿身心愉悦,获得满足。

我们的环境是开放的。一方面,幼儿和教师都是环境的主人,他们共同参与到环境规划与创设中,环境的规划和创设既体现了幼儿的想法、意愿,又彰显了教师的课程理念。幼儿园有了电梯,马上就吸引了幼儿的兴趣,他们每天关注着电梯的安装与施工进程,期待能乘坐着电梯到各个楼层。安装竣工后,他们参与了电梯试运行的乘坐,乘坐后,他们迁移了以往乘坐电梯的经验开始了激烈的讨论。他们对幼儿园的电梯提出了自己的想法:电梯里要有乘坐电梯的安全提示;电梯里要有每个楼层的分布图,这样乘坐电梯的人就知道坐到几楼可以到自己想去的地方;每个楼层需要有楼层牌,这样电梯门打开,乘坐电梯的人才知道自己到了几楼。幼儿的想法得到了教师和园长的肯定和支持,说干就干,幼儿设计制作的乘坐电梯的安全提示、幼儿园楼层分布图被张贴了电梯里,设计制作的楼层牌被张贴在每个楼层电梯口的显著位置。幼儿参与到电梯的管理和电梯环境的创设,通过图文的方式彰显着自

---

① 　虞永平.学前课程与幸福童年[M].北京:教育科学出版社,2018.

己的想法和意愿。

图 10-3　幼儿设计的乘坐电梯安全提示　　图 10-4　幼儿绘制的楼层分布图

　　另一方面,不同的空间环境依据需要进行联结,让幼儿在联结的空间环境中获得完整的经验。我们打通了园内外、室内外、年级组、班级的界限,让幼儿活跃在更为丰富、开放的空间里,和更多的人互动交流,公共区域成为全园幼儿探究活动、分享交流的文化中心。幼儿园大厅和阳光长廊就是一个分享和交流的中心,呈现着班级的活动、幼儿的作品。如毕业季,大班幼儿用各种材料表现自己在主题中创作的作品,这些作品陈列在大厅,幼儿园所有的幼儿、教师和家长经过时都会驻足观看、欣赏。

图 10-5　幼儿园大厅里,幼儿欣赏交流大班哥　　图 10-6　阳光长廊中,幼儿、
　　　　　哥姐姐毕业作品　　　　　　　　　　　　　　　家长交流分享秋
　　　　　　　　　　　　　　　　　　　　　　　　　　　天收获的果实

### （二）彰显愉悦、自主、平等

幼儿园心理环境是人际关系、文化观念等因素交织在一起所形成的氛围，是田野课程实践的过程中逐渐形成的。浸润其中的每个个体会主动促成这种心理环境的形成，同时每个个体也会受心理环境的影响。

我们是愉悦的。田野课程中的每个人在实践研究过程中都饱含热情，行走的每一步都是愉悦的。从 1999 年开始，田野课程实践研究至今已有二十多年，我们一路走来，有过创新实践时的困惑，有过彼此碰撞时的争论，但我们在一个有凝聚力的集体之中，追寻"幼儿发展"这一共同目标、团队协作、群策群力、共同努力、战胜困难，跟随幼儿的兴趣和需要，每天都有新的感受和发现，体会着前所未有的成功感和满足感。

我们是自主的。田野课程彰显每一个参与者的主体性，发挥每个人的发展潜能，给予自主发展空间。幼儿能在活动中大胆表达自己的想法，主动发现、交往、表达和探索，提出困惑、寻求帮助，在一次次的需求实现的过程中获得成长。教师自己就是课程的设计者和实施者，他们的研究意志和研究信心坚定，探索和反思，创新和变革，已成为他们极有意义的工作常态，在过程中，他们获取了自我成长的力量。

我们是平等的。在田野课程中，合作一直是活动实施的主旋律，如师幼合作、幼幼合作、亲子合作、家园合作或多方合作。当合作成为习惯，幼儿园便呈现出和谐共生的氛围，幼儿与幼儿、幼儿与教师、教师与教师、教师与家长之间彼此尊重、平等对话、相互支持，在语言、肢体、表情、思想上给予他人鼓励、肯定、赞赏和建议。幼儿向教师表达活动需求，教师给予幼儿积极回应；家长为教师提出建设性的意见、教师为家长提供家庭教育的合理建议；教师之间不隐讳自己的见解和观点，甚至为了一个方案"争吵"不休，在观点碰撞中明晰思路，在观点碰撞中感受着来自同伴的支持力量。

### 四、我们坚守的信念

我们坚守我们的课程信念，这体现了我们对于田野课程的理解、立场、期待和深深的情感。幼儿园课程文化是在课程实施中逐步建立起来的，其核心是课程信念，在课程实践中对课程理念逐步理解、认同进而形成课程信念，是幼儿园课程文化的根本。① 课程信念是我们在学习、实践的过程中不断形成并完善的,决定了田野课程的意义,内于心而外于行,激励着我们坚定地"行我所信",将自己的课程信念体现在一言一行、一举一动之中,体现在与幼儿的共同学习和共同生活之中。

**(一) 幼儿在行动中学习**

幼儿是在与环境的相互作用过程中主动建构经验实现自我生长的,行动是幼儿最重要的学习方式。换句话说,幼儿认识世界的方式是以行动为先的,他们理应拥有自主行动的权利,田野课程尊重幼儿的行动权,给予他们自主的空间。

田野课程就是幼儿用行动触摸世界的过程。基于生活和经验,基于"经验的过去、现在和将来",创设特定的情境、适宜的环境和适宜的资源,充分发挥幼儿的主体性,鼓励幼儿运用各种感官充分地与生活中的人、事、物互动,让幼儿在行动中获得有意义的经验。

**(二) 幼儿在多样化活动中获得经验**

每个幼儿是不一样的,每个幼儿的发展需求是不同的,每个幼儿的发展态势是不同的,具有多种可能性。针对幼儿的差异和个性需求,田野课程为幼儿提供多样的课程选择权,为他们多方面的发展提供机会,让他们在多样化的活动中彰显个性,获得个性发展。

田野课程通过多元的观察、评估方式,多种组织方式和实施途径,为幼儿提供多样化的学习通道,实现各类经验的联系与渗透,让幼儿、教师、家长及其他多样化主体参与到课程建构的过程中,多主体多维度互动,满足幼儿多样化的发展需求。田野课程倡导生成新的课程内容,跟随幼儿的经验,产生多样化的活动,伴随多样化的活动,获得新经验的螺旋式上升。

**(三) 幼儿的学习需要成人的支持**

田野课程的意义在于能促进幼儿更好地自主发展,但绝不是自由发展。幼儿的发展需要成人予以支持和引导,田野课程走在幼儿发展的前面,为其发展搭建鹰架,帮助他们向更高水平成长。

① 张帅.幼儿园课程文化研究[D].南京:南京师范大学,2022.

　　田野课程中,教师为幼儿的学习搭建鹰架,创设适宜的目标,帮助幼儿穿越最近发展区。在幼儿发展的过程中,我们遵循幼儿的学习规律和学习方式,基于幼儿的已有经验,创设具有挑战性和支持性的环境,引发幼儿的主动探究和学习;关注幼儿的体验和感受,创设积极的学习氛围,激发幼儿主动学习意识和内在发展需要;分析幼儿的行动背后的思维过程,在恰当的机会用语言、表情、行动支持幼儿的持续探究;理解幼儿的情感,给予陪伴和鼓励,让幼儿感受到我们一直在一起。只要幼儿需要,我们将永远陪伴支持!

**(四) 每个人都在成长并能做出贡献**

　　我们认为每个人都在成长,个体的成长离开不了集体的支持,集体的成长有赖于个体的贡献,这就是我们常说的"我"和"我们"。田野课程给予每个人成长的空间,帮助所有人发现自己的成长潜力,发现自己成长的价值和意义,激发所有人为做更好的自己和做更好的田野课程而努力。

　　田野课程是多主体参与的,幼儿、教师、家长、专家、社区人员等,都在其中贡献着自己的力量,同时也收获了成长。田野课程赋权给参与其中的人员,帮助每一个人发现原来自己可以有能力做很多事情,比如教师发现原来我们有能力根据班级幼儿的特点,自主规划设计实施活动,活动方案还被纳入幼儿园的主题资源库;家长发现原来自己的专业知识也可以成为幼儿园重要的课程资源,被认可、被肯定、被赞赏、被支持,成了每个人成长的动力;保洁人员发现自己在清洁环境时提供的一些信息可以被教师及时收集,成为幼儿的活动……田野课程倡导团队合作、协同研究,在课程发展的每个阶段,根据需要会形成不同的研究团队,如领域教研组、项目研究小组、年级组等,所有人协同研究,在实践的过程中,获得团队的支持和帮助,同时也对他人的成长贡献着自己的力量。

　　孟想是太平巷幼儿园的毕业生,他的爸爸通过家长会、家委会中教师的介绍、班级活动的呈现、班级活动的参与,慢慢了解了田野课程的理念和课程的一些做法。从孟想上小班开始,孟想爸爸便和他在家中开始了父子俩的主题探索活动,先后进行了多个主题,并延续着这个习惯,比如蚕的主题活动、桂花树的主题活动、八仙花的主题活动等。孟想在小学四年级时,再次回到幼儿园,带来了八仙花的种子,栽种在幼儿园操场上花坛里,期待幼儿园的弟弟弟妹妹观察、照料八仙花,期待弟弟妹妹也能有新发现、新收获。如今孟想已是一名初中生,孟想爸爸感慨,孟想对周围事物敏锐的观察能力和思路的逻辑条理性正是在主题活动探究的过程中慢慢积累的,这是令他受益终身的品质。

孟想爸爸是众多参与课程建设中的一员,通过参与课程建设,他开始了解田野课程,感受到田野课程对幼儿成长的价值;他信赖田野课程,并将这种信赖转化成自己的行为,在家庭中落实田野课程的理念。当他品尝到成功的果实后,他带着孩子回归幼儿园,给幼儿园带来课程资源,感谢田野课程带给他的启示。在这个过程中,他努力成为更好的爸爸,支持自己儿子更好地成长,而孟想也在成长的过程中收获了爸爸对于自己的陪伴和理解。

### (五)田野是根,经验乃本

从狭义上说,"田野"是幼儿的幼儿园生活;从广义上说,"田野"是田野课程实施过程中所涉及的更广阔的空间,这是田野课程的根基。因为田野课程是生活化的,所以田野课程是与幼儿的现实生活紧密联系的,只有基于幼儿的现实生活去挖掘幼儿感兴趣的课程资源,才能真正促进幼儿的发展。教师也只有尊重幼儿的生活,关注幼儿的生活,理解幼儿的生活,融入幼儿的生活,才能发现生活中的教育契机,引发幼儿主动学习,从而让田野课程拥有生生不息的动力。

"经验乃本"中的"经验"主要指幼儿的经验,幼儿经验的获得是田野课程的核心目标和最终追求。田野是根,"田野"中有丰富的课程资源,我们支持幼儿在与资源的互动中生长经验,这是田野课程的最终追求。田野课程以经验的依据,选择适宜的课程内容和课程资源;以经验为导向,不断完善教学支持;以经验为参照,开展评价和反思活动,提高教学能力。

根植"田野",指向"经验",是我们的根本,是我们一贯的追求,终将伴随并指引我们走向更加美好的未来。

# 致　谢

　　田野课程的研究与发展,是许许多多的成人与儿童共同生活与学习的过程,不可能也无法用一本书来涵盖所有既有趣又有意义的大故事、小故事。所以,我们选择了一些我们十分认同的观点及做法分享给大家,以期引起更多人对儿童有进一步的尊重、理解,对儿童的发展与成长有更具科学意义和人文精神的关怀及支持。

　　本书在实践过程与写作过程中汇集了大家的智慧与力量。感谢本书中提及的所有参与者——教职员工、孩子、家长等;感谢老师们在每一天与儿童的相处中走进儿童的世界、儿童的心灵,关注不同个体,获取经验,记录经验,并在成功与挫折中进步、成长;感谢孩子们和我们一起寻找游戏、工作、生活、思考、创造的喜悦,共享经验,共享幸福的生命状态;感谢家长们和我们一起思考、讨论、设计、实践,持续不变地陪伴着孩子,维护着田野课程!

　　感谢南京师范大学的虞永平教授,您陪伴了田野课程二十多年,为田野课程的持续发展倾注了大量心血,您的教育智慧和人格魅力指引着我们,影响着我们。您和我们无数次的讨论,帮助我们从现场中分析儿童,越来越深入地了解儿童;您为我们对儿童的理解和尊重而欣慰,也时常一语道破我们存在的问题与不足,让我们在反思中提升与成长;您鼓励我们迎难而上,用学习来提高自己,用理论来解释行为,这使得我们在行动中、在互动中更加关注自身行为背后所蕴含的教育理念。

　　国家督学成尚荣先生一直是我们尊敬的前辈,您给了我们许多有益的指导和帮助,也提出了期许与方向,这些都是田野课程收到的极为宝贵的支持。感谢您用高瞻的目光给予我们中肯的建议,更感谢您一直以来对田野课程所持有的信任、信心与鼓励!

　　感谢南京师范大学的专家老师们对田野课程的关心帮助,有幸能经常与你们交流,让我们获得新的经验。

　　感谢各级领导长期以来的厚爱与支持,感谢南京市教研室的俞洋老师、秦淮区教师发展中心的马瞬琴主任等专家、好友对我们的指导与信赖。田野课程前进的每一步都离不开你们的关心和鼓励,也正因如此,我们一直能够信心百倍地行进在"田野"之上。

感谢南京师范大学出版社的编辑们,你们在极短的时间里超负荷完成了审稿,不厌其烦地和我们讨论沟通,给予我们极大的尊重和帮助,这个过程又一次促使我们产生更多思考,并让我们跳出作者的身份去看待教育、看待出版。

还有很多在田野课程发展过程中给予我们帮助与支持、给予温暖目光陪伴的同行及社会各界人士,很抱歉,在此我们不再一一列举,你们对田野课程的激励我们铭记于心,这将是我们继续前行的力量。

最后,请允许我们对您选择阅读此书表达衷心的感谢!